Anleitung zum Positiven Denken

Shad Helmstetter

Anleitung zum Positiven Denken

Ein praktischer Ratgeber zur Aktivierung Ihres Unterbewußtseins mit mehr als 2500 positiven Suggestionsformeln

pal

Die Deutsche Bibliothek – CIP-Einheitsaufnahme

Helmstetter, Shad:
Anleitung zum positiven Denken : ein praktischer Ratgeber zur Aktivierung Ihres Unterbewusstseins mit mehr als 2500 positiven Suggestionsformeln / Shad Helmstetter. [Aus dem Amerikan. übers. von Martina Schneider]. 8. Aufl. Mannheim : PAL, 2002
· Einheitssacht. : The self-talk solution ‹dt.›
ISBN 3-923614-28-4

Dieses Buch widme ich meinem Enkel André Helmstetter,
der mir vor vielen Jahren die tiefsinnige Frage stellte:
„Warum sind einige Menschen erfolgreich und andere nicht?“

Titel der Originalausgabe: The Self-Talk Solution

Herstellung: C. Bockfeld, Neustadt

Inhalt

Inhalt

Inhalt

Inhalt

Vorwort

Dies ist ein Buch, das nicht länger darauf warten wollte, geschrieben zu werden. Einige Jahre, bevor ich <What to Say When You Talk to Your Self> schrieb, hatte ich eine Sammlung von Wörtern und Formeln von Selbst-Gesprächen zusammengestellt und herausgegeben. Damals hatte ich vor, die besten Selbst-Gespräche in einem leicht verständlichen Leitfaden herauszugeben. Es stellte sich jedoch heraus, daß Selbst-Gespräche ihren eigenen Willen hatten; sie konnten nicht so ohne weiteres gebändigt werden.

Innerhalb weniger Jahre mußte ich erkennen, wie Selbst-Gespräche von einem einfachen Konzept, das nur von ein paar motivierten Einzelpersonen praktiziert wurde, zu einem Phänomen heranwuchsen, das praktisch alle Bevölkerungsschichten erfaßte. Während dieser Zeit sind die Wörter, Formeln und Texte der Selbst-Gespräche, von denen viele in diesem Buch erscheinen, von buchstäblich Hunderttausenden von Menschen in die Praxis umgesetzt worden.

War es anfangs nur eine Handvoll Menschen, die sich Selbst-Gespräche zu Herzen nahm, erregten die neuen praktischen Methoden der Selbstanleitung bald die Aufmerksamkeit anderer, die von den Motivationstheorien enttäuscht waren, weil diese nicht gehalten hatten, was sie versprochen hatten. Selbst-Gespräche tauchten plötzlich in Firmen, Kirchen, auf Hinterhöfen und in Grundschulklassen auf. Die Methode sprach sich schnell herum. Innerhalb weniger Monate nach der Veröffentlichung von <What to Say When You Talk to Your Self> schrieben Menschen, die es vorher nie für möglich gehalten hätten, ihre Denkweise zu ändern, Briefe an den Herausgeber und baten um weiteres Material zu diesem Thema. Das erste Buch hatte ihnen die Tür geöffnet. Jetzt konnten sie sich auf den Weg machen.

Die Briefe, die ich erhielt, kamen aus allen Teilen der Bevölkerung. Mir schrieben Geschäftsleute, Eltern, Geistliche, Ärzte, Psychologen, Psychiater, Verkäufer, Lehrer, Studenten,

Großeltern, Achtjährige, Menschen, die sehr erfolgreich waren und solche, die zum ersten Mal Hoffnung geschöpft hatten. Ihre Erfolgsberichte könnten für jeden eine Inspiration sein.

Obwohl die Methode der Selbst-Gespräche bereits mit Erfolg von Menschen aus verschiedenen Schichten und Berufen angewendet wurde, schrieben mir viele, weil sie noch weitere Techniken, wie man die Methode der Selbst-Gespräche in die Praxis umsetzen kann, kennenlernten wollten. Die meisten wollten weitere konkrete Formeln haben - Selbst-Gesprächs-Texte für besondere Alltagssituationen - die bereits ausformuliert und gebrauchsfertig waren.

Die neuen Informationen und die zusätzlichen, um die mich Leser meines Buch baten, gingen über den Umfang des Materials hinaus, das ich urspünglich für einen kurzen Selbst-Gesprächs-Leitfaden zusammengestellt hatte. Offensichtlich gab es mehr zu dem Thema zu sagen. Es gab neue Techniken, die aus dem Leserkreis selbst stammten. Es gab Menschen, die gelernt hatten, ihre persönlichen Selbst-Gespräche in ihrem Alltag zuhause und am Arbeitsplatz einzusetzen. Es kamen Vorschläge zu wichtigen neuen Bereichen, für die speziell formulierte Selbst-Gesprächs-Texte nützlich sein konnten. Es gab auch gute Fragen, die gute Antworten verdienten.

Dieses Buch ist das Ergebnis. Es stellt die neuesten Erkenntnisse auf dem wichtigen Gebiet der Selbstbestimmung vor. Es gibt Ihnen Einblick in den Prozeß und in die Auswirkungen, die Selbst-Gespräche auf das Leben der Menschen in Ihrer Umgebung haben. Es bietet Ihnen die umfassendste Sammlung praktischer und anwendbarer Selbst-Gespräche, die jemals in einem einzigen Buch zusammengestellt wurden.

Dieses Buch ist umfangreicher geworden als mein ursprüngliches Konzept für den Selbst-Gesprächs-Leitfaden. Das ist teilweise dem interessierten Leserkreis zu verdanken. Andererseits ergibt es sich aber auch aus dem Erkennen der Notwendigkeit, daß man etwas, was lohnenswert ist, sich durchsetzen läßt. Manche Dinge finden, wenn sie soweit sind, daß man sie zur Kenntnis nimmt, einen Weg, sich Gehör zu verschaffen. Selbst-Gespräche, die Bestimmung Ihres Selbst durch die Steuerung Ihrer eigenen

Gedanken, ist ein Beispiel dafür. Es scheint, daß ihre Zeit gekommen ist.

Teil 1
Was Selbst-Gespräche sind und wie sie arbeiten

1
Der Schatz

Ich wuchs in einem kleinen Ort im Mittelwesten der Vereinigten Staaten auf. Damals geschah etwas, was sich als eines meiner unvergeßlichsten Abenteuer herausstellen sollte. Mein Heimatort lag wohlbehütet inmitten von endlosen Feldern, auf denen Weizen, Mais, Sojabohnen und Flachs angebaut wurden. Der Ort maß in jeder Richtung nur eine Meile und hatte dem Schild am Ortsrand zufolge eine Bevölkerung von 2500 freundlichen Einwohnern. Die Straßen waren von Bäumen gesäumt, es gab zwei Schulen, ungefähr ein Dutzend Kirchen und außerdem für jeden Jungen und jedes Mädchen, die mit Hardy-Boy-Abenteuerromanen groß wurden, eine unermeßliche Menge von Möglichkeiten, sich jedes nur vorstellbare Abenteuer auszudenken.

Mein Abenteuer war die Suche nach einem Schatz, an dessen Existenz zu glauben, wir allen Grund hatten. Das kleine Haus, in dem meine Familie und ich wohnten, lag am äußersten Ortsrand. Auf der anderen Seite des Weges, der den Ort umgab, befand sich ein Pflaumenhain, und dahinter lagen, so weit das Auge reichte, nichts als Felder, hier und da unterbrochen von einer Baumgruppe, die die Scheunen und das Farmhaus des Bauern schützte, der die umliegenden Felder bestellte.

Ein paar Ecken weiter, von unserem sicheren Zuhause aus deutlich zu erkennen, stand ein altes, verlassenes Haus, in dem es mit Sicherheit spukte. Umgeben von Dickicht und Scheunen und Grüppchen knorriger alter Bäume war es ein Ort, den man in windigen, mondlosen Nächten mied, wenn kaputte Türen in den Angeln quietschten und Äste gegen große, dunkle Fenster klopften.

Sogar an den sonnigsten Tagen beschwor dieses Haus mit

seinen verlassenen Holzschuppen, der verwilderten Landschaft, den überwucherten Gärten und den hohen, dunklen Bäumen Bilder von versteckten Geheimnissen und vergrabenen Schätzen der Vergangenheit. Das alte Haus und seine Umgebung bot phantasievollen Abenteurern zahllose Möglichkeiten.

Damals dachten wir Kinder nie daran, daß wir uns die meisten Dinge nur einbildeten, die wir von diesem Ort vermuteten. Und wir waren keineswegs überrascht, als der alte Mann auftauchte und in den alten Gebäuden herumzuwühlen begann, ganz so, als suchte er etwas.

Er war ein gemeiner alter Mann. Er konnte Kinder nicht leiden, und uns schon gar nicht, wenn wir ihm überall hin folgten und ihn fragten, ob wir ihm helfen könnten. Am ersten Tag, als wir ihn dabei beobachteten, wie er lose Bretter von den Wänden des Holzschuppens riß und in der groben Erde auf dem Boden der alten Nebengebäude herumwühlte, versuchten wir, ihn zum Freund zu gewinnen. Doch, anstatt mit uns zu sprechen, stieß er uns barsch beiseite und fuhr fort, zu stöbern, zu graben, herumzustochern und zu suchen.

Da wir abenteuerlustige Kinder waren, brauchten wir nicht lange, um herauszufinden, daß dieser Mann nach etwas suchte - und wir hatten den Verdacht, daß es sich um genau den Schatz handelte, den wir schon die ganze Zeit zu finden gehofft hatten. Deswegen trafen wir uns und beschlossen, unser Möglichstes zu tun, um den alten Mann zum Freund zu gewinnen, und dadurch so viel wie möglich über den Schatz zu erfahren, nach dem er ganz sicher suchte.

So richtig warm wurde der alte Mann nie mit uns. Aber um unsere Hilfe mußte er uns schließlich doch bitten. Er erklärte sich bereit, jedem von uns etwas Geld zu geben, wenn wir etwas finden würden, was wie eine Kiste aussah.

Zuvor, während einer unserer gewagteren Exkursionen ins Innere des Hauses selbst, hatten wir einmal eine Schriftrolle gefunden, die in der Wand eines Raumes im oberen Stockwerk versteckt und in einer unverständlichen Sprache geschrieben war. Doch nun verrieten wir nicht einmal das. Wir hatten unsere Eltern ausgefragt und erfahren, daß der ungefähr siebzig Jahre alte Mann der Sohn einer aus Europa in unsere Stadt eingewanderten Familie war, die das Haus vor vielen Jahren gebaut hatte. Uns wurde nahegelegt, daß wir nicht nur den alten Mann meiden sollten, sondern auch nicht auf dem Grundstück spielen durften, auf dem er sich jeden Tag aufhielt.

Der alte Mann suchte lange und intensiv, doch das einzige, was er jemals fand, war ein alter violettfarbener, ledemer Münzenbeutel, der nichts als ein paar rostige Schlüssel und ein paar alte Münzen enthielt. Den hatte er hinter der Holzwand in einer der alten Scheunen gefunden. Schließlich verschwand er, und wir sahen ihn nie wieder.

Doch wie sehr hatte seine Anwesenheit unsere Phantasie angeregt! Nun *wußten* wir, daß das alte Haus tatsächlich ein Geheimnis barg. Der alte Mann hatte unseren Glauben an den Schatz mehr gestärkt, als wir selbst es je hätten tun können. Nun waren wir *sicher*, daß der Schatz existierte. Und nun konnten wir ihn selbst finden.

Also zogen wir los.Wir waren nicht unbedingt die Art von Team, dem man es zutrauen würde, einen Schatz zu finden. Unsere Gruppe bestand aus meiner älteren Schwester Carmel, die dreizehn war, meinem achtjährigen Bruder Verne, Rebecca, einem zwölfjährigen Mädchen aus der Nachbarschaft, und mir. Ich war zwölf.

Doch wir hatten Erfindungsgeist. Während unserer Suche mit dem alten Mann war uns eine eigentümliche Ansammlung großer, glatter Steine inmitten einer kleinen Gruppe von Bäumen aufgefallen. Im Zentrum dieser ringförmig angeordneten Bäume befand sich ein ungefähr mannsgroßer Stein. An seinem einen Ende lag ein runder Stein, und am anderen waren zwei längliche Steine. An der Seite des „Körpers" befand sich ein weiterer länglicher Stein. Zusammen formten sie das perfekte Bild eines liegenden Mannes: Torso, Kopf, Beine und ein Arm, der deutlich in eine Richtung zeigte. Diese Steine waren unserer Überzeugung nach der Schlüssel. Ihre Anordnung *mußte* uns die Richtung zum Schatz weisen.

Hätten wir eine Linie von dem ausgestreckten Arm des Steinmannes aus gezogen, so hätte sie direkt zwischen drei einzelne Bäume geführt, die, wie ein Dreieck angeordnet, ungefähr zwanzig Fuß von der Steinfigur entfernt standen. *Diese Stelle*, so schlossen wir, genau inmitten dieser drei Bäume, mußte die Stelle sein, an der der Schatz vergraben war.

So abenteuerlustig meine Freunde und ich auch waren, hatten wir doch einen mächtigen Gegner. Nachdem wir die Stelle gefunden hatten, von der wir sicher waren, daß dort der Schatz war, mußten wir nur noch ein Hindernis überwinden - meinen Vater. Er hatte befohlen, *unter keinen Umständen* auf dem Gelände, das das Haus umgab, zu spielen. Unglücklicherweise war der Bereich, den mein Vater als für uns verboten bezeichnet hatte, genau die Stelle, an der unser Schatz vergraben war. Wenn wir ihn ausgraben und ein Leben voller Reichtum leben wollten, woran wir als Kinder fest glaubten, mußten wir uns nicht nur dem Befehl unseres Vaters widersetzen, wir durften uns auch nicht dabei erwischen lassen, wie wir ein riesiges Loch auf dem Besitz gruben, auf dem wir von vornherein gar nicht sein sollten.

Unsere Lösung bestand darin, es, wie schon zuvor in ähnlichen Situationen, trotzdem zu tun. Einer von uns hielt immer Wache, ein Späher, falls der böse Pirat - Vater - unerwartet auftauchen würde, und die anderen wechselten sich beim Graben ab. Wenn ich zurückdenke, vermute ich, daß niemand wirklich etwas zu finden erwartete. Doch wir wollten daran glauben. So sind Kinder nun mal.

Wir begannen früh am folgenden Sonntagmorgen. Wir markierten die Stelle und fingen an zu graben. Ich vollzog den ersten Spatenstich und grub dann mit jeder weiteren Schaufel mit einem zunehmenden Gefühl von Dringlichkeit. Was wäre, dachte ich, wenn irgend jemand, insbesondere unser Vater, herausfinden würde, was wir taten? Er würde es nicht verstehen. Und so gruben wir, und schon bald lag ein deutlich erkennbarer Graben vor uns, drei Fuß breit und fünf Fuß lang.

Die Erde unter den drei Bäumen war steinig. Wir mußten oft innehalten, um die größeren Brocken aus dem Weg zu räumen. Als wir bei einer Tiefe von ungefähr drei Fuß angelangt waren, stießen wir auf eine große Wurzel von einem der Bäume. Wir überzeugten Rebecca, nachdem wir ihr gut zugeredet hatten, nach Hause zu laufen und eine Axt zu holen, damit wir die Wurzel abhacken konnten. Wenn jemand anders nach Hause gegangen wäre, hätte dies vielleicht zu Mißtrauen geführt. Damals war die kleine

Rebecca die beste Kandidatin, da sie am wenigsten Aufmerksamkeit erregte.

Es war fast Mittag, als ich in einem Loch von vier Fuß Tiefe stand und schwarze Erde herausschaufelte und die Schaufel plötzlich auf etwas Hartes stieß. Es war kein Stein, und es war auch keine Wurzel. Ich begann, schneller zu schaufeln. Jede Schaufel voll Erde, die ich aus dem Loch herauswarf, bestätigte, daß meine kühnsten Träume wahr geworden waren. Ich bezweifle, daß irgend ein Erlebnis, das mir bis dahin widerfahren war, vergleichbar gewesen wäre mit der Aufregung, die ich in jenem Augenblick empfand.

Wir hatten es geschafft. Vor mir und den anderen, die sich um das kleine, aber unbeschreiblich wichtige Loch drängten, das wir auf dem verbotenen Gebiet gegraben hatten, wurde der Deckel einer Truhe sichtbar. Er war hart, er war stabil, er war sehr alt, und er war *Wirklichkeit.*

Der alte Mann hatte recht gehabt! *Wir* hatten recht gehabt. Der Schatz existierte *tatsächlich* - und wir hatten ihn gefunden. Ich erinnere mich, daß ich mich auf die Knie fallen ließ, um die letzten Reste Erde zu entfernen, die die Truhe bedeckten. Der Deckel sah prächtig aus, alt und gewölbt, und mit vernieteten Metallstreifen verziert. Ich konnte es einfach nicht fassen. Mit den Händen buddelte ich weiter die Erde heraus, um den Verschluß der Truhe zu finden.

Da war er schließlich. Ich wischte die Erde von dem Schloß, damit die anderen, die oben standen, es auch sehen konnten. Es war alt und rostig, und voll mit Erde, die die Truhe bestimmt schon über hundert Jahre versteckt gehalten hatte. An der Vorderseite des Schlosses befanden sich drei große Schlüssellöcher.

Ich rief den anderen zu, mir etwas herunterzugeben, damit ich es aufbrechen konnte. Eilig wurde mir eine Schaufel gereicht, mit der ich das alte Vorhängeschloß attackierte, als hütete es die größten Schätze des Universums.

Genau in dem Augenblick schlug Carmel Alarm. Trotz meiner Aufregung, die Truhe entdeckt zu haben, höre ich noch immer ihr eindringliches Rufen, daß wir entdeckt worden waren, und daß mein Vater sich auf dem Weg zu uns befand. In diesem

Augenblick hätte uns nichts Schlimmeres widerfahren können. Daß wir uns an einem verbotenen Ort befanden, war schon schlimm genug. Dabei erwischt zu werden, wie wir ein Loch in den Boden gruben, war noch schlimmer. Doch daß ein Erwachsener herausfand, daß wir gerade einen Schatz gefunden hatten, wäre für jedes Kinder unter zwölf oder dreizehn einfach unvorstellbar gewesen.

Während sich die Gefahr in Gestalt unseres Vaters näherte, taten wir das einzige, was uns einfiel, - wir begannen, die Truhe zuzuschaufeln. In jenem Augenblick war es völlig unwichtig, ob wir das größte Gold- und Juwelenversteck gefunden hatten, das jemals entdeckt worden war; jetzt war es nur noch wichtig, das Beweismaterial verschwinden zu lassen.

Als unser Vater schließlich bei uns ankam, fand er lediglich ein drei mal fünf Fuß großes Loch in der Erde vor, das ungefähr zwei oder drei Fuß tief war. Irgend jemand, ich weiß nicht mehr wer, platzte mit einer unglaublichen Geschichte heraus. Wir erzählten ihm, daß wir ein Loch für einen Goldfischteich gruben. Er glaubte es zwar nicht, doch er konnte auch nicht herausfinden, was wir tatsächlich machten. Deswegen tat er das einzig typisch Elternhafte, was ihm übrigblieb. Er stand da und sah zu, wie wir das ganze Loch wieder auffüllten. Dann sagte er uns, daß wir später eine entsprechende Strafe erhalten würden. Wir mußten ihm versprechen, daß wir nie mehr auf diesem Grundstück graben würden. Wir versprachen es.

Ich weiß nicht mehr, welche Strafe wir erhielten. Ich nehme an, daß ich nur daran dachte, was möglicherweise in der Truhe sein könnte. Deswegen machte ich mir keine Sorgen darüber, ob ich ein paar Aufgaben im Haushalt übernehmen müßte oder ohne Abendessen ins Bett geschickt würde. Ich weiß jedoch noch, daß mein Vater nicht sehr streng mit uns verfuhr, denn zusätzlich zu der Fischteichgeschichte hatte ich ihm auch noch gesagt, daß ich, wenn er mich nicht bestrafen würde, in ein Priesterseminar ginge, Pfarrer würde und den Menschen helfen würde. Darauf hatte er immer gehofft. Und so blieb die Truhe ein weiteres Mal verschont, in Sicherheit vor ein paar begeisterten Kindern, die fast ihr Geheimnis erschlossen hätten, weiterhin versteckt vor einer Welt, die nichts von ihrer Existenz wußte.

Bis zum heutigen Tag ist keiner der ursprünglichen Schatzsucher, inzwischen alle erwachsen, zurückgekehrt, um herauszufinden, was in dem Loch versteckt war. Nicht deswegen, weil es uns verboten wurde - als Erwachsene hätten wir jederzeit irgendwann einmal hingehen und danach suchen können, aber wir taten es nicht. Rebecca wurde erwachsen und zog ihre eigenen Kinder groß. Carmel schrieb später Liebesromane, und Verne ist gestorben. Ich selbst ging nie ins Priesterseminar, um Pastor in irgend einer ruhigen, kleinen Kirche zu werden. Ich hoffte immer, daß mein Vater mein Versprechen ungefähr zur gleichen Zeit vergessen hatte, zu der er auch den Vorfall vergessen hatte, durch den es überhaupt dazu gekommen war.

Sämtliche Schatzsucher sind schon lange von ihrer Heimatstadt weggezogen. Für diejenigen, für die ein Traum fast wahr geworden wäre, ist die Geschichte von der Schatzsuche ein Erlebnis, das wir unseren Kindern und Enkeln erzählen.

Vor nicht allzu langer Zeit besuchte ich jene Stadt, in der die alte Holztruhe mit unbekanntem Inhalt mitten zwischen drei großen Bäumen im Boden verborgen liegt. Ich flog von meinem Zuhause in einem anderen Bundesstaat los und mietete mir am Flughafen ein Auto. Dann fand ich den Weg von der Schnellstraße zu den kleineren Straßen im freien Land und fuhr in die Nachmittagssonne. Es war ein Tag, der sehr jenem Sommertag in meiner Kindheit glich, als meine Freunde und ich unser großes Abenteuer erlebten. Nachdem ich in der friedlichen kleinen Stadt angekommen war, fuhr ich die Straße entlang, auf der ich so oft zur Schule gegangen war, und fand die Stelle, an der mein Elternhaus gestanden hatte. Das Haus, in dem ich aufgewachsen war, war verschwunden; ein neues stand jetzt dort.

Der Weg hatte sich in eine asphaltierte Straße verwandelt. Der Pflaumenhain war auch nicht mehr da. An seiner Stelle stand eine Reihe von Appartementhäusern.

Von dem alten Spukhaus war nichts mehr übriggeblieben. Ein neues Einfamilienhaus hatte seinen Platz eingenommen. Das Gelände, das es früher umgeben hatte, war geräumt worden. Anstelle der Holzschuppen und der dunklen Räume gab es nun einen gepflegten Garten, umgeben von einem hübschen Holzzaun - von der Sorte, die man in Baumärkten findet und an einem

Samstagnachmittag aufstellt.

Doch es entging mir nicht, daß die drei hohen Bäume überlebt hatten, die auf dem vorderen Teil des sauber gemähten Rasens standen. Ich parkte mein Auto und ging zu dem Mann hinüber, der gerade das Gras unter diesen Bäumen schnitt. Die fünf großen Bäume waren verschwunden. An ihrer Stelle stand nun eine Gartenlaube mit weißem Gitterspalier für Reben, ein schöner Fleck, an dem der Mann und seine Frau den Abend genießen konnten. Ich sagte ihm nichts davon, daß ungefähr vier oder fünf Fuß unter ihm eine alte Truhe mit einem rostigen Schloß vergraben lag. Nachdem ich mich ein paar Minuten lang mit ihm unterhalten hatte, verabschiedete ich mich, stieg ins Auto und fuhr weg. Einige Stunden später befand ich mich wieder in einer großen, überfüllten Stadt. Nachdem ich die stark befahrene Autobahn hinter mir gelassen hatte, gab ich am Flughafen meinen Mietwagen zurück, ging durch die Gangway ins Flugzeug, dessen Ziel ein fernes Land war, und flog davon - und ließ ein weiteres Mal den Schatz zurück.

Wir alle haben Schätze in unserem Leben. Einige von uns nehmen sie an und nutzen sie - doch bei den meisten bleibt das Beste von uns selbst tief in uns versteckt und wartet darauf, entdeckt zu werden. *Wer weiß, was in dieser Truhe sein könnte?*

Viele von uns lassen das Beste von sich, das Beste dessen, was sie hätten sein können, zurück.

Noch immer wünschte ich, daß ich damals das Schloß der Schatztruhe aufgebrochen hätte. Eines Tages mache ich es vielleicht noch. Doch, was wir damals als Kinder taten, ist etwas, was viele von uns als Erwachsene während ihres ganzen Lebens tun. Wir erhalten einen flüchtigen Eindruck von den Schätzen, die in uns verborgen sind. Doch bringt uns in dem Augenblick, in dem wir das Schloß aufbrechen könnten, irgend etwas dazu, den Schatz wieder zuzudecken, das zurückzulassen, was hätte sein *können*. Einige von uns entfernen sich so weit von der Stelle, an der wir einmal waren, und sind dann so sehr mit dem Heute beschäftigt, daß sie ganz vergessen, daß es überhhaupt je einen Schatz in ihrem Leben gab.

Ich möchte Sie einladen, mit mir auf Schatzsuche zu gehen. Wir können den Schatz finden, das ist gar nicht so schwer. Wir werden darauf aufmerksam gemacht werden. Wir werden außerdem erfahren, wie wir einige der Steine und Wurzeln der Vergangenheit überwinden können, die uns daran gehindert haben, die Wahrheit zu erfahren. Und diesmal werden wir herausfinden, wie wir das Schloß und die Truhe öffnen können. Wir werden beginnen, die Schätze zu nutzen, die wir in unserem *Selbst* finden.

2
Eine neue Sicht unseres „Selbst"

Wir alle besitzen Schätze in unserem „Selbst" - und die besten darunter gilt es vielleicht noch immer zu entdecken. Ein einzelnes Selbst kann im Laufe eines Lebens viel bewerkstelligen. Es kann hilfreich sein, uns schaden, praktisch, unsinnig, lohnenswert, sinnlos, außergewöhnlich, mittelmäßig, phantastisch oder weltlich sein. Wir wissen, daß es manchmal mutig, und dann wieder unsicher, einmal stark, dann wieder schwach sein kann. Fast jedes Selbst hat nahezu unbegrenzte Ausdrucksmöglichkeiten. Und jedes besitzt erstaunlich viele Möglichkeiten. Bis heute gibt es noch keine Liste, auf der jedes „Können" aufgeführt ist, das ein einziges Selbst leisten *könnte.*

Unser Selbst ist phantastisch. Am Tag unserer Geburt kommt es in den meisten Fällen in relativ guter Verfassung an, größtenteils frei von Vorstellungen, was sich erreichen läßt und was nicht. Dieses Selbst hat keine Vorurteile, keine Überzeugungen, keine schlechten Angewohnheiten, keine Zuneigung oder Abneigung, keine politische Einstellung, keine Voreingenommenheit, keine Konditionierung, keine Zweifel und keine Selbstbeschränkungen. Von dem Augenblick an, wo unser Selbst existiert, erwartet es, daß wir es lieben und lenken, solange wir es besitzen - daß wir uns darum kümmern und es *leiten.* Wie gut es unserem Selbst geht, wird davon abhängen, wie weit wir diese beiden Bedingungen erfüllen - wie *sehr* wir uns darum kümmern, und wie *gut* wir es lenken. Um ein Leben zu leben, das funktioniert, um ein gesundes Selbst zu haben, bedarf es einer Menge von beidem.

Anfangs, wenn unser Selbst eintrifft, wird die Verantwortung für die Pflege und die Lenkung anderen Menschen übertragen. Später, wenn das Selbst lernt und wächst, wird diese Verantwortung langsam uns übertragen. Irgendwann - ungefähr während des letzten Teils unserer Teenagerzeit - ist bei den meisten Menschen die Vorbereitung des Selbsts abgeschlossen. Die, die uns gepflegt haben, geben mit einem Seufzer der Erleichterung die

Verantwortung, uns anzuleiten, an uns weiter.

Im Prinzip können die anderen, in deren Obhut wir waren, sich nun entspannen und zur Seite treten, mit dem Wissen, daß sie alles nur Menschenmögliche getan haben, um unser Selbst zu erziehen und es darauf vorzubereiten, selbständig zu funktionieren. Der größte Teil der Pflege und die gesamte Führung ist nun uns selbst überlassen. Jahre später wird das Selbst, mit dem wir geboren wurden, an uns zurückgegeben, und wir haben dann die Verantwortung dafür.

Gewöhnlich liegt jedoch eine riesige Kluft zwischen Theorie und Praxis. Würden wir diese, wie es scheint, vorgegebene Ordnung beibehalten, so wären wir, nachdem uns schließlich die Kontrolle über unser Selbst übergeben wird, fähig, dieses Selbst, und damit auch unser Leben, auf kompetente und wirkungsvolle Weise zu bestimmen. Schließlich wären wir ja zu guten Selbst-Managern erzogen worden.

Was glauben Sie, wie hoch ist die Fähigkeit der Selbstbestimmung eines Durchschnittsmenschen im Verhältnis zu dem, wie hoch sie sein könnte oder sein sollte? Wenn Sie Ihre eigenen Fähigkeiten, sich selbst zu lenken, einschätzen sollten, auf welcher Stufe befänden Sie sich dann im Augenblick? Haben Sie Ihre Selbstbestimmung voll im Griff, und holen Sie das Beste aus sich heraus? Bestimmen Sie Ihr Selbst aktiv auf die richtige Weise, benutzen Sie die richtigen Methoden, und erhalten Sie die richtigen Resultate? In Kapitel 5 werden Sie die Möglichkeit haben, anhand Ihres persönlichen Selbstbestimmungs-Tests herauszufinden, wie gut Sie Ihre Sache machen.

Unsere alte Vorgehensweise

Was die Selbstbestimmung anbelangt, schneiden die meisten von uns nicht besonders gut ab. Wir werden erwachsen und sind äußerst ungenügend auf das vorbereitet, was vor uns liegt. Danach sind wir zu sehr mit der Realität des Lebens beschäftigt, um noch einmal zur ersten Klasse der Selbstbestimmungs-Schule zurückzugehen und von vorne anzufangen. Wenn wir zurückgehen könnten, wären unsere Lehrer dieses Mal besser darauf vorbereitet, uns zu helfen, als beim ersten Mal?

Dieses Problem würde sicher viele von uns in ein lebenslanges Dilemma stürzen: Nehmen wir das Selbst, das uns mitgegeben wurde, und versuchen durchzukommen; *unser* Bestes zu tun mit einem Selbst, das nie vollständig dazu ausgestattet wurde, *sein* Bestes zu verwirklichen? Oder verändern wir unser Selbst irgendwie, nachdem die „Schule" vorbei ist und wir auf uns selbst gestellt sind, mitten in einem Leben mit Problemen und Realitäten?

Wenn wir die Bestimmung unseres Selbst dem Zufall überlassen, wie wir es in der Vergangenheit getan haben, können wir sicher sein, daß es uns in Zukunft nicht besser gehen wird. Wenn wir jetzt nichts für unser Selbst tun, auch wenn es für eine Veränderung zu spät zu sein scheint, so werden wir dazu verdammt sein, unser Leben erfolglos und unerfüllt zu verbringen.

Dadurch bekommt Selbstbestimmung relativ viel Macht - sie ist vielleicht der mächtigste Faktor für das Gelingen von *allem,* was wir in Angriff nehmen. Wenn dem so ist, wäre es sinnvoll, ein wenig mehr darüber zu erfahren. Was genau ist Selbstbestimmung? Funktioniert sie - und *wie* funktioniert sie? Wo war die Selbstbestimmung, als Sie Ihre ersten Lektionen darüber erhielten, wie man mit dem Leben zurechtkommt? Warum wird sie nicht öfters in Schulen und zuhause vermittelt? Kann jeder Mensch Selbstbestimmung lernen? Sind *Sie* dazu bereit?

Wenn Sie dieses Buch gelesen haben, werden Sie nicht nur die Antworten auf diese Fragen erhalten haben, sondern Sie werden auch bewußt und unbewußt Werkzeuge der Selbstbestimmung einsetzen, die zu mehr *Leben* in Ihrem Leben und mehr *Selbst* in Ihrem Selbst führen können: Sie werden vielleicht feststellen, daß Sie von sich selbst überrascht sind - oder Ihr *Selbst* wird dann vielleicht Sie mit Hilfe der richtigen Anleitungen überraschen.

Vielleicht teilen Sie die Meinung eines meiner Freundes, der sich entschlossen hatte, sich selbst und sein Leben fest in den Griff zu bekommen. Er sagte zu mir: „Dies ist das Leben, das ich leben muß. Also kann ich es genausogut richtig machen". Wenn Sie das auch tun möchten, dann sollten wir beginnen. Ich denke, die Reise wird Ihnen gefallen.

3
Weshalb wir uns auf eine bestimmte Art verhalten

Eine der wichtigsten Entdeckungen der letzten Jahre war das Verständnis der Rolle, die unser eigenes *Denken* in der Gestaltung unseres Lebens spielt.

Tausende von Jahre lang gingen wir davon aus, daß Gedanken im großen und ganzen absolut nichts bedeuten. Wir glaubten, daß Gedanken harmlose, körperlose, energielose Stückchen von Bewußtsein wären, die keine Substanz und kein eigenes Leben hätten. Und während dieser ganzen Zeit hatten wir unrecht.

Jeder einzelne unserer Gedanken ist viel mehr, als wir bisher annahmen. Ja, er ist so viel mehr, daß wir erst jetzt, wo wir in das Computerzeitalter eintreten, langsam entdecken, wie wichtig jeder *menschliche Gedanke* tatsächlich ist.

Gedanken sind bei weitem keine vagen „Nichts", die zu nichts führen und nichts bewirken, sondern sie sind - wie Forscher auf dem Gebiet der Neurologie herausfanden - elektrische Impulse, die elektrische und chemische Umschaltungen im Gehirn auslösen. Gedanken sind nicht nur psychologischer Natur, sie sind physiologisch - elektrochemische Auslöser, die die chemische Tätigkeit im Gehirn regeln und beeinflussen.

Wenn das Gehirn ein elektrisches Kommando - einen Gedanken - erhält, so startet es sofort mit mehreren Aktivitäten: Es reagiert auf den Gedanken, indem es die entsprechenden chemischen Kontrollsubstanzen im Körper freisetzt, und es versetzt das zentrale Nervensystem in Bereitschaft, entsprechend zu reagieren und zu handeln.

Gleichzeitig, als Reaktion auf denselben Gedanken, durchsucht das Gehirn seine Gedächtnisdatei und findet die richtige Stelle, um jegliche nötige Informationen zu speichern, die dem Gedanken entnommen wird. Es löst eine geistige oder eine interne physiologische Reaktion aus, die auf früher erhaltener bereits gespeicherter Information basiert, und speichert jegliche neue

Information, die in Zukunft von Nutzen sein könnte.

Während wir den Gedanken denken, ist uns nicht bewußt, was das Gehirn damit macht. Wohin es die neue Information leitet, und was es daraus macht, wird von dem bestimmt, was es unserer genetischen Programmierung *früher eingegebener Information, und davon, wie wir den neuen Gedanken in dem Augenblick lenken, in dem wir ihn denken, entnimmt.*

Signale senden

Um den Prozeß etwas zu vereinfachen, sollten wir uns einen Gedanken als einen kurzen elektrischen Impuls vorstellen, der ein Signal zum Gehirn sendet. Die zentrale Schalttafel im Gehirn nimmt das Signal als eine Weisung entgegen und reagiert, indem sie die entsprechenden chemischen Zentren im Gehirn alarmiert, damit diese entsprechend handeln - nämlich chemische, elektrische und physische Vorgänge einzuleiten, um mit dem umzugehen, was der Gedanke auslöste und dadurch dem Gehirn zu tun befahl.

In dem Gedanken sind außerdem auch Eindrücke enthalten, die das Gehirn vielleicht speichern möchte; deswegen analysiert es diese Eindrücke blitzschnell und erfaßt sie in einem oder mehreren von verschiedenen Speicherbereichen. Später, nachdem die chemische Reaktion auf den Gedanken schon lange beendet ist, hält das Gehirn die erhaltenen Eindrücke weiterhin fest, um sie zukünftig zu benutzen. In manchen Fällen werden diese Eindrücke z.B. als Gefühle gespeichert, in anderen Fällen als visuelle Bilder.

In jedem Fall registriert das Gehirn einfach das, was es empfängt. Es ist gleichgültig, ob die Information richtig, falsch, gut, schlecht, wichtig oder unwichtig war. Da das Gehirn ein Organ ist, genau wie das Herz auch, verrichtet es eine spezielle Tätigkeit auf eine bestimmte Art. Das Gehirn führt nur das aus, wozu es bestimmt ist. Wenn es richtig arbeitet, wird es Jahr für Jahr, Sekunde um Sekunde, ein ganzes Leben lang auf genau die gleiche Weise funktionieren; es wird Informationen empfangen, sie verarbeiten, speichern und danach handeln.

Kein Zauberwerk

Das Gehirn, und der Teil des Gehirns, den wir *Geist* nennen, sind kein Zauberwerk. Das Gehirn mag zwar komplex sein, doch es ist ein Organ, das ausführt, wozu es vorgesehen ist, ob wir das nun akzeptieren wollen oder nicht. Wenn wir es richtig behandeln, kann es erstaunliche Dinge für uns vollbringen. Es wird uns am Leben und gesund erhalten, wird uns helfen, nicht in Schwierigkeiten zu geraten, uns unermüdlich dabei behilflich sein, unsere Ziele zu erreichen und ein erfülltes Leben zu führen. Es wird eine riesige Fülle nützlicher Informationen speichern, durch die wir den Überblick behalten und im Einklang leben mit unserer Umgebung. Wenn wir es jedoch *falsch* behandeln, wird es keine dieser Aufgaben richtig ausführen; es wird gegen uns, statt für uns arbeiten.

Dem Gehirn ist es gleichgültig, ob wir es verstehen oder nicht. Die Grundfunktion und die Aktivität des menschlichen Gehirns sind keine Themen mehr, über die spekuliert oder diskutiert wird. Wir wissen, daß das Gehirn ein unwahrscheinlich gut konstruiertes Instrument ist, das geschaffen wurde, um auf eine bestimmte Art zu funktionieren. Und genauso verhält es sich; es hat keine Wahl.

Es ist wichtig, dies zu wissen, denn die Gehirnfunktion hängt stark damit zusammen, wie unser *Selbst* funktioniert. Auf dem Weg über das Gehirn kümmern wir uns um unser Selbst, geben ihm Anweisungen und kommunizieren mit ihm. Wenn wir versuchen, das Selbst auf eine Weise handzuhaben, die nicht im Einklang steht mit dem, wie unser Gehirn funktioniert - chemisch und elektrisch - wird unser Selbst das Übermittelte nicht verstehen, und wir werden nicht die richtigen Resultate erhalten.

Der Vergleich eines Gehirns mit einem Computer ist sehr treffend. Das Gehirn empfängt, verwertet, speichert und arbeitet mit den Informationen, die es entgegennimmt, genau wie ein Computer nach einem Programm. Die Programmierung des Unterbewußtseins ist ähnlich wie eine Computerprogrammierung, und genau wie der Computer führt das Unterbewußtsein nur das aus, wozu es programmiert ist.

Die Langspielplatte

Stellen Sie sich vor, daß das Unterbewußtsein wie eine Schallplatte funktioniert. Am Tag unserer Geburt begann jeder von uns sein Leben mit einer glänzenden, reinen Kunststoffplatte, in die noch nie eine Rille geprägt wurde.

Von diesem ersten Tag an prägte während unseres Wachstums jedes Wort, das wir hörten, und jeder Gedanke, den wir dachten, eine Rille in diese Platte. Einige Gedanken, die uns immer wieder eingegeben wurden, wurden immer wieder aufgenommen und gruben Rillen, die sich als tief und bleibend erweisen würden. Mit der Zeit wurden sogar unsere eigenen Selbstanleitungen, d.h. Bilder und Gedanken, die wir über unser Selbst hatten, ein Teil dieser unauslöschlichen Aufnahme, welche ein dauerhafter Bestandteil des Programms wurde, das wir unserem Unterbewußtsein eingaben.

Während wir heranwuchsen, war es unserem Unterbewußtsein gleichgültig, ob das, was wir über uns selbst sagten oder akzeptierten, richtig oder falsch war. Genau wie ein Computer akzeptierte es einfach das, was wir und andere einprogrammierten - gleichgültig, ob die Information zutreffend oder unzutreffend, gesund oder ungesund, hilfreich oder nutzlos war.

Eben weil unser Gehirn so arbeitet, werden wir zu Gewohnheitstieren. Aufgrund unserer Programmierung entwickeln wir in unserem Unterbewußtsein Muster - sich wiederholende Modelle, Handlungen und Gedanken. Wir neigen dazu, die Verhaltensmuster zu wiederholen, die sich am tiefsten eingegraben haben. Wenn Sie mein anderes Buch kennen, wird Ihnen bekannt sein, wie diese Programmierung genau funktioniert und wie wirkungsvoll sie ist. Da mindestens 75 Prozent unserer früheren Programmierung negativ war, folgte unser eigenes Selbst-Gespräch automatisch diesem Beispiel. Wir programmierten uns selbst auf die gleiche negative Art.

Natürlich erhalten wir auch gute Programme, allerdings nicht genügend. Dies führt dazu, daß wir mit einigen denkbar völlig unangemessenen und selbstbehindernden Programmen erwachsen werden. Sie bleiben für immer im Unterbewußtsein haften und beeinflussen für den Rest unseres Lebens jeden Schritt, den wir je unternehmen, und jeden Gedanken, den wir denken.

Wie wir unser Leben leben, ist das Resultat der Gesamtsumme dieser Programme - der Gedanken und Selbstanweisungen, die wir unwissentlich von anderen, aber auch insbesondere von uns selbst erhalten haben.

Das Endresultat sieht so aus, daß jeder Mensch mit einer endlosen Sammlung innerer Programme lebt, die das Gehirn genau in diesem Augenblick auszuführen bestrebt ist. Dazu ist es programmiert. *Es hat keine Wahl.* Das Gehirn wurde dazu geschaffen, Ihre Instruktionen auszuführen. So lange es ordnungsgemäß funktioniert, wird es genau das immer wieder tun. *Es ist Ihrem Gehirn völlig gleichgültig, ob die Programme, die Sie eingegeben haben, gut oder schlecht sind.* Die ganze ehrfurchtgebietende Kraft Ihres Gehirns wird dafür sorgen, daß Sie nach den Programmen leben, die momentan in Ihrem Unterbewußtsein verankert sind.

Eine äußerst wichtige Entscheidung

Womit wir unser Unterbewußtsein programmieren, war schon immer uns selbst überlassen, schon von früher Kindheit an. Damals wußten wir es nur nicht. Wenn wir uns erst einmal der unparteiischen und methodischen Arbeitsweise des Gehirns bewußt sind, dann liegt es mehr denn je bei uns, womit wir es als *nächstes* programmieren.

Ihrem Unterbewußtsein ist es gleichgültig, woher diese Programmierung kommt, oder wie es sie erhält. Es wird einfach weiterhin die Informationen akzeptieren, die ihm zugeführt werden, gleichgültig, ob diese richtig oder falsch sind, oder ob sie zu unserem Wohl oder Schaden sind. Die Programmierung, die Sie von anderen akzeptieren, und die bewußten und unbewußten Anweisungen, Bilder, Gefühle und Gedanken, die Sie sich selbst übermitteln, finden ihren Platz in Ihrem eigenen inneren Kontrollzentrum.

Gemeinsam werden *diese Anweisungen, Gedanken und Bilder auch weiterhin sofort jede Ihrer zukünftigen Reaktionen, Einstellungen oder Handlungen im voraus hervorrufen oder in dem Augenblick beeinflussen.*

Sogar *in diesem Augenblick* bestimmen Ihre persönlichen Programme alles an Ihnen außer Ihrer genetischen Struktur und den Eigenschaften, die Sie möglicherweise von Ihren Vorfahren geerbt haben. Für die Anlagen, die Sie bei Ihrer Geburt hier auf die Erde mitbrachten, hat ein anderer Sorge getragen. Was Sie mit diesen in der Vergangenheit anfingen, hing von dem Inhalt Ihrer unbewußten Programme ab, die die Kontrolle hatten. Was Sie von nun an mit Ihrem Selbst anfangen, wird von dem beeinflußt, was Sie als nächstes zu tun entscheiden, und was Sie tatsächlich tun. Das wird von jeder neuen Anweisung abhängen, die Sie Ihrem Selbst geben.

Aus diesem Grund steht jeder Mensch vor einer aufregenden und äußerst wichtigen Entscheidung. Deshalb sind diejenigen, die behaupten „Meine Zukunft liegt in meinen Händen" weder eingebildet, noch zu sehr ichbezogen. Sie nehmen vielmehr voller Freude die Tatsache zur Kenntnis, nun die Einflußmöglichkeit zu haben, ihre Zukunft nach ihren Vorstellungen zu gestalten.

Diejenigen, die lernen, die Kontrolle über Ihr eigenes *Selbst* in die Hand zu nehmen, indem sie bewußt ihre Selbstanweisungen kontrollieren, sind die einzigen, die überhaupt eine wirkliche Kontrolle über ihr irdisches Schicksal haben.

Die andere Möglichkeit ist die, passiv zu sein und es anderen zu überlassen, was diese mit dem einzigen in Ihrem Leben, das ganz in Ihren Hände liegt - Ihrem *Selbst* - anfangen. Wenn Sie nicht persönlich die Verantwortung für die Pflege und Programmierung Ihres Unterbewußtseins übernehmen, wenn Sie nicht selbst die Regie in Ihrem Leben führen, dann wird Ihr Leben von den Launen der anderen abhängen. *Dem Gehirn ist es gleichgültig, welchen Weg Sie wählen.* Es wird immer gleich hart arbeiten, gleichgültig für welchen Herrn.

Was wir wissen, kann uns helfen

Was wir nicht wissen, kann uns mehr als schaden. Gerade unsere Unkenntnis in Bezug auf unseren Geist verursachte in der Vergangenheit so viele unserer Probleme - Probleme, die wir uns im wahrsten Sinne des Wortes selbst geschaffen haben.

Zum Glück ließen uns die Forscher in der Neurologie und der

Medizin, sowie die Psychologen nicht mit dem unerträglichen Problem alleine, zu erkennen, was falsch gelaufen ist, ohne zu wissen, was wir dagegen tun können. Forschung und Erkenntnis haben uns nicht nur das Problem aufgezeigt, sondern uns auch eine Lösung gegeben. Die gleichen geistigen Prozesse, die uns einst behinderten, können nun dafür eingesetzt werden, uns weiterzubringen.

4
Unsere Selbstgespräche in der Vergangenheit

Um herauszufinden, welche Art von Programmen am besten für Sie geeignet ist, und welche Ihrer alten Programme Sie vielleicht verändern oder austauschen sollten, müssen Sie lediglich einen Blick auf Ihre früheren Selbst-Gespräche werfen. Gleichgültig, wie der Inhalt dieser Selbst-Gespräche war, können Sie sicher sein, daß Sie die Folgen der Selbst-Gespräche jeden einzelnen Tag Ihres Lebens verspüren.

Seit unserer Geburt haben wir alle eine überwältigende Anzahl von Selbst-Gesprächs-Programmen gesammelt. Einige dieser Programme waren gut, andere wiederum haben uns überhaupt nichts genützt.

Ellen Brooks nahm an einem Seminar teil, das ich über Selbst-Gespräche leitete. Sie war eine Frau mittleren Alters, die gerade zum ersten Mal Großmutter geworden war. Ich forderte die Teilnehmer des Seminars auf, einige Beispiele ihrer früheren Selbst-Gespräche mit den anderen zu teilen. Ellen war eine der ersten, die die Hand hob. „Schon als kleines Mädchen", erzählte sie, „sagte mir meine Mutter, daß ich als ältere Frau und als Großmutter dick sein würde - genau wie meine eigene Großmutter."

Die Prophezeiung der Mutter erwies sich als richtig. Innerhalb weniger Monate, nachdem sie Großmutter geworden war, hatte Ellen zugenommen. Es gelang ihr kaum, ihr früheres Gewicht zurückzugewinnen, das sie all die Jahre zuvor gehalten hatte. „Es lag nicht nur an meinem Alter oder meiner Lebensweise", sagte Ellen, „ich nahm zu, weil ich davon überzeugt war. Ich sagte mir selbst jahrelang, daß das so kommen würde."

Doug Spencer, ein Hörer, rief während einer Radio-Talkshow im Mittelwesten, an der ich teilnahm, an. „Ich habe mir selbst immer wieder gesagt, daß ich nicht mit Geld umgehen kann", sagte er. „Immer, wenn das Thema Geld zur Sprache kam, sagte ich mir, daß ich mit finanziellen Dingen einfach nicht zurechtkomme.

Ich habe mich richtig selbst davon überzeugt. Und es erwies sich als zutreffend."

Während einer anderen Radiosendung rief eine Frau an, die uns erzählte, daß unsere Diskussion über das „Programmieren" von Kindern sie dazu angeregt hatte, über einige Dinge nachzudenken, die sie zu ihren eigenen vier Kindern gesagt hatte, als diese noch jünger waren. Der Jüngste war in der Schule schlechter als sein älterer Bruder und seine Schwestern. „Ich pflegte meinem jüngsten Sohn zu sagen, daß er einfach nicht das Zeug hätte für die Schule, und daß er sich deswegen ständig mehr anstrengen müsse", teilte uns die Hörerin mit. „Ich sagte ihm sogar, daß er niemals in der Lage sein würde, das College zu besuchen, weil er dazu einfach nicht geschaffen sei. Irgendwann war er davon überzeugt, daß ich recht hatte. Ich habe inzwischen herausgefunden, daß er genauso fähig war wie die anderen, doch er war das einzige von den vier Kindern, das nie das College besuchte."

Eine Sekretärin schrieb mir, daß sie sich ständig selbst sagte, sie sei nicht attraktiv, vom Wesen her nicht so einnehmend und intelligent wie die anderen Mitarbeiter und Mitarbeiterinnen in ihrem Büro und nicht besonders beliebt. „Ich sage mir immer, daß ich nicht gut genug bin, oder daß ich einfach nicht so fähig bin wie andere", schrieb sie. „Wenn eine bessere Position in der Firma frei wird oder die Möglichkeit besteht, eine Gehaltserhöhung zu bekommen, bin ich die erste, die sich sagt, daß sie keinen Erfolg haben wird."

Bei den Hunderten von Briefen, die ich erhalte, bin ich immer wieder erstaunt über die große Zahl von rechtschaffenen, ganz normalen Menschen, die sich ihr Leben mit dieser negativen Art von Instruktionen schwermachen - der falschen Art von Selbst-Gesprächen. Ein Mann sprach stellvertretend für viele andere, als er schrieb: „Ich kann Ihnen nicht sagen, wie viele negative Dinge (meist unwahre) ich zu mir selbst sagen lernte. Ich sagte mir, daß ich keinen Sport treiben kann, daß ich ständig alles aufschiebe, daß ich niemals pünktlich bin, und daß ich nicht einmal mit meiner Frau reden kann, ohne Streit anzufangen."

Ich erhalte sogar Briefe von Schulkindern, die mir Ähnliches über ihre eigenen Selbst-Gespräche erzählen. Ein Mittelschüler schrieb: „Ich glaubte immer, ich könnte nie etwas richtig machen. Ständig sagte ich mir selbst, daß ich nur dazu fähig sei, mich in Schwierigkeiten zu bringen."

Ein anderer Brief stammte von einem Geistlichen, der die meisten Jahre seines Lebens Lehrer gewesen war. Er berührte mich so sehr, daß ich ihn anrief, um mit ihm zu sprechen. Wie ich aus seinem Brief erfahren hatte, war der ältere Herr traurig und bedrückt wegen all der Jahre, die er aufgrund falscher Programmierung „verloren" hatte. „Warum hat man mir nicht schon vor vielen Jahren, als ich noch jung war und noch etwas hätte verändern können, gesagt, wie man mit sich selbst sprechen sollte? Sechzig Jahre lang hätte ich mir und anderen beibringen können, anders mit sich zu sprechen", sagte er. „Doch erst jetzt verstehe ich, was unsere eigenen Selbst-Gespräche in uns bewirken. Sehen Sie sich all die Probleme an, die ich mir selbst geschaffen habe. Stellen Sie sich vor, was ich *hätte* tun können."

Zu dem Zeitpunkt, als diese Menschen sich selbst die falschen Dinge sagten, war keinem von ihnen klar, daß sie sich selbst buchstäblich darauf programmierten, diese Dinge zu glauben.

Wenn ich die vielen Briefe lese, die mir zugeschickt werden, und wenn ich während meiner Reisen mit Menschen rede, werde ich oft an einige meiner eigenen Selbst-Gespräche erinnert, die *ich* in der Vergangenheit geführt hatte. Manchmal frage ich mich, wieviele der Probleme, denen ich früher gegenüberstand, Probleme gewesen waren, die ich mir selbst *geschaffen* hatte. Jedesmal, wenn ich Zuhörer und Zuhörerinnen darum bitte, Beispiele ihrer eigenen früheren Selbst-Gespräche zu nennen, höre ich ein paar der gleichen *falschen* Selbstanleitungen, die ich auch benutzte.

Nur wenige von uns entgehen der Gewohnheit, negative Selbst-Gespräche zu führen. Die Selbst-Gespräche, die wir von anderen lernen und kurz darauf auch selbst zu benutzen beginnen, können so unbedeutend sein wie z.B. ein unausgesprochener Zweifel oder eine Angst, oder so gewaltig wie ein wohl einstudierter Text voller klarer, unwahrer Behauptungen über uns selbst - was wir alles *nicht* können, was wir nicht erreichen können, was nicht klappen wird, und weshalb wir nicht mehr von dem besseren Leben haben können, das wir gerne führen würden.

Eine endlose Liste unnötiger Selbst-Gespräche

Es gibt unzählige, fast unbemerkte, aber äußerst wichtige Selbst-Gespräche, Gedanken und Formulierungen, die viele von uns *unwissentlich* benutzt haben, um sich selbst zu programmieren.

Wie können wir das Beste von uns erwarten, wenn wir uns selbst beispielsweise sagen: *„Ich komme mit meiner Arbeit einfach nicht voran"; „Ich habe heute einen schlechten Tag"; „Ich kann das einfach nicht"; „Jedesmal, wenn ich mit ihm (oder ihr) rede, bekommen wir Streit"; „Ich habe Probleme mit meinem Gewicht"; „Ich bin mir einfach sicher, daß sie (oder er) mich nicht mögen wird"; „Warum sollte ich es erst versuchen, es wird ja doch nicht klappen"; „Ich scheine nicht fähig zu sein aufzuholen"; „Ich habe ein miserables Gedächtnis"; „Ich habe kein Talent zum ...."; „Ich habe einfach kein Glück"; „Dieses Mal werde ich es noch tun"; „Wenn ich etwas Günstiges sehe, kann ich einfach nicht widerstehen"; „Ich weiß auch nicht, was heute mit mir los ist"; „Ich habe es versucht, aber ich kann es einfach nicht"*.

Dies sind Beispiele einiger Behauptungen, durch die wir programmiert werden. Diese Art von Programmierung leitet und bestimmt uns ein Leben lang. Sie beschreibt uns auf eine Weise, die gegen uns arbeitet, und wir führen sie auf eine Weise aus, die uns schadet oder behindert.

Dabei könnten wir uns wesentlich besser programmieren, wenn wir nur, anstatt uns Dinge so zu sagen, daß unsere Worte gegen uns arbeiten, jeden dieser Sätze umkehrten, und sie *für* uns arbeiten ließen. Jedes der oben aufgeführten Beispiele der „alten" Sätze unserer Selbst-Gespräche würde dann zu „neuen" Selbst-Gesprächen werden, die folgendermaßen klingen würden:

„Ich mache Fortschritte bei der Arbeit"; „Heute ist ein großartiger Tag"; „Ich schaffe das"; „Jedesmal, wenn ich mit ihm (oder ihr) rede, verstehen wir uns besser"; „Ich bekomme die Probleme mit meinem Gewicht in den Griff"; „Ich weiß, daß sie (oder er) mich mögen wird"; „Ich bin bereit, es zu probieren, und wahrscheinlich wird es klappen"; „Ich bin dabei aufzuholen"; „Ich habe ein hervorragendes Gedächtnis"; „Ich habe Talent zum ..."; „Ich habe Glück, daß sich die Dinge meinen Vorstellungen entsprechend entwickeln"; „Dieses Mal werde ich es nicht tun";

„Auch wenn ich etwas Günstiges sehe, werde ich nie dazu verleitet, unnötig Geld auszugeben"; „Heute fühle ich mich besonders gut"; „Ich werde es weiterhin versuchen, und es wird mir auch gelingen!"

Die Entscheidung, uns selbst mit Worten zu programmieren, die zu Problemen führen oder uns scheitern lassen, oder Worte zu wählen, die uns Vertrauen und Glauben an uns selbst schenken, ist jedem selbst überlassen. *Diese Entscheidung bestimmt unser Selbst-Gespräch - und so bestimmen wir unser Selbst.*

Die vielen Briefe, die ich aus Krankenhäusern, Schulen, Gesundheitsämtern, Gefängnissen, Drogenberatungsstellen, von medizinischen Forschungsgruppen und anderen Organisationen erhalte, die die Anwendung von Selbst-Gesprächen studieren und lehren, inspirieren mich oft. Eine medizinische Forschungsgruppe in Kalifornien beispielsweise ist im Begriff, die Auswirkung, die Selbst-Gespräche und die eigene Haltung auf das menschliche Immunsystem haben, wissenschaftlich zu belegen. Diese Organisation, wie auch andere Forschungsgruppen überall in den Vereinigten Staaten, sieht einen deutlichen Zusammenhang zwischen den Selbst-Gesprächen und der Gesundheit - wobei Selbst-Gespräche ein Faktor sind, der zu der Entwicklung der immunologischen - der krankheitsabwehrenden - Fähigkeit des menschlichen Körpers beiträgt.

Durch die Geschichte hindurch wurde uns immer wieder gesagt, daß wir durch unser Denken und unsere Selbst-Gespräche dazu beitragen können, daß es uns gut geht. Doch wir brauchten erst die moderne Medizin, um zu belegen, daß dieser Hinweis auf einer wissenschaftlichen Tatsache beruht. Ich erinnere mich an eine Mitschülerin in der Hochschule, die ständig von ihrer Mutter hörte: „Sandy, du siehst heute schlecht aus. Bist du sicher, daß es dir gut geht?" Es ist kein Wunder, daß Sandy öfter als alle anderen in der Klasse krank war und fehlte. Sie war zum Kranksein programmiert!

Vergegenwärtigen Sie sich doch einmal, was Sie sich über Ihr „Selbst" gesagt haben. Wie viele Dinge haben Sie gelernt, von *sich* zu glauben, die vielleicht überhaupt nicht der Wahrheit entsprechen? Welche Programmierung haben Sie unwissentlich von anderen und, genauso unwissentlich, von sich selbst akzeptiert? Haben Sie positive Worte gewählt, die Ihren Glauben an sich selbst stärkten, oder haben Sie Worte wiederholt, die Ihre Unsicherheit oder Ihren Mangel an Glauben festigten? Kritisieren Sie sich, oder sagen Sie Ihrem „Selbst", daß Sie dazu fähig sind, Besseres zu leisten, und daß Sie auf dem Weg sind, genau das zu tun?

Wir werden niemals erfahren, wie viele Male ein Mann oder eine Frau scheiterten oder sich besiegt fühlten, weil die betreffende Person nicht lernte, die Worte ihrer Selbst-Gespräche zu verändern. Wir werden niemals wissen, welche Kriege hätten vermieden werden können, welche Kinder hätten anders aufwachsen können, und welches Leben voller Frustrationen stattdessen ein Leben voller Erfolg und Freude hätte werden können.

Wir können gar nicht ermessen, welche Bedeutung die einfache Veränderung der Selbstanleitungen - von „Ich kann nicht" zu einem „Ich kann" für das Leben unzähliger Millionen hoffnungsvoller Individuen, die vor uns lebten, gehabt hätte.

Selbst-Gespräche bedeuten Selbstkontrolle, Selbstbestimmung und Selbstverantwortung in ihrer einfachsten und natürlichsten Form. Wie viele Menschen kennen Sie, die glücklicher, produktiver und selbstbewußter wären, und die zufriedener mit sich wären, wenn sie die Fertigkeiten der Selbstanleitung und Selbstbestimmung lernen würden? Unsere eigenen Selbst-Gespräche können uns dazu verhelfen.

Wie viele unzählige selbstschädigende Worte werden wohl überall auf der Welt tagtäglich gegenüber unzähligen empfänglichen und unwissenden Menschen geäußert? Die Antwort ist natürlich: Millionen - vielleicht Milliarden. Nur wenige haben gelernt, sich selbst nur mit dem Besten von sich zu programmieren. Viele haben jedoch gelernt, sich mit dem Schlechtesten zu programmieren, und die meisten haben nie gelernt, überhaupt über ihre Selbst-Gespräche nachzudenken.

Ich habe oft gedacht, daß es uns allen ein bißchen besser ginge, wenn wir, fast von Geburt an, ein paar einfache zusätzliche „Wahrheiten" über uns gelernt hätten. Diese Wahrheiten würden keiner Religion, Familie oder Erziehung im Wege stehen. Sie würden bedeutend zu unserem Lernprozeß beitragen. Und sie würden jedem von uns eine kleine Hilfe mit auf den Weg geben.

Diese Wahrheiten würden ungefähr so lauten:
- *Ich mag mich so, wie ich bin. Ich bin froh, ich selbst zu sein.*
- *Ich bin froh zu leben. Ich habe beschlossen, das Beste aus mir zu machen.*
- *Heute ist ein guter Tag. Heute ist der Tag, an dem ich das Beste aus mir machen und mein Bestes geben werde. Ich werde noch andere gute Tage haben, doch der heutige ist etwas Besonderes - und ich bin es ebenfalls.*
- *Ich habe die Entscheidung getroffen, in meinem Leben zu gewinnen. Ich habe die Kontrolle über mich, den Überblick, lebe in Harmonie und Einklang mit meiner Umgebung. Nichts kann mir und meinen Zielen im Wege stehen.*
- *Ich schaffe es. Sie brauchen mir nur zuzusehen, und ich werde es beweisen!*

Dies sind nicht die hochtrabenden Worte eines Phantasten oder Träumers. Ganz im Gegenteil: Es sind Beispiele einfacher und praktischer Selbstanleitungen, die uns helfen, uns selbst und das Leben um uns herum jeden Tag auf effektivere Weise zu sehen.

Nachdem ich mich jahrelang intensiv mit Selbst-Gesprächen und der Selbstprogrammierung befaßt habe, glaube ich, daß diese wenigen Worte, wenn sie oft genug wiederholt werden, und sich unauslöschlich in die gespeicherten Daten unseres Gehirns eingraben, auf fast jeden Menschen eine Wirkung haben werden. Selbst-Gespräche sind, wie wir noch sehen werden, jedoch weit mehr als eine Wiederholung einfacher Worte der Selbstprogrammierung.

Bei den meisten von uns haben die Selbst-Gespräche der Vergangenheit nicht immer Gutes bewirkt. Hätten sie das getan, würden wir nicht nach etwas anderem suchen. Nur wenige entgingen der frühen Programmierung durch andere Menschen. Den wenigsten von uns wurde eine Alternative geboten. Dieses Buch ist ein Schritt in die richtige Richtung. Es zeigt Ihnen, wie Sie die Selbst-Gespräche, die Sie in der Vergangenheit geführt haben, einschätzen sollen, und bietet Ihnen einen Weg an, der zu lohnenden Veränderungen in Ihren zukünftigen Selbst-Gesprächen führen kann.

5
Innere Bestandsaufnahme

Dies ist die Geschichte von einem alten Mann und einem kleinen Jungen, die vor vielen Jahren lebten. Der alte Mann hieß Sartebus und der Junge Kim. Kim war ein Waisenkind und lebte ganz für sich allein. Er zog von Dorf zu Dorf, auf der Suche nach Essen und einem Dach über dem Kopf. Doch es gab noch etwas, nach dem er suchte, etwas, das viel wichtiger war als ein voller Bauch und ein bequemes, trockenes Nachtlager - Kim suchte nach einer *Einsicht.* „Warum", fragte er sich, „sind wir ein Leben lang auf der Suche nach etwas, das wir nicht finden können? Warum muß alles so schwer sein? Machen wir es uns selbst schwer, oder soll es einfach so sein, daß wir uns so plagen?"

Das waren weise Gedanken für einen Jungen in Kims Alter, doch, gerade weil er so dachte, traf er auf seinem Weg eines Tages einen alten Mann, der den gleichen Weg ging, und der, so hoffte Kim, ihm vielleicht die eine oder andere Antwort geben konnte.

Der alte Mann trug auf seinem Rücken einen großen, zugedeckten, geflochtenen Korb, der sehr schwer zu sein schien, besonders für einen solch alten und müden Mann. Eines Tages machten sie Rast an einem Bach, der neben dem Weg entlangfloß. Der alte Mann stellte erschöpft seinen Korb auf den Boden. Kim hatte den Eindruck, als trage der Mann alle seine irdischen Güter in diesem einen Korb mit sich herum. Er schien so schwer zu sein, daß selbst ein viel jüngerer und stärkerer Mann ihn wahrscheinlich nicht sehr lange hätte tragen können.

„Weshalb ist denn dein Korb so schwer?" fragte Kim Sartebus. „Ich würde ihn gerne für dich tragen. Schließlich bin ich jung und stark, und du bist müde." „Nein, den kannst du nicht für mich tragen", antwortete der alte Mann. „Den muß ich ganz alleine tragen." Dann fügte er hinzu: „Eines Tages wirst du deine eigenen Wege gehen und einen Korb tragen, der genauso schwer ist wie dieser hier."

Viele Tage und Wege gingen Kim und der alte Mann viele Meilen zusammen. Und obwohl Kim dem alten Sartebus viele

Fragen darüber, warum die Menschen sich so plagen müssen, stellte, bekam er keine Antworten. So sehr er sich auch bemühte, er konnte nicht herausfinden, was für ein schwerer Schatz sich wohl in dem Korb befand, den der alte Mann mit sich führte.

Spät in der Nacht, am Ende ihrer langen Tagesreise lag Kim manchmal still da und tat so, als schliefe er. Er lauschte dem alten Mann, der im flackernden Licht des kleinen Feuers in seinem Korb kramte und leise mit sich selbst redete. Doch am nächsten Morgen sagte er, wie immer, kein Wort.

Erst als Sartebus nicht mehr weitergehen konnte und sich ein letztes Mal zur Ruhe legte, erzählte er dem jungen Kim sein Geheimnis. Während der letzten gemeinsamen Stunden gab er Kim nicht nur die Antwort darauf, was es mit dem Korb auf sich hatte, sondern auch, warum die Menschen sich so plagen.

„In diesem Korb", sagte Sartebus, „sind all die Dinge, die ich von mir selbst glaubte und die nicht stimmten. Es sind die Steine, die meine Reise erschwerten. Auf meinem Rücken habe ich die Last jedes Kieselsteines des Zweifels, jedes Sandkorns der Unsicherheit und jedes Mühlsteines des Irrweges getragen, die ich im Laufe meines Lebens gesammelt habe. Ohne sie hätte ich so viel weiter gehen können. Ich hätte die Träume verwirklichen können, die ich mir so oft ausgemalt habe. Aber mit ihnen bin ich hier am Ende meiner Reise angelangt." Ohne die geflochtenen Kordeln zu öffnen, mit denen der Korb an ihm festgebunden war, schloß der alte Mann die Augen und schlief ruhig zum letzten Mal ein.

Bevor Kim in jener Nacht selbst schlafen ging, löste er jede der Kordeln, die den Korb an den alten Mann banden, und stellte den Korb vorsichtig auf den Boden. Danach löste er genauso vorsichtig die Lederriemen, die den geflochtenen Deckel festgehalten hatten, und öffnete den Korb. Vielleicht, weil er nach einer Antwort auf seine eigene Frage gesucht hatte, war er überhaupt nicht erstaunt darüber, was er in dem Korb vorfand. Der Korb, der den alten Sartebus so lange niedergedrückt hatte, war leer.

Was tragen Sie mit sich herum?

Wir alle haben Gedanken, Überzeugungen und Vorstellungen über uns selbst gesammelt, deren Gewicht uns belastet, und die uns daran hindern, viele der Möglichkeiten zu ergreifen, die das Leben für uns bereithält.

Wie können wir herausfinden, was in unserem Korb ist? Wie sieht das Gewicht aus, das *uns* niederdrückt? Welche Beschränkungen bezüglich unserer Person existieren nur in unserer *Vorstellung*, nicht aber in der Realität?

Sartebus wußte leider nicht, daß er die Mühlsteine, die nur in seiner Vorstellung existierten, wegwerfen konnte. Stattdessen blieb ihm nichts anderes übrig, als nachts dazusitzen, Bestandsaufnahme von seinen eigenen Beschränkungen zu machen und sich zu wünschen, daß alles besser wäre.

Ihr Bestand an Beschränkungen, die nur in Ihrer Vorstellung existieren

Wenn Sie etwas darüber erfahren möchten, was Ihr Unterbewußtsein momentan von Ihnen glaubt, sollten Sie sich einige Fragen stellen und sich ehrliche Antworten darauf geben. Wenn Sie wissen möchten, was Sie sich *unbewußt* sagen, finden Sie die Antwort in dem, was Sie sich *bewußt* sagen.

Was Sie Ihrem „Selbst" gegenüber laut aussprechen, ist nur die Spitze des Eisberges; was unter der Oberfläche abläuft, ist kolossal im Vergleich zu dem, was sich darüber abspielt. Auf jeden *bewußt wahrgenommenen* Gedanken, den Sie haben, kommen unzählige andere, von denen Sie überhaupt keine Notiz nehmen. Diese unbemerkten und nicht wahrgenommenen Gedanken sind wie ein Chor von tausend Stimmen, die alle die gleiche Art von Gedanken in den hintersten Winkeln Ihres Unterbewußtseins wiedergeben.

Ihre *bewußten* Gedanken (und Worte) spiegeln die unbewußten Programme wider, die diese erzeugen. Wenn Ihre bewußten Selbstanleitungen schöpferisch und gesund sind und Ihnen helfen, können Sie davon ausgehen, daß Ihre *unbewußten* Selbstanleitungen ebenfalls gesund und hilfreich sind. Wenn Sie in Selbstanleitungen, die Ihnen bewußt sind, Gedanken entdecken, die Zweifel hervorrufen, oder die Sie als weniger darstellen, als Sie sein *könnten*, dann können Sie sicher sein, daß die gleichen falschen Selbstanleitungen viele tausend Male von den unbewußten

Gedanken Ihres Unterbewußtseins wiedergegeben werden.

Sie können Ihre eigenen Selbstanleitungen überprüfen und herausfinden, welcher Art sie sind. Indem Sie sich einfach ein paar Fragen stellen, können Sie sich ein genaues Bild davon machen, wie Sie sich selbst in Wirklichkeit in Ihrem Unterbewußtsein sehen.

Welche Art von Selbstanleitungen haben im Augenblick unbewußt die Kontrolle über Ihr Leben? Wenn Sie jede der folgenden Feststellungen des Selbstbestimmungs-Tests genau und ehrlich beantworten, erhalten Sie einen Eindruck davon, welche Art von Gedanken Sie über sich selbst „auf Lager" haben. Dieser Test soll Ihnen nicht über alles Aufschluß geben, was Sie mit sich herumtragen. Er wird Ihnen jedoch helfen, einen ehrlichen Blick auf Ihren eigenen Bestand an Selbstbeschränkungen zu werfen, so daß Sie die Chance haben, diese zu verändern.

Wollen Sie nicht auf die Seiten in diesem Buch schreiben, dann können Sie eine Fotokopie der folgenden Seiten machen und dann die Lücken ausfüllen. Wenn Sie die Antworten, für die Sie sich entscheiden, nicht schreiben können oder wollen, lesen Sie die Feststellungen einfach laut vor und füllen die Lücken mündlich aus. Die Feststellungen des Tests sollen Ihnen helfen, einige Ihrer wichtigen Selbstanleitungs-Stile besser zu verstehen. Lassen Sie sich Zeit. Seien Sie ehrlich und vervollständigen Sie jeden einzelnen Satz.

Selbstbestimmungs-Test
Teil I - Wie Sie im allgemeinen mit sich selbst umgehen

Ergänzen Sie jede der folgenden Feststellungen mit einem dieser Wörter: immer, gewöhnlich, manchmal, selten, nie.

1. Ich habe .... das Gefühl, die meisten der wichtigen Bereiche meines Lebens unter Kontrolle zu haben.
2. Ich bin .... ein „positiver" Mensch.
3. Ich bin .... deprimiert.
4. Ich denke ...., daß vieles, was in meinem Leben passiert, dem Zufall überlassen ist.
5. Ich glaube, daß mein Leben ...... gänzlich durch äußere

Umstände bestimmt wird, und daß ich ...... bestimme, was mir widerfährt.
6. Ich habe .... das Gefühl, daß das, was in meinem Leben passiert, von mir abhängt.
7. Ich bin mir .... meiner Selbst-Gespräche bewußt, und ich bin mir ...... meiner eigenen Selbstanleitungen bewußt.
8. Ich bin .... verärgert und frustriert wegen Dingen, die ich nicht verändern oder beeinflussen kann.
9. Ich habe ...... ein positives Selbstbild. Ich mag mich .... so, wie ich heute bin.
10. Ich wache ...... gutgelaunt auf und bin gespannt auf den Tag, der vor mir liegt.
11. Ich ärgere mich ...., wenn ich mich wegen des Straßenverkehrs verspäte.
12. Andere Menschen bezeichnen mich ...... als erfolgreich.
13. Ich kann ...... mit Problemen umgehen und sie lösen.
14. Ich setze mir ...... Ziele, die ich dann auch verfolge.
15. Ich habe ...... den Überblick in meinem Leben, und ich erledige .... alles rechtzeitig.
16. Ich weiß ......, wer ich bin, und wohin ich in meinem Leben gehe.
17. Ich denke ...., daß ich etwas Besonderes und Einmaliges bin, und daß ich mich selbst und mein Leben unter Kontrolle habe.
18. Ich übernehme ...... die volle Verantwortung für mich, mein Handeln und meine Zukunft.
19. Ich kontrolliere ...... meine eigenen Gedanken, und ich lasse es ...... zu, daß ich mir Sorgen mache.
20. Ich bin der Meinung, daß ich mein Leben ...... gut regle.

Es gibt Hunderte von Fragen zu dem Thema, wie Sie mit sich selbst umgehen. Doch die obigen Fragen vermitteln Ihnen einen Eindruck, wie erfolgreich Sie, zumindest bis zum heutigen Tage, mit sich selbst *im allgemeinen* umgegangen sind.

Achten Sie bei der Vervollständigung der Feststellungen darauf, ob Ihre Antworten in eine bestimmte Richtung tendieren. Wenn Sie Feststellungen wie z.B. „Ich weiß ....., wer ich bin, und wohin ich in meinem Leben gehe", sofort und ohne zu zögern mit „immer" vervollständigen, sind Ihr Selbstvertrauen und Ihre

Fähigkeit, Ihr Leben zu bestimmen, wahrscheinlich hoch.

Wenn Sie jedoch Feststellungen wie „Ich bin mir ..... meiner Selbst-Gespräche bewußt, und ich bin mir ...... meiner eigenen Selbstanleitungen bewußt" zögernd beantworten oder mit „manchmal", „selten" oder „nie", dann bestimmen Sie Ihr Leben nicht in dem Maß, wie Sie es könnten oder sollten.

Wenden wir uns einem anderen Bereich der Selbstbestimmung zu. Die Feststellungen von Teil I waren allgemein gehalten; sie befaßten sich mit Ihren Einstellungen darüber, wieviel Kontrolle Sie über allgemeine Bereiche und Umstände Ihres Lebens zu haben glauben. Nun werden wir etwas spezifischer. Im folgenden Test überprüfen Sie Ihre Selbstbestimmung im Beruf oder im gesellschaftlichen Leben.

Selbstbestimmungs-Test
Teil II - Berufsleben und Karriere

Beantworten Sie die folgenden Feststellungen wie im Teil I - genau und ehrlich. Schreiben Sie die Antworten direkt ins Buch, auf die Fotokopie oder beantworten Sie die Fragen mündlich. Setzen Sie wieder die folgenden Wörter ein: immer, gewöhnlich, manchmal, selten, nie.

1. Ich versuche ......, etwas zu erreichen. Ich gebe ...... mein Bestes.
2. Ich bin ...... dazu entschlossen, meine Ziele zu erreichen.
3. Niederlagen werfen mich ...... zurück oder hindern mich daran, meine Arbeit zu bewältigen und meine Ziele zu erreichen.
4. Ich habe .... das Gefühl, daß ich die Fähigkeit und die Zuversicht besitze, bei meiner Arbeit Hervorragendes zu leisten.
5. Ich habe ...... eine positive Einstellung zu mir und meiner Rolle im Leben.
6. Ich glaube ......, daß ich gute Ideen habe, und daß andere ...... Interesse an dem haben, was ich sage.
7. Ich bin ...... der Meinung, mich gut ausdrücken zu können.
8. Ich verschwende ...... Zeit und teile sie .... so ein, daß ich so viel wie möglich erledigen kann.
9. Ich gebe bei jeder Arbeit oder Aufgabe die ich annehme, ...

mein Bestes.
10. Ich erledige die Dinge, die zu tun sind, ... zu dem Zeitpunkt, an dem sie erledigt werden sollten.
11. Ich glaube ...., daß ich etwas wert bin, bei meiner Arbeit und allem anderen, was ich in Angriff nehme.
12. Ich habe das Gefühl, daß ich ...... dazu gezwungen bin, mein Leben nach den Vorschriften, Forderungen und Erwartungen anderer auszurichten.
13. Ich freue mich ...... auf die vor mir liegenden Möglichkeiten, und ich sehe .... zurück auf das, was ich vielleicht zurückgelassen habe.
14. Ich bin ...... wachsam, aufgeweckt und lebe ...... in Harmonie und stehe über den Dingen.
15. Ich denke ...., daß ich intelligent und fähig bin und alles erreichen kann, was ich mir vornehme.
16. Ich habe ...... das Gefühl, daß die Leute mich mögen und gerne mit mir zusammen sind.
17. Ich verbringe ...... meine Zeit damit, meine Fähigkeiten zu verbessern oder mich auf neue Möglichkeiten vorzubereiten.
18. Ich habe ...... das nötige Selbstvertrauen, daß nichts meinen Zielen oder meinem Erfolg im Weg stehen kann.
19. Ich betrachte Risiken .... als notwendig, um etwas zu erreichen, und bin ...... von meiner Fähigkeit überzeugt, ihnen entgegentreten und sie überwinden zu können.
20. Ich glaube, daß ich persönlich ..... die Kontrolle darüber habe, was mit meiner Arbeit geschieht, und wie gut ich sie ausführe.

Ihre Antworten zeigen Ihnen deutlich, wie Sie sich im Augenblick selbst bestimmen

Ihre Antworten auf die obigen Feststellungen geben Aufschluß über die Selbstbestimmungs-Programme, die momentan in vielfacher Weise auf Ihr Leben einwirken. Wenn Ihre Antworten ergeben, daß Sie glücklich und in Einklang mit Ihrer Arbeitsstelle, Ihrer Karriere, Ihrer täglichen Arbeit oder Routine leben, dann achten Sie darauf, was Sie zu sich selbst sagen - auf die Selbst-Gespräche, die Sie in die richtige Richtung lenken - und setzen Sie sie fort. Sind Sie nicht so zufrieden, wie Sie es gerne wären, finden Sie in Ihren Antworten sicher gute Beispiele für Selbst-Gespräche, die Sie behindern könnten.

Wenn Sie z.B. Satz 18 folgendermaßen vervollständigten: „Ich habe *nie* das nötige Selbstvertrauen, daß nichts meinen Zielen oder meinem Erfolg im Weg stehen kann", ist dies ein typisches Beispiel für ein Selbst-Gespräch, das Sie daran hindert, Ihr Ziel zu erreichen.

Wenn Sie Satz 12 folgendermaßen vervollständigten: „Ich habe das Gefühl, daß ich *gewöhnlich* dazu gezwungen bin, mein Leben nach den Vorschriften, Forderungen und Erwartungen anderer auszurichten", ist dies genau die Art von Selbstgespräch, die zu Problemen führt.

Die genauen Antworten auf die Feststellungen des Tests charakterisieren unmittelbar die Art von Selbst-Gespräch, die Sie bisher verwendet haben.

Wenn Sie Ihre unbewußten Selbst-Gespräche wissen möchten, schreiben Sie die Feststellungen mit Ihren Antworten auf ein Blatt Papier: Wenn Ihre Antworten ein negatives Muster aufweisen, zeigt Ihnen die Liste genau die Selbst-Gespräche, *welche überhaupt zu dem Problem geführt haben.*

Wenn Sie die *alten* Selbst-Gespräche erkennen, die Sie momentan kontrollieren, erfahren Sie, welche neuen Selbst-Gespräche den alten entgegenwirken können. Die Feststellungen, die Sie vervollständigt haben, geben Ihnen Aufschluß über Ihre bisherigen Selbst-Gespräche. So erfahren Sie, durch welche neue Art von Selbst-Gesprächen sie ausgetauscht werden sollten.

Wenden wir uns nun einem anderen Teil Ihres persönlichen Bestands an Selbst-Gesprächen zu. Er enthält einige Feststellungen über Ihre Familie, Ihr Zuhause und Ihr eigenes Leben.

Selbstbestimmungs-Test
Teil III - Familie, Zuhause und Privatleben

Vervollständigen Sie jeden der folgenden Sätze mit: immer, gewöhnlich, manchmal, selten, nie.

1. Meine Beziehungen zu anderen Menschen sind ..... herzlich, bedeutungsvoll und eine Bereicherung meines Lebens.

2. Ich bin ...... in der Lage, meine Gefühle gegenüber anderen Menschen auszudrücken, und ich habe ..... Geduld und Verständnis für ihre Gefühle mir gegenüber.
3. Es fällt mir ..... leicht, Freundschaften zu schließen, und ich achte diese Freundschaften sehr.
4. Auf mich ist ...... Verlaß, gleichgültig, um welche Art von Beziehung es sich handelt.
5. Ich teile meine Gedanken und Ansichten ..... offen und ehrlich mit.
6. Ich bin ..... mit mir zufrieden und finde ...... Erfüllung in allen Bereichen meines Lebens.
7. Ich bin mir .... meiner eigenen Gefühle bewußt und nehme ..... Rücksicht auf die der anderen.
8. Ich besitze .... ein hohes Maß an Energie.
9. Ich bin ...... sehr ehrgeizig und nehme ...... jede Chance voller Ehrgeiz und Tatendrang wahr.
10. Ich achte ..... darauf, körperlich in ausgezeichneter Form zu sein.
11. Ich programmiere meinen Geist ...... mit positiven Instruktionen, um fit, voller Energie und jugendlichem Enthusiasmus zu bleiben.
12. Gesundheit ist für mich ...... etwas völlig Normales.
13. Ich ernähre mich ...... auf eine Weise, die meiner körperlichen und geistigen Gesundheit zuträglich ist.
14. Ich bin ...... ruhig und zuversichtlich. Ich habe ..... die Gewißheit, in meinem Leben zu bestehen.
15. Ich kontrolliere .... den Streß in meinem Leben.
16. Ich kann ..... gut zuhören.
17. Ich habe das Gefühl, daß ich meine Zukunft ...... mit Erfolg nach meinen Wünschen gestalte.
18. Ich habe ...... das Gefühl, meinen größten Erwartungen an mich gerecht zu werden.
19. Ich glaube, daß ich mein eigenes Leben ..... im Griff habe.
20. Ich bin ...... zufrieden damit, wie sich mein Leben entwickelt, und ich glaube, daß ich meine Zeit ..... optimal nutze.

Was Sie mit sich herumtragen, ist Ihnen überlassen

Wie Sie erfahren werden, haben Sie nicht nur die Wahl, ob Sie die schwere Last der Selbstbeschränkung tragen oder nicht tragen möchten - Sie haben auch die Wahl, etwas gegen diese zu unternehmen. Werden Sie sie los! Werfen Sie sie ab! Machen Sie vor dem Zu-Bett-Gehen mehr als in Ihren Gedanken nur eine Bestandsaufnahme von dem, wozu Sie nicht fähig sind - so wie es der alte Sartebus tat.

Sie können etwas ändern, wenn Sie wollen. Es gibt einen natürlichen Weg, dem Sie folgen können. Es ist ein Weg, der Sie von den unbewußten Programmen der Vergangenheit zur erfolgreicheren Selbstbestimmung in der Zukunft führt.

6
Die neue Technologie und das Unterbewußtsein

Im Laufe der letzten Jahre haben Forscher einige überraschende neue Erkenntnisse über das Gehirn und die innere Funktionsweise des Teils des Gehirns enthüllt, der gemeinhin als *Bewußtsein* bezeichnet wird. Außerdem haben wir viel über die Prozesse des Gehirns, die auch als Unterbewußtsein bezeichnet werden, erfahren.

Eine der wichtigsten Besonderheiten des Unterbewußtseins, so stellten Wissenschaftler fest, ist, daß es bestimmten „Gesetzmäßigkeiten" folgt. Das menschliche Gehirn ist ein physiologisches Organ - ein physischer, biologischer Mechanismus, der physikalischen Gesetzen folgt. Das Unterbewußtsein, welches ein Teil des physischen Gehirns ist, unterliegt denselben Gesetzmäßigkeiten.

Wenn wir die Gesetzmäßigkeiten des Unterbewußtseins verstehen, erfahren wir eine ganze Menge über die Ursachen unseres Verhaltens. Auch wenn unser Unterbewußtsein das Kontrollzentrum ist, das uns führt und steuert, folgt es doch bestimmten eigenen Regeln - Regeln, die physiologischer Natur und allgemeingültig sind.

Diese Regeln erklären, warum Ihre Konditionierung und Programmierung auf eine bestimmte Art verläuft, und als Folge dessen, warum Sie viele Dinge tun, die Sie tun. Sie gehören zu einigen der anerkanntesten Charakteristika oder Prinzipien des Unterbewußtseins. Sie bilden die Basis für die meisten der heute anerkannten Theorien im Hinblick auf die Selbstbestimmung.

10 Regeln, die der Selbstbestimmung zugrunde liegen

1. Das menschliche Gehirn ist ein physiologisches Organ, welches Informationen, die es erhält, durch einen bestimmten elektrochemischen Prozeß sammelt, verarbeitet, aufbewahrt, und auf die

es reagiert.
2. Informationen, die dem Unterbewußtsein zugeführt werden, führen zu einer physiologischen und einer psychologischen Reaktion.
3. Jede Information, die dem Unterbewußtsein dargeboten wird, ist immer beeinflußt durch und verbunden mit Informationen, die in der Vergangenheit gespeichert wurden.
4. Das Unterbewußtsein ist ein neutraler Mechanismus, der auf Informationen reagiert, ohne deren Wert und Genauigkeit zu prüfen.
5. Das Unterbewußtsein besitzt lediglich die Überzeugungen und Vorurteile, die ihm durch seine Programmierung vermittelt wurden.
6. Wird das Unterbewußtsein mit zwei oder mehreren widersprüchlichen Programmen konfrontiert, versucht es, dem stärksten Programm zu folgen.
7. Die Stärke des Programms hängt davon ab, wie oft die gleiche oder ähnliche Information vorgegeben wurde.
8. Die Stärke des Programms wird dadurch beeinflußt, wieviel Bedeutung dem Ursprung des Programms beigemessen wird.
9. Die Stärke des Programms wird von der Intensität des Gefühls beeinflußt, das mit dem Programm verbunden ist.
10. Das Unterbewußtsein wird immer versuchen, dem stärksten Programm zu folgen.

Um herauszufinden, wie Sie Ihr Selbst besser lenken können, sollten wir uns jede dieser „Regeln" des Unterbewußtseins, die sich hinter Ihrer eigenen Selbstbestimmung verbirgt, genauer untersuchen.

1. *Das menschliche Gehirn ist ein physiologisches Organ, welches Informationen, die es erhält, durch einen bestimmten elektrochemischen Prozeß sammelt, verarbeitet, aufbewahrt, und auf die es reagiert.*
Der Schlüssel zu diesem Prinzip ist, daß das Gehirn ein Organ ist, das dazu bestimmt ist, ganz *spezielle* Funktionen auf ganz *bestimmte* Art auszuführen. Manche Menschen, die Motivations-

kurse anbieten oder Bücher zur Selbstverbesserung schreiben, nehmen an, daß das Gehirn etwas Mystisches und Magisches besitzt und zu allem fähig ist.

Auch ich bin der Meinung, daß das Gehirn ein außergewöhnliches Organ ist, das auf phantastische und großartige Weise arbeitet; es ist zweifellos das unbeschreiblichste aller irdischen naturwissenschaftlichen Wunder. Trotzdem unterliegt es bestimmten Regeln. Es hält Ihre lebenserhaltenden Systeme in Gang, sammelt unermüdlich Informationen und reagiert auf sie auf voraussagbare Weise, Minute um Minute, jahrein, jahraus, in jedem Augenblick Ihres Lebens.

Diese Tatsache ist der Schlüssel zu dem Verfahren der Selbstbestimmung. Es ist sehr beruhigend zu wissen, daß das Gehirn, wenn Sie die Regeln lernen, ihm die richtigen Anweisungen geben und es gesund erhalten, gute Arbeit leisten wird.

2. Informationen, die dem Unterbewußtsein zugeführt werden, führen zu einer physiologischen und einer psychologischen Reaktion.

Dies bedeutet, daß Sie ein Mensch sind, der sowohl aus einem „Körper" als auch aus einem „Bewußtsein" besteht. Sie bestehen aus physischen (chemischen) Teilen wie auch aus geistigen (psychologischen) Teilen. Jede Information, die das Gehirn empfängt, beeinflußt Sie sowohl physiologisch als auch geistig. Jeder Gedanke wirkt sich auf Ihre *gesamte* Persönlichkeit aus, gleichgültig, ob Sie sich dessen bewußt sind oder nicht - und meistens ist letzteres der Fall.

Während Ihr Gehirn auf den Input oder Gedanken *physisch* reagiert, verarbeitet Ihr Bewußtsein den Gedanken als Teil eines neuen oder bestehenden Programmes.

Wird z.B. ein Junge während eines Baseball-Spieles von einem Softball getroffen, arbeitet sein *Gehirn* automatisch mit Hochgeschwindigkeit. Es bemüht sich, das Kind in Sicherheit zu bringen, es zu schützen, sucht nach Verletzungen und schickt eine Ladung Sauerstoff an die Stelle, wo der Ball aufgetroffen ist.

Im gleichen Augenblick, in dem das Gehirn des Jungen unbewußt reagiert, indem es erkennt, daß er getroffen wurde, durchsucht das Bewußtsein seine Gedächtnisprogramme nach jedem Fetzen Information, die es bereits darüber gespeichert hat, von einem runden, relativ harten, sich schnell bewegenden Gegenstand getroffen zu werden.

Nehmen wir an, daß der junge Spieler nicht verletzt wurde, dann wird er nun vielleicht, je nachdem, welches Programm sein Unterbewußtsein herauszieht, entweder triumphierend auf die Füße springen, den vermeintlichen Übeltäter anschreien, oder er wird sich vor Schmerzen winden und ein paar Tränen vergießen, wenn sein Unterbewußtsein ihm sagt, daß dies die beste Reaktion sei.

In dem Augenblick, in dem der Junge getroffen wird, wird er *physisch und psychisch reagieren*, und alle Teile seines Gehirns und seines Bewußtseins werden zusammenarbeiten, um das beabsichtigte Ergebnis zu erzielen.

Oder stellen wir uns vor, es ist früh am Morgen. Sie fahren heute in Urlaub, und Ihr Wecker hat gerade geklingelt. In dem Augenblick, in dem Ihr Gehirn das Klingeln des Weckers wahrnimmt, wird Ihr Unterbewußtsein blitzschnell alle Programme sortieren, die es über folgende Punkte bereits gespeichert hat: *diesen* Urlaub, *frühere* Urlaube, Aufstehen, Verschiedenes erledigen, Dinge tun, die eigentlich schon längst erledigt sein sollten, wie das Wetter ist, Ihre körperliche Verfassung, und was Sie vom Aufstehen zu solch unchristlicher Zeit halten.

Jede in der Vergangenheit einprogrammierte Vorstellung zu diesen Themen wird Sie schon in diesen ersten kurzen Augenblicken beeinflussen. Die Auswirkungen werden *physiologischer* und *psychologischer* Natur sein. Die Ereignisse dieses Augenblicks werden, zusammen mit der chemischen Beschaffenheit Ihres Bewußtseins, das eng mit den Programmen der Vergangenheit verknüpft ist, bestimmen, ob Sie voller Begeisterung aus dem Bett springen oder sich unter der Decke verkriechen.

Ihr Körper wird vom Gehirn spezielle Anweisungen erhalten, die die Freisetzung einer genau bemessenen Dosis verschiedener Chemikalien auslösen, von denen jede einzelne bestimmte Aufgaben zu verrichten hat. Im Gehirn selbst werden über Nachrichtenleitungen Tausende von elektrischen Impulsen übermittelt, und Informationen werden von und zu den verschiedenen Kontrollzentren des Gehirns geleitet, wodurch Millionen von Zellen in Lichtgeschwindigkeit zu arbeiten beginnen.

Wenn alles richtig funktioniert, Ihre früheren Programme es zulassen und Ihr Gehirn an diesem Tag relativ gut arbeitet, wird das Endresultat Ihres abrupten Aufwachens so aussehen, daß Sie aufstehen und den Tag beginnen.

Dieses Resultat wurde nicht allein von Ihrem Gehirn - dem *physischen* Organ - und auch nicht allein von den Programmen Ihres *Unterbewußtseins* erzielt. Jede Eingabe, jeder Gedanke wirkt sich gleichzeitig auf das Gehirn und Ihr Bewußtsein aus. Die *gemeinsame* Arbeit von beiden bewirkt letztendlich, daß Sie handeln und zu einem Ergebnis kommen.

3. *Jede Information, die dem Unterbewußtsein dargeboten wird, ist immer beeinflußt durch und verbunden mit Informationen, die in der Vergangenheit gespeichert wurden.*

Jeder Gedanke durchläuft alle früheren Programme, die Sie gespeichert haben. In dem Augenblick, in dem er gedacht wird, beginnt in Ihrem Unterbewußtsein ein Prozeß des *Vergleichens, Analysierens und Einordnens.* Wenn um Mitternacht das Telefon klingelt, werden parallel zu dem Gedanken „Wer könnte das wohl sein?" sofort Ihre unterbewußten Programmbänke intensiv durchsucht. Je nachdem, wie Sie darauf programmiert sind, auf einen Anruf mitten in der Nacht zu reagieren, verrät vielleicht schon allein der Klang Ihrer Stimme, daß Sie Angst, Hoffnung oder gar Grauen empfinden.

Wenn Sie jemanden zum ersten Mal treffen, werden in dem Augenblick, in dem Sie sagen „Ich freue mich, Sie kennenzulernen", unbewußt Tausende von geistigen Notizen zusammengesucht und verglichen, die möglicherweise direkt oder indirekt mit dieser Person in Verbindung stehen. Jede dieser geistigen Notizen basiert auf Überzeugungen, Einstellungen und Gefühlen, die *in der Vergangenheit* von Ihrem Unterbewußtsein gesammelt und gespeichert wurden.

Die Folge davon ist natürlich, daß beim ersten Treffen Ihre Gedanken über diese neue Bekanntschaft mehr auf *früheren* Programmen als auf aktueller, jedoch noch unbekannter Information über diese Person basieren.

Das bedeutet nicht, daß Sie Ihrem ersten Eindruck mißtrauen sollten. Es heißt lediglich, daß Ihre ersten Eindrücke zum größten Teil tatsächlich *alte Eindrücke* sind, die auf eine neue Situation angewandt werden. In Ihrem Unterbewußtsein gibt es keinen einzigen Gedanken und keine Information, die für sich alleine stehen. Jedes neue Programm, das Sie empfangen, wird immer mit jedem alten bereits gespeicherten verglichen und von diesem abgeändert.

4. *Das Unterbewußtsein ist ein neutraler Mechanismus, der auf Informationen reagiert, ohne deren Wert und Genauigkeit zu prüfen.*

Dem Unterbewußtsein ist es *gleichgültig,* was Sie ihm mitteilen. Es ist in keinster Weise daran interessiert, herauszufinden, was richtig und was falsch ist. Es wird Sie, wenn Sie es richtig programmieren, auf Dinge aufmerksam machen, die *Sie* ihm als richtig oder falsch eingegeben haben. Von selbst fällt Ihr Unterbewußtsein jedoch keine Werturteile. Es nimmt die Informationen, die Sie ihm geben, und reagiert darauf.

Das Unterbewußtsein unterscheidet nicht zwischen *tatsächlicher* oder *eingebildeter* Wirklichkeit. Deshalb können Sie denken, krank zu sein, wenn Sie es gar nicht sind, oder sich dazu programmieren, tatsächlich krank zu werden. Deshalb können Sie z.B. glauben, ein Pechvogel zu sein, nicht besonders klug zu sein, unfähig oder zum Dicksein prädestiniert, arm oder weniger als mittelmäßig zu sein, ohne daß dies tatsächlich der Fall ist, - bis Sie sich schließlich selbst davon überzeugt haben.

Das erklärt aber auch, warum Sie eine „schlechte" Programmierung gegen eine „gute" austauschen können. Da Ihr Unterbewußtsein dazu bestimmt ist, die Informationen so zu akzeptieren, wie sie ihm gegeben werden, können Sie ihm neue Programme anbieten, die die alten, die gegen Sie arbeiten, aufheben oder ersetzen.

5. *Das Unterbewußtsein besitzt lediglich die Überzeugungen und Vorurteile, die ihm durch seine Programmierung vermittelt wurden.*
Sie besitzen keine einzige Voreingenommenheit oder Überzeugung, die Sie bei Ihrer Geburt mitbrachten. Doch wie viel ist seit damals geschehen! Sie kamen auf diese Welt mit einem reinen, klaren Bewußtsein, bereit, alles aufzunehmen, was es in dieser wunderbaren Welt um Sie herum zu lernen gibt. Im Alter von drei oder vier Jahren hatten Sie bereits Überzeugungen angenommen, die Sie für den Rest Ihres Lebens beeinflussen sollten. Mit sechs Jahren waren dann schon so viele Ansichten über Sie selbst derart fest in Ihnen verankert, daß viele Psychologen davon ausgehen, daß die Richtung Ihres Lebens bereits so gut wie festgelegt war. Bis wir schließlich erwachsen sind, haben wir alle eine riesige Menge von Vorurteilen, richtigen und falschen Auffassungen, Anschauungen und irrigen Ansichten gespeichert und handeln nach ihnen. Sie wurden alle von uns gesammelt, waren aber alle nicht unsere eigenen, und viele von ihnen waren unwahr.

6.*Wird das Unterbewußtsein mit zwei oder mehreren widersprüchlichen Programmen konfrontiert, versucht es, dem stärksten Programm zu folgen.*
Das ist ein Merkmal des Unterbewußtseins, das Sie dann zu Ihrem Vorteil nutzen können, wenn Sie ein altes Programm, das gegen Sie gearbeitet hat, ersetzen wollen. Ihr Unterbewußtsein hat die alten Programme akzeptiert, gleichgültig, ob sie wahr oder unwahr, nützlich oder nicht, gut oder schlecht waren. Es hat sich nach ihnen gerichtet, weil es die stärksten Programme waren, die es besaß. Geben Sie Ihrem Bewußtsein ein *stärkeres* Programm, und es wird sich nach dem neuen statt dem alten Programm richten. Es geht nicht darum, daß Sie Ihr Unterbewußtsein bitten, es solle entscheiden, welchem Programm es folgen möchte, sondern darum, welches Programm *stärker* und gewichtiger ist und mehr Gefühl und genauere Anleitungen enthält.

Es ist gleichgültig, wie stark oder wichtig das alte Programm ist.

Die meisten von uns wären erstaunt, wenn sie erfahren würden, wie viele unserer Entscheidungen von Programmen bestimmt werden, die *momentan* zufällig die stärksten sind. Starke Programme heben schwächere auf, und diejenigen, die zur Zeit die Oberhand haben, üben einen mächtigen Einfluß auf unser augenblickliches Denken und Handeln aus.

Sowohl bei etwas so Unwichtigem wie der Wahl Ihrer Frühstücksbrötchen, als auch bei etwas so Wichtigem wie der Überlegung, ob Sie Ihre Arbeit aufgeben und sich eine andere suchen sollten, ist Ihre letztendliche Entscheidung das Resultat jener inneren Einflüsse, die am stärksten sind.

Diese Einflüsse werden durch die Einstellungen, Gefühle und Überzeugungen bestimmt und kontrolliert, die in den Tausenden von Programmen in der Datenbank Ihres Unterbewußtseins enthalten sind. Die Gesetzmäßigkeit lautet vereinfacht ausgedrückt: *Das stärkste Programm gewinnt.*

Wenn Sie es mit einem alten Programm zu tun haben, das schwach ist, bedarf es wahrscheinlich keines besonders starken neuen Programms, um das alte aufzuheben. Haben Sie es jedoch mit einer überwältigenden Konditionierung der Vergangenheit zu tun, dann muß die neue Programmierung so stark sein, daß sie der alten überlegen ist. Das Unterbewußtsein wird unbeteiligt dem deutlichsten Weg folgen. Es ist Ihnen überlassen, diesen Weg zu bahnen. Sie bahnen ihn mit Ihren Selbst-Gesprächen.

7. *Die Stärke des Programms hängt davon ab, wie oft die gleiche oder ähnliche Information vorgegeben wurde.*

Ihr Unterbewußtsein wird auf alles, was Sie ihm sagen, reagieren und entsprechend zu handeln versuchen, wenn Sie es oft genug und eindringlich genug sagen. Je öfter Sie die gleiche Information erhalten, um so höher ist die Wahrscheinlichkeit, daß Sie sie akzeptieren.

Dieses Prinzip ist der Grund dafür, warum wir die *Wiederholung* verwenden, wenn wir ein neues Selbst-Gesprächs-Programm erstellen wollen, das haften bleibt. Werbefachleute kennen und gebrauchen dieses Prinzip der Wiederholung schon seit langem. In den Vereinigten Staaten könnte wahrscheinlich jeder Mensch, der über fünfzig ist, den Satz „Lucky Strike Green zieht ..." ohne längeres Überlegen mit den Worten „in den Krieg" vervollständigen. Er würde es automatisch tun, obwohl dieser Werbeslogan schon seit Ende des 2. Weltkriegs nicht mehr benutzt wird.

Ob wir denken, daß wir es *glauben* oder nicht: Wir sind tatsächlich überzeugt, daß eine Marke Papiertaschentücher „zarter" als die anderen Marken ist. Unser Unterbewußtsein ist das eigentliche Schlachtfeld, auf dem der Krieg der Geschmackstests ausgetragen wird.

Ob die Programme, die Sie von außen erhalten, von der Werbung, von Freunden, der Familie oder von Arbeitskollegen stammen, Sie haben die Wahl, sie nicht anzunehmen. Sie können sie durch bessere, eigene Programme ersetzen, wenn die Programme, die man Ihnen verkaufen will, falsch für Sie sind. Mit ein wenig Übung und den richtigen Selbstanleitungen können Sie selbst entscheiden, welche Wahl Sie treffen möchten, und diese dann mit einer Selbstprogrammierung verwirklichen, die in Ihrem Sinne arbeitet.

Sie haben weit mehr Kontrolle darüber, was Sie in sich aufnehmen, als Sie es sich vielleicht zugetraut haben. Sie können das Wiederholen von Selbstanleitungen in jedem Bereich anwenden. Sobald Sie wissen, wie es gemacht wird, haben *Sie* dann die Wahl.

8. *Die Stärke des Programms wird dadurch beeinflußt, wieviel Bedeutung dem Ursprung des Programms beigemessen wird.*
Wir sagen oft „Mein Vater sagte immer ...." oder „Meine Mutter sagte immer ..." und begründen unsere Vorurteile mit „Nach dem... und dem ..." oder „Ich habe es in .... gelesen". Wenn es um Selbstanleitung geht, ist der Ursprung des Programmes sehr wichtig. Wie überzeugt Sie eine Information akzeptieren, beeinflußt den emotionalen Inhalt des Programmierungsprozesses. Das bedeutet: Je besser die *Quelle* der Information ist, desto besser ist das Programm.

Das trifft auf jede Programmierung und jede Information zu, die Sie erhalten, gleichgültig, woher sie stammt. Das trifft besonders auf die Selbstprogrammierung zu, denn bei Selbst-Gesprächen sind *Sie die Quelle.*

Je mehr Gewicht Sie Ihren eigenen Selbst-Gesprächen geben,

desto wirkungsvoller - als Programm - werden sie sein. Wir alle, besonders wenn wir jung und leicht zu beeindrucken sind, erhalten hin und wieder Programmierungen von anderen, die besonders gut, vielleicht sogar ein Leben lang, haftenbleiben.

Ein Beispiel dafür ist die Geschichte eines kleinen Jungen, der die Ehre hatte, das Oberhaupt der kirchlichen Gemeinschaft kennenzulernen, der seine Eltern angehörten. Kurz nachdem sie einander vorgestellt wurden, sagte der Mann zu dem Jungen: „Junger Mann, du hast den Geist, um eines der besten Oberhäupter unserer Kirche zu werden. Wenn du so weitermachst, wie bisher, dann wirst du das auch."

Die Prophezeiung erwies sich als richtig. Der Junge wuchs heran und wurde das Kirchenoberhaupt einer der größten Glaubensgemeinschaften in den Vereinigten Staaten. Vielleicht erhielt er göttliche Hilfe von dem „Geist", den der Ältere erwähnt hatte, doch er wurde auch von etwas anderem beeinflußt - einem bewußten und unbewußten Programm, das seinem Unterbewußtsein von einem Mann angeboten wurde, den er sehr bewunderte und respektierte.

In diesem Fall verstärkte die Quelle des Programms - das Kirchenoberhaupt - die Wichtigkeit des Programms und dadurch auch seine *Stärke.* Hätte der Junge die gleiche Bemerkung über seine Zukunft von jemanden gehört, den er nicht mochte oder dem er nicht vertraute, wäre das Ergebnis möglicherweise ganz anders ausgefallen.

Beiläufige, passive, zufällige und gelegentliche Programme tragen zu der Konditionierung Ihres Unterbewußtseins bei. Doch durch spezielle, bewußte und direkte Programmierung durch eine Quelle, an die Sie glauben, entstehen die stärksten Programme, die Sie je erhalten werden.

9. *Die Stärke des Programms wird von der Intensität des Gefühls beeinflußt, das mit dem Programm verbunden ist.*

Ihre Gefühle erhöhen die Stärke eines Programms, indem sie die *elektrochemische Aktivität im Gehirn erhöhen.*

Ereignisse, die Gefühle hervorrufen, erregen Ihre Aufmerksamkeit, besonders, wenn es sich um Gefühle handelt, die noch nicht dadurch abgestumpft sind, daß Sie sie schon häufig verspürt haben. Sie werden sich an den Film erinnern, der Sie zu Tränen rührte - besonders, wenn Sie nicht die Angewohnheit haben, bei jedem Film zu weinen. Sie können sich, als ob es gestern passiert wäre, deutlich an Situationen erinnern, in denen Sie vor Angst wie gelähmt waren, an den Tag, an dem Sie so sehr lachten, daß Sie glaubten, nie mehr aufhören zu können, oder an den Augenblick, als Sie während Ihres Vortrags glaubten, vor lauter Nervosität kaum ein Wort herausbringen zu können, ohne zu stottern.

Wenn Sie etwas Gewöhnliches auf *außergewöhnliche* Art tun, werden Sie diese Situation länger in Erinnerung behalten. Von Ereignissen, die nicht der Norm entsprechen, die auffällig sind, wird Ihr Unterbewußtsein ganz besonders Notiz nehmen, da mehr Sinne angesprochen werden.

Stellen Sie sich z.B. vor, daß Sie zuhause sitzen und Selbst-Gespräche mit sich führen, um mehr „Energie und Begeisterung" zu bekommen. Sie werden feststellen, daß die richtigen Selbst-Gespräche in fast jeder Situation, sogar in aller Stille zuhause, ein unbewußtes Programm erstellen, mit dem das Gehirn zu arbeiten beginnen wird.

Nun stellen Sie sich vor, Sie wiederholen die gleichen Worte, während Sie in gelber Badebekleidung den Strand entlangrennen und dann kopfüber ins Wasser springen, nachdem Sie die Selbst-Gesprächs-Formeln laut herausgerufen haben!

Wird sich das Programm dann einprägen? Garantiert wird es das - wahrscheinlich für den Rest Ihres Lebens. (Und jeder Mensch, der Ihnen dabei zugesehen hat, wird es ebenfalls für den Rest *seines* Lebens in Erinnerung behalten!)

Ich will damit natürlich nicht sagen, daß Sie so weit gehen müssen, ein einzigartiges Programmierungsereignis zu schaffen. Es ist jedoch leicht einzusehen: Wenn dem Programmierungsprozeß eine gewisse *Wichtigkeit* beigemessen wird, wird auch das Programm selbst *lebendiger* und *gefühlvoller*. Deshalb sind einige der wirkungsvollsten Techniken beim Gebrauch von Selbst-Gesprächen auch die interessantesten.

10. *Das Unterbewußtsein wird immer versuchen, dem stärksten Programm zu folgen.*
Genau wie bei der sechsten Regel, die sich auf sich widersprechende Programme bezieht, kann durch dieses Prinzip die Aktivität des Unterbewußtseins noch besser vorhergesagt werden. Was immer Sie tun, und aus welchen Gründen auch immer Sie es zu tun *glauben*, Sie folgen den *stärksten* Programmen in Ihrem Unterbewußtsein. Ihr gesamtes Verhalten wird durch die *stärksten* Programme beeinflußt, die Sie in der Programmbank Ihres Gehirns gespeichert haben.

Helfen Ihnen Ihre Programme?

Was Sie heute, morgen oder für den Rest Ihres Lebens tun, wird, zumindest teilweise, von diesen Programmen abhängen. Auch wenn Sie es verleugnen, übersehen, nicht glauben oder bekämpfen, wird die physiologische Wirklichkeit dessen, was in Ihnen vorgeht, doch die gleiche bleiben.

Diese Gesetzmäßigkeiten des Gehirns und des Unterbewußtseins sind zu Ihrem Nutzen da. Sie wurden in Ihrem Interesse geschaffen, damit Sie überleben - *mehr* als nur überleben. Sie können Ihnen sogar dabei helfen, einen Teil jenes Potentials zu erreichen, den *andere* scheinbar immer erreichen.

Wenn Ihr Bewußtsein die richtigen Anweisungen erhält, wird es Ihnen dabei behilflich sein, sich ein erfüllteres Leben zu schaffen, etwas, wonach die meisten Menschen streben.

Wenn Ihnen daran liegt, diese lebenslange Suche zu beenden, dann besteht der erste wichtige Schritt darin, daß Sie dieses eine Werkzeug benutzen lernen, das Ihnen helfen wird, dieses Ziel zu erreichen.

7
Wenn wir etwas verändern wollen

Die meisten von uns würden gerne dieses oder jenes an sich verändern, haben aber in der Vergangenheit festgestellt, daß diese Veränderungen sich als schwieriger als erwartet erwiesen. Nur wenige haben gelernt, *dauerhafte* Veränderungen herbeizuführen.

Veränderungen in uns selbst lassen sich nicht schlagartig oder über Nacht erzielen. Wir werden nicht von heute auf morgen zu einem anderen Menschen. Dafür gibt es einen Grund: Das Gehirn ist nicht dafür *vorgesehen,* sofortige und dauerhafte Veränderungen herbeizuführen.

Mit seinen Milliarden von Neuronen und Millionen von Bahnen, Kreisläufen und Gedächtniszellen baut das Gehirn sein immenses Netzwerk von alten Programmen nicht innerhalb eines Tages, einer Woche oder eines Augenblicks ab, macht reinen Tisch und ersetzt dann das alte Netzwerk sofort durch ein riesiges neues Lager von anderen Programmen. Es verhilft Ihnen nicht im Handumdrehen zu einem schlanken Körper, einer neuen Einstellung zur Arbeit, zu höchster Zuversicht oder einem besseren Verhältnis zu Ihrer Familie.

Das Gehirn ist dazu geschaffen, Gewohnheiten zu folgen. Es ist nicht dafür vorgesehen, leichtfertig von einem Verhaltensmuster zum nächsten zu springen. Wenn wir versuchen, bedeutende, sofortige Veränderungen in uns selbst herbeizuführen, erwarten wir vom Gehirn etwas, wozu es nicht bestimmt ist. Würden wir keine starken Verhaltensmuster entwickeln, würde die menschliche Rasse nämlich nicht überleben - das heißt, das Gehirn würde seine wichtigste Funkton nicht erfüllen.

Deshalb widersetzt sich unser Gehirn in den meisten Fällen den Veränderungen. Das Gewicht der alten Programmierung ist zu schwer, um es mit einem Handschlag vom Tisch zu fegen. Aus diesem Grund vollziehen sich Veränderungen, wirkliche Veränderungen unserer Persönlichkeit, Haltung oder Verhaltensmuster nicht oft oder sofort.

Aber nur, weil die meisten von uns den falschen Weg wählten, um Veränderungen herbeizuführen, heißt das noch lange nicht, daß es unmöglich ist, Fortschritte zu machen. Wir alle wissen, daß Menschen sehr wohl fähig sind, dauerhafte Veränderungen herbeizuführen. Alle, denen dies gelingt, haben, ob ihnen das bewußt ist oder nicht, deshalb Erfolg, weil sie eine Methode wählen, *die der natürlichen Arbeitsweise des Gehirns entspricht.* Die meisten Menschen können lernen, *mit* diesem natürlichen Prozeß zu arbeiten.

Uns weiterentwickeln zu wollen, ist eine natürliche Eigenschaft der menschlichen Rasse. Daß wir dies *versuchen,* ist eine der besten Feststellungen, die man über uns treffen kann. Doch im großen und ganzen sind die Erfolge, die wir vorzuweisen haben, nicht besonders beeindruckend. Ein Blick auf unsere Geschichte zeigt, daß wir heute noch immer fast auf die gleiche Weise denken, handeln, scheitern oder Erfolg haben wie unsere Vorfahren, als sie zum ersten Mal Botschaften in Stein meiselten.

Seit Menschengedenken träumen, arbeiten und planen wir, steigen wir auf, stürzen, lieben, kämpfen wir, stellen wir in Frage und überleben wir. Doch in dieser ganzen Zeit haben wir *uns* - als Menschen - kaum verändert. Wir stehen immer noch auf ähnliche Weise morgens auf und stellen uns dem Tag, wie unsere frühesten Vorfahren es taten. Natürlich haben wir nicht die gleichen Probleme wie sie, doch abgesehen von ein paar kleinen Veränderungen der Kulissen und Requisiten ist das Schauspiel noch immer das gleiche.

Es ist zwar bewiesen, daß sich unsere Körperstatur verändert hat, doch ich bezweifle, daß es genauso leicht wäre, eine Veränderung unserer Geisteshaltung zu beweisen. Wir sind in vieler Hinsicht noch immer so kriegerisch, kämpferisch und unsicher wie der erste Mensch und haben uns nicht weit von den Lagerfeuern der Vergangenheit entfernt.

Sie brauchen nur eine Zeitung in die Hand zu nehmen und werden festzustellen, daß wir in gewisser Hinsicht nicht sehr weit gekommen sind. Trotz unserer Fortschritte in der Wissenschaft und im materiellen Wohlstand haben wir, was unser geistiges und psychisches Wohlbefinden betrifft, nicht Schritt gehalten.

Einige der anerkanntesten Schriften über unser Verhalten

wurden von Menschen verfaßt, die vor zwei- oder dreitausend Jahren lebten. Viele dieser Lehren konnten bis heute nicht verbessert werden. Neben den in der Kultur hoch geachteten religiösen Werken werden die Worte früher Schriftsteller und Philosophen wie Sokrates, Aristoteles, Konfuzius, Mencius und Seneca noch immer als wichtige Beiträge zum Verständnis der menschlichen Natur geschätzt.

Der Beginn der Selbstbestimmung

Wenn Sie sich lange genug mit dem Planet Erde befassen, kommen Sie vielleicht zu dem Schluß, daß wir uns, was die Verbesserung unserer Denkweise anbelangt, *nie* verändern werden. Es gibt keine Beweise, zumindest im Hinblick auf den modernen Menschen, daß wir uns je verändert haben; welche Anhaltspunkte haben wir also, daß wir uns heute verändern werden?

Wenn Sie jedoch unsere Vergangenheit und Gegenwart sorgfältig genug untersuchen, werden Sie feststellen, daß im Augenblick etwas passiert, was zum ersten Mal stattfindet, und es ist ein möglicherweise lebensveränderndes Ereignis im großen Rahmen.

Es geschieht etwas, - während unseres Lebens - das es noch nie zuvor in der Geschichte der Menschheit gegeben hat: *Der menschliche Geist hat eine Technologie entwickelt, durch die der menschliche Geist begriffen werden kann.*

Diese von uns entwickelte Technologie hilft uns nun, den *Gedankenprozeß* darzustellen, durch den diese Technologie überhaupt erst entstehen konnte! Das menschliche Gehirn ist der einzige uns bekannte Mechanismus, der möglicherweise fähig ist, das menschliche Gehirn zu begreifen. Wir haben lange gebraucht, doch nun sind wir endlich dabei, es zu verstehen.

Je mehr wir darüber erfahren, wie unser Geist funktioniert, desto mehr erfahren wir von seinen Gesetzmäßigkeiten, denen er unterliegt, und wie wir diese Regeln nutzen können, um praktische und dauerhafte Veränderungen hin zum Besseren zu bewirken.

In meinem anderen Buch beschrieb ich detailliert einen Vorgang, der als „Selbstbestimmungs-Sequenz" bezeichnet wird.

Diese Sequenz erklärt, wieso wir aufgrund unserer Programmierung entweder Erfolg oder Mißerfolg haben. Der Ablauf sieht folgendermaßen aus: 1. Wir werden *programmiert.* 2. Durch unsere „Programmierung" entstehen unsere *Überzeugungen.* 3. Unsere „Überzeugungen" bestimmen unsere *Einstellungen.* 4. Durch unsere „Einstellungen" enstehen unsere *Gefühle.* 5. Unsere „Gefühle" bestimmen unser *Handeln.* Das Endergebnis ist, daß unser „Handeln" bestimmt, ob wir erfolgreich sind oder scheitern.

Unser Handeln wird von der Programmierung bestimmt, die wir erhalten; wenn wir ändern wollen, was als nächstes passiert, müssen wir zuerst unsere Programmierung verändern.

Wir haben uns auch ein Verfahren angeeignet, durch das wir uns unserem eigenen, natürlichen Programmierungsprozeß anpassen können. Es beinhaltet nicht nur die *Entscheidung*, etwas verändern zu wollen. Dieses Verfahren beinhaltet auch, *durch unsere Selbstanleitungen eine Kette von Ereignissen - Schritte in unserem Bewußtsein - auszulösen, die zu den von uns erwünschten Veränderungen führen.*

Die Veränderungen finden deshalb statt, weil unser Gehirn ganz natürlich den gleichen geistigen Wegen folgt, denen es nachgeht, wenn es Vorstellungen annimmt und sich Veränderungen anpaßt - ebenso natürlich - auch wenn uns nicht einmal bewußt ist, daß die Veränderungen stattfinden.

Die drei Phasen der Selbstbestimmung

Es gibt drei Phasen der Selbstbestimmung, die natürliche Phasen der *Veränderung* sind. Wenn Sie diese Phasen nicht bewußt angehen und sich darüber im klaren sind, was Sie tun, werden die Schritte vorgenommen, ohne daß *Sie* die Möglichkeit haben, zu bestimmen, was letztendlich mit *Ihnen* geschieht.

Die Folge wird sein, daß Sie mit einer alten Version der Selbstbestimmung dastehen, die nicht viel mehr ist als eine „*zufällige* Bestimmung"!

Die Veränderungsphasen fanden schon immer in Ihnen statt. Sie sind normale Entwicklungen, die Sie durchlaufen, um von dem Punkt, an dem Sie sich *gerade* befinden, zum *nächsten* zu gelangen. Phase eins ist der Punkt, an dem jeder Gedanke oder jede

Selbstanleitung ihre Reise beginnt. In Phase zwei überdenken Sie die Richtung, die Sie einschlagen, schätzen Ihre Fortschritte ein und kontrollieren die Karte. In Phase drei kommen Sie an Ihrem Ziel an.

Wenn Sie sich von Anfang an die richtigen Anweisungen gegeben haben und unterwegs sorgfältig Ihren Kurs überprüfen, erhöhen Sie die Chancen gewaltig, tatsächlich an dem von Ihnen gewünschten Ziel anzukommen.

Es gibt keinen günstigeren Zeitpunkt

Wenn Sie weiterhin drastische Veränderungen von sich erwarten, ohne zur Kenntnis zu nehmen, daß das Gehirn dazu einfach nicht geschaffen ist, werden Sie sich frustriert und unausgefüllt fühlen, betroffen und verärgert sein, ohne zu wissen, warum.

Als Mensch ist es Ihre eigene Programmierung, die dafür verantwortlich ist, wie Sie sind, und die beeinflußt, wie Sie jeden einzelnen Tag Ihres Lebens verbringen. Die Programmierung jedes einzelnen von uns macht die Gesellschaft als Ganzes aus.

Bisher war ein Großteil unserer Programmierung ein einziges Chaos. Drei Viertel unserer eigenen Selbst-Gespräche arbeiten gegen uns, und wenn wir nichts dagegen unternehmen, wird sich daran nichts ändern.

Sehen Sie sich die Resultate an: Verhaltensforschern zufolge würden 60 Prozent der arbeitenden Bevölkerung der Vereinigten Staaten lieber einer anderen Tätigkeit nachgehen; zwei Drittel aller Ehen werden geschieden; die Hälfte aller Oberschüler hat Erfahrungen mit Drogen gemacht; Alkoholismus ist weiter verbreitet denn je; und mindestens 30 Prozent aller Erwachsenen leiden unter irgendeiner Form von häufigen oder chronischen Depressionen.

Die Liste ist länger, als sie eigentlich sein *sollte*. Sie ist viel länger, als sie wäre, wenn wir lernten, unser Leben so zu bestimmen, das Beste für uns erreichen, statt zuzulassen, daß unsere eigene fragwürdige Programmierung *uns* dazu bestimmt, viel weniger zu erzielen. Falsche unterbewußte Programme, solche, die zu negativen Resultaten in unserem Leben führen, haben eine allgegenwärtige und oft negative Rolle dabei gespielt, wie gut sich unser Leben entwickelt.

Unsere eigene Programmierung hat uns unrecht getan. Wegen ihr sind wir inzwischen ziemlich gut darin, vieles falsch zu machen. Es ist an der Zeit, daß wir lernen, wie wir die Dinge richtig anpacken können.

8
Der erste Schritt: Selbst-Gespräche
Die erste Phase der Selbstbestimmung

Wenn Sie etwas so Wichtiges wie Selbstbestimmung lernen, mag Ihnen eine Veränderung in Ihren Selbst-Gesprächen wie eine Lappalie vorkommen, doch sie ist unserer Meinung nach der beste Weg, um die Dinge in Gang zu setzen.

Die Selbst-Gespräche, mit denen Sie beginnen, werden Ihre zukünftige Selbstbestimmung beeinflussen und steuern. Ihre Selbst-Gespräche werden Ihre Richtung bestimmen, Ihnen einen Eindruck von Ihren Zielen vermitteln und Sie auf Ihrem Weg ermutigen und motivieren. Da die Selbst-Gespräche der erste und wichtigste Schritt im Selbstbestimmungs-Prozeß sind, sollten Sie wissen, was Selbst-Gespräche sind und was *nicht*. Hier sind einige der am häufigsten gestellten Fragen und ihre Antworten.

Was sind Selbst-Gespräche?
Selbst-Gespräche sind ein Weg, Ihr Unterbewußtsein anhand speziell formulierter *Selbstanleitungen* bewußt umzuprogrammieren.

Woher stammen unsere natürlichen Selbst-Gespräche?
Keines unserer Selbst-Gespräche ist wirklich *natürlich;* wir lernen sie zum größten Teil von anderen Menschen. Da wir sehr häufig Worte hören wie „nein", „kann nicht" und andere Formen negativer Programmierung, lernen wir, die gleiche Art negativer Programme in unseren eigenen Selbst-Gesprächen zu kopieren - die zu 75 Prozent negativ, behindernd und fast völlig unbewußt sind. Dies bedeutet, daß drei Viertel der Selbstprogrammierung, die wir für *natürlich* halten, *unbewußt* stattfindet, *von außen* kommt und *gegen* uns arbeitet.

Es gibt eigentlich zwei Arten von Selbst-Gesprächen. Die erste schaffen wir uns durch Gewohnheit und Wiederholung. Die zweite ist die „unbewußte" Art von Selbst-Gesprächen; sie kommt aus unserem Innern und ist das Resultat der ersten. Diese zweite Art ist eine Wiedergabe - eine *unbewußte Wiederholung* - der Selbst-Gespräche, die wir leise, unwissentlich oder laut mit uns selbst führen.

Ist die neue Form von Selbst-Gesprächen ein Allheilmittel?
Nein. Gäbe es ein magisches Heilmittel gegen all unsere Probleme, würde jeder Mensch es bereits anwenden. Selbst-Gespräche sind jedoch eine psychologisch vernünftige Methode, um die unbewußten Programme zu verändern, die auf unser ganzes Verhalten einwirken - und damit auf jede Veränderung, jedes Scheitern und jeden Erfolg. *Selbst-Gespräche sind ein Mittel zum Zweck, und kein Zweck an sich.*

Worin unterscheidet sich die Anwendung der neuen Form von Selbst-Gesprächen von den Selbst-Gesprächen, mit denen wir aufwuchsen, und die wir unbewußt benutzten?
Am Anfang werden die neuen Selbst-Gespräche bewußt angewendet. Dadurch erlangen wir wieder die Kontrolle über den wichtigsten Teil unserer Programmierung zurück. Mit der Zeit werden die neuen Selbst-Gespräche, die wir lernen, genauso unbewußt und natürlich wie die alte Art unserer unbewußten Selbst-Gespräche der Vergangenheit.

Führt jeder Mensch Selbst-Gespräche in irgendeiner Form?
Jeder Mensch spricht ununterbrochen mit sich selbst - zumindest im Wachzustand. Während dieser Zeit führen wir alle einen inneren Dialog, der hauptsächlich unbewußt abläuft; gewöhnlich sind wir uns nicht darüber bewußt, was wir uns sagen.

Benutzen wir in unseren Selbst-Gesprächen immer bestimmte Formulierungen oder Sätze?
Einige unserer Selbst-Gespräche bestehen aus Sätzen. Der größte Teil unserer unbewußten Selbst-Gespräche besteht jedoch aus Gedankenfetzen, Geistesblitzen, Gefühlen, Intuitionen und einfachen Formulierungen, die Kopien früherer Gedanken sind.

Kann jeder Mensch Selbst-Gespräche erlernen?
Jeder Mensch, der sich durch Worte mitteilt, kann Selbst-Gespräche erlernen. Sogar ganz kleine Kinder richten einen Großteil Ihrer frühen Programmierung nach dem aus, was sie von Erwachsenen hören. Jeder kann Selbst-Gespräche einsetzen. Wir alle benutzen von frühester Kindheit an eine unbewußte Form von Selbst-Gesprächen. Deshalb kann auch jeder lernen, seine Selbst-Gespräche so zu *verändern*, daß Programme entstehen, die der Seele zuträglicher sind.

Der Einsatz von Selbst-Gesprächen ist weder von den sozialen Verhältnissen, noch von Schulbildung, Geschlecht, Erfahrungen oder momentanen Umständen abhängig. Das Gehirn akzeptiert Selbst-Gespräche, da *alle* Selbst-Gespräche dem normalen Programmierungsprozeß des Gehirns entsprechen.

Muß man Selbst-Gespräche auswendig oder Wort für Wort lernen?
Selbst-Gespräche werden in erster Linie durch *Bewußtsein* zur Gewohnheit, d.h. indem wir uns bewußt sind, was wir uns selbst sagen. Es ist jedoch hilfreich, bestimmte Formeln von Selbst-Gesprächen oft genug zu wiederholen, damit sie zu automatischen Modellen für Ihre weiteren Selbst-Gespräche werden.

Können Selbst-Gespräche für jedes Problem empfohlen werden, gleichgültig, wie wichtig oder schwerwiegend es sein mag?
Die meisten Probleme können durch die richtigen Selbst-Gespräche beeinflußt oder verringert werden. Meistens helfen Selbst-Gespräche entweder bei dem Problem selbst, oder *sie verändern unsere Art, mit dem Problem umzugehen.*

Es ist jedoch wichtig zu wissen, daß Selbst-Gespräche nicht nur dazu geeignet sind, uns beim Lösen von Problemen zu helfen; sie sind gleichermaßen wirksam, um damit an unseren Zielen, unseren Einstellungen oder anderen wünschenswerten Veränderungen zu arbeiten. Wenn Selbst-Gespräche in ihrer effektivsten Weise benutzt werden - nämlich *vorbeugend* - wird die Notwendigkeit, sie bei Problemen anzuwenden, immer geringer.

Sind Selbst-Gespräche das gleiche wie das gute alte positive Denken?
Das sind sie nicht. Die neuen Selbst-Gespräche sind größtenteils weder positiv noch negativ - sie sind einfach selbstbestimmt. Ihre neuen Selbst-Gespräche können Sie z.B. dazu veranlassen, ein geordneteres Leben zu führen oder etwas Bestimmtes zu tun, wie z.B. den Papierkram auf Ihrem Schreibtisch zu ordnen.

Auch wenn die Erledigung einer Aufgabe vielleicht einen „positiven" Nutzen bewirkt, so sind Selbst-Gespräche an sich weder positiv noch negativ, sondern eher eine spezielle Anweisung, die Sie Ihrem Unterbewußtsein geben.

Der Gebrauch von Selbst-Gesprächen sollte nicht mit früheren Konzepten verwechselt werden, bei denen es darum ging, eine „positive Haltung" zu bewahren. Selbst-Gespräche sind vielmehr spezifische Selbstanleitungen, die in besondere Worte gekleidet werden, um ein im voraus durch die natürliche Verarbeitungs- und Reaktionsfunktion des Gehirns bestimmtes Resultat zu erzielen.

Während sich das Konzept des Positiven Denkens in erster Linie mit *Einstellungen* befaßt, beschäftigen sich Selbst-Gespräche mit der unbewußten Programmierung, die auf eine wesentlich *größere* Gruppe von Faktoren, die das Verhalten verändern - einschließlich unseren *Überzeugungen, Einstellungen, Gefühlen und Handlungen* - einwirkt.

Sind Selbst-Gespräche in irgendeiner Hinsicht mit der sogenannten Gehirnwäsche vergleichbar?
Nein, überhaupt nicht. Weder die Methode, noch der Zweck sind ähnlich. Die Technik der Gehirnwäsche ist im Grunde nichts anderes als eine manipulative Form von *Streßprogrammierung*, in der extreme Formen von Entzug und Belohnung dazu benutzt werden, eine psychische Unausgeglichenheit, ein Bedürfnis nach innerer Stabilität und die Bereitschaft, mit denjenigen zusammenzuarbeiten, die die Unausgeglichenheit hervorgerufen haben, herbeizuführen.
Selbst-Gespräche sind das genaue Gegenteil. Sie führen zu Ausgeglichenheit und *Selbstkontrolle*. Sie sind gesund, nützlich, selbstbestimmt und sogar ein Mittel, mit dem man der Konditionierung von außen und Kontrollen verschiedenster Art

entgegenwirken kann.

Sind Selbst-Gespräche etwas Neues?
Eine frühe Form von spirituell orientierten „Affirmationen" ging der gegenwärtigen Form der Selbst-Gespräche voraus. Den Begriff selbst gibt es schon sehr lange. Die Anwendung spezifischer Selbst-Gesprächs-Formeln, die auf vorgeschriebene Art wiederholt werden und Teil eines geplanten *Programms* persönlicher Weiterentwicklung sind, stellt einen erst vor kurzem erzielten Durchbruch dar. Sie ist das Resultat von Entwicklungen in der medizinischen und neurologischen Forschung und anderen Erkenntnissen, die in der Verhaltensforschung im Laufe von zwei Jahrzehnten gewonnen wurden.

Werden die neuen Selbst-Gespräche heute allgemein angewendet?
Die Selbst-Gesprächs-Konzepte wurden auf Gebieten wie Erziehung, Sport, Gesundheit, usw. bereits ausreichend untersucht und getestet, so daß wir nun wissen, wie die gleichen Konzepte auch bei dem Einsatz und der Übung persönlicher Selbst-Gespräche im Alltag Anwenduung finden können.

Seit ein paar Jahren werden Selbst-Gespräche sowohl in Kliniken, Therapiezentren, Dorgenberatungsstellen, Schulen, Management-Trainings, Schlankheits-Zentren, Sportvereinen und anderen Institutionen, als auch von vielen Privatpersonen in allen nur vorstellbaren Bereichen angewendet, einschließlich der persönlichen Weiterentwicklung.

Erfordert die Anwendung von Selbst-Gesprächen großes Geschick?
Glücklicherweise ist es nicht schwer, Selbst-Gespräche zu lernen. Die Anwendung von Selbst-Gesprächen basiert auf einem Vorgang, der der natürlichen Programmierungsfunktion des Gehirns entspricht. Bei jeder Art von Selbst-Gesprächen verwenden wir genau denselben Programmierungsvorgang, den wir von Geburt an benutzt haben. Wir haben unserem Selbst schon immer Anleitungen gegeben. Doch wenn wir die neue Form der Selbst-Gespräche bewußt anwenden, erhöhen wir die *Qualität* - und dadurch die *Resultate* - jener Selbstanleitungen.

Selbst-Gespräche erfordern wohl ein gewisses Maß an Aufmerksamkeit, besonders am Anfang, doch fast jeder Mensch kann sie lernen. Jedes Kind, das alt genug ist, um zu sprechen, auch wenn es nur einfache Sätze sind, kann lernen, sie zu benutzen.

Können wir anhaltende Veränderungen bewirken, wenn wir die Formeln ein paarmal oder von Zeit zu Zeit wiederholen?
Absolut nicht. Obwohl *jedes* richtige Selbst-Gespräch einen Nutzen hat, kann es Veränderungen - zumindest nicht solche, die von Dauer sind - nicht von einem auf den anderen Tag bewirken. Um Selbst-Gespräche zur automatischen Gewohnheit zu machen, bedarf es mehr als ein paar gelegentlichen Versuchen. Wenn Sie sich jedoch die gleichen falschen Anleitungen geben wie in Ihren *alten* Selbst-Gesprächen, können Sie sicher sein, daß Sie die von Ihnen angestrebten Veränderungen *nicht* bewirken werden.

Sollten Selbst-Gespräche laut ausgesprochen werden?
Es gibt Situationen, in denen das laute Aussprechen der Formeln einen sehr nützlichen Effekt hat. Die meisten Selbst-Gespräche werden jedoch leise geführt. Anfangs lernen Sie sie, indem Sie Kassetten zuhören, lesen und die Formeln laut oder leise wiederholen. Nach kurzer Zeit laufen die Selbst-Gespräche meistens schweigend ab und sind uns kaum mehr bewußt.

Gibt es unterschiedliche Selbst-Gespräche für unterschiedliche Lebensbereiche?
Es gibt vier Kategorien oder Anwendungsgebiete von Selbst-Gesprächen. Diese sind:
1. Selbst-Gespräche zur Veränderung von Einstellungen
2. Selbst-Gespräche zur inneren Motivierung
3. Selbst-Gespräche, um Probleme zu lösen oder Ziele zu erreichen.
4. Situationsbezogene Selbst-Gespräche, die angewendet werden, um mit unangenehmen, aber unumgänglichen Situationen umzugehen.

Obwohl alle neuen Arten von Selbst-Gesprächen ähnlich formuliert sind, sind sie in jeder einzelnen Kategorie spezifisch und situationsbezogen formuliert.

Müssen wir an das Konzept der Selbst-Gespräche glauben, damit es funktioniert?
Da „Selbst-Gespräche" nur ein Name ist, den wir einem natürlichen Vorgang gaben, durch den das Gehirn Informationen sammelt und danach handelt, wird der Vorgang weiterhin stattfinden, ob Sie ihn nun verstehen und akzeptieren oder nicht. Wenn Sie *an* ihm arbeiten, können Sie ihn jedoch *verbessern.* Wenn Sie den Prozeß verstehen, sind die Chancen höher, daß Sie ihn voll unterstützen.

Bahnen Sie den Weg des geringsten Widerstands

Es entspricht unserer Natur, den Weg des geringsten Widerstandes zu gehen. Das ist nicht nur menschlich, sondern auch eine neurologische Tatsache; die Elektrizität des Bewußtseins findet genau wie ein Blitz den direktesten Weg.

Wenn Sie sich das *Programmieren* als die Bahnung von Wegen durch die Computerkreisläufe Ihres Bewußtseins vorstellen, ist es leicht einsehbar, warum die stärksten Programme sich durchsetzen, und weshalb Selbst-Gespräche als eine sehr starke Form der Programmierung so wirkungsvoll dazu eingesetzt werden können, den deutlichsten Weg zu bahnen.

Durch die Anwendung der richtigen Selbst-Gespräche *bahnen Sie buchstäblich den Weg des geringsten Widerstands.* Doch diesmal ist der *deutlichste* Weg auch der *beste,* da Sie selbst die Richtung bestimmen.

Deswegen sind Ihre eigenen Selbst-Gespräche als erster Schritt in Ihrem Prozeß der Selbstbestimmung auch so entscheidend. Die Wege, die Sie bahnen, sind die Wege, denen Sie auch folgen; wo Sie im Endeffekt landen, hängt davon ab, wie Sie beginnen.

Über die ersten Ergebnisse hinausgehende Verbesserungen

Wenn der regelmäßige Gebrauch von Selbst-Gesprächen Ihnen zu nicht mehr verhelfen würde, als Sie zu motivieren, Sie zu ermutigen, in einem bestimmten Augenblick oder Tag anders zu denken, Sie besser fühlen zu lassen, Sie aufzurichten, wenn die Umstände Sie deprimieren, Ihnen neuen Glauben an sich selbst zu geben, Ihren Umgang mit Problemen zu verändern, sich neue Ziele zu setzen oder nicht mehr so streng mit sich zu sein - wären dies mehr als genügend Gründe, heute mit den Selbst-Gesprächen zu beginnen und sie fortzusetzen.

Doch die wichtigsten und bleibenden Vorteile der Selbst-Gespräche sind die, die sich erst später einstellen, - fast wie eine Art Geschenk, das Sie sich selbst machen, und das plötzlich auftaucht, wenn Sie es am wenigsten erwarten.

Als wir damit begannen, die Anwendung von Selbst-Gesprächen in typischen Alltagssituationen zu untersuchen, hatten wir noch keine Ahnung, wie die endgültigen Ergebnisse aussehen würden. Eine frühere Form von Selbst-Gesprächen war mit Erfolg im Sport und anderen Bereichen, die intensive Konzentration und einen kühlen Kopf unter extremem Streß erfordern, angewandt worden.

Während der olympischen Wettkämpfe z.B. war es nicht ungewöhnlich, Sportler zu sehen, die, kurz bevor sie an der Reihe waren, ihre „Sport-Selbst-Gespräche" - manchmal laut - anwendeten. Ich erinnere mich an eine Fernsehaufzeichnung von der Olympiade, in der Spitzensportler zu sehen waren, bei denen Selbst-Gespräche ein fester Bestandteil ihres regulären Aufwärmens waren. Die Kamera zeigte oft, wie diese Sportler ihre bevorstehende Leistung *geistig* - im *voraus* durchspielten, indem Sie sich vorstellten, wie sich jeder Muskel in perfekter Koordination bewegt, und sich Selbstanweisungen zu Höchstleistungen gaben, während sie sich auf die eventuelle Medaillenverleihung konditionierten.

Als Selbst-Gespräche dazu benutzt wurden, Sportler zu neuen Höchstleistungen anzuspornen, begannen ganz normale Durchschnittsbürger, die Selbst-Gespräche in gewöhnlichen Situationen anzuwenden.

Wir wollten herausfinden, wie wirkungsvoll Selbst-Gespräche im Berufsleben sind, in Beziehungen zuhause und in der Gesellschaft, bei der Entwicklung spirituellen Wachstums, bei der Bewältigung schwieriger Probleme wie Depressionen, Tabletten- und Alkoholabhängigkeit, beim Kontrollieren von Gewohnheiten und bei der Gewichtskontrolle. Wir wollten feststellen, ob kurzfristige Resultate bei entsprechender Verstärkung zu langfristigen Lösungen führen konnten.

Wir stellten fest, daß die kurzfristigen Ergebnisse unsere Erwartungen sogar übertrafen. Selbst-Gespräche konnten sich als wichtiges Werkzeug, um kurzfristig innere Motivation und Veränderungen zu bewirken, mehr als behaupten.

Doch Selbst-Gespräche führten auch in vielen anderen Situationen zu positiven Resultaten. Sie erwiesen sich nicht nur in einer Vielzahl von Bereichen, in welchen sie angewendet werden konnten, als allgemein wirkungsvoll sondern auch bei den verschiedensten Menschen.

Doch erst einige Zeit später, nachdem die ersten Selbst-Gespräche allgemein eingesetzt wurden, gelang es uns, die *längerfristigen* Resultate einzuschätzen. Die erzielten Ergebnisse waren nicht nur ermutigend, sie waren geradezu aufregend. Es zeigte sich, daß die Selbst-Gespräche auch *sekundäre* Vorteile hatten, nachdem sie den einzelnen Personen geholfen hatten, ihre ursprünglichen Probleme zu überwinden.

Die Ergebnisse, die einzelne nach dem Einsatz von Selbst-Gesprächen Wochen und Monate später feststellten, ließen auch darauf schließen, daß ein direkter Bezug zu den spezifischen, neuen Selbst-Gesprächen bestand, die sie eingesetzt hatten. Oft war es so, daß jemand Selbst-Gespräche über einen bestimmten Zeitraum hinweg benutzte und dann aufhörte, nachdem das ursprüngliche Problem bewältigt war. Doch sogar nachdem die Selbst-Gespräche eingestellt wurden, schien das Unterbewußtsein sie noch immer anzuwenden - *eigenständig.*

Die betreffende Person hatte also neue Programmwege im Gehirn geschaffen und dann die Selbst-Gespräche abgebrochen. Ohne daß es ihr bewußt war, hatte das Gehirn die Arbeit übernommen und selbständig die *gleiche Form von Selbstanleitungen fortgesetzt, die durch die Selbst-Gespräche entstanden waren.*

Der erste Schritt ist Ihnen überlassen

Einmal in Gang gebracht, setzt sich der Prozeß von Selbst-

Gesprächen zur *Selbstbestimmung* alleine fort. Wenn Sie den richtigen Anfang wählen, werden Sie automatisch die zweite Phase durchlaufen und sich der dritten nähern. Dadurch wird der erste Schritt umso wichtiger, doch Sie sehen auch, daß der Rest des Weges, wenn Sie sich Zeit lassen und einen guten Anfang wählen, wahrscheinlich einfach ist - und in gewisser Hinsicht ist er das auch. Sie machen sozusagen weitere neue Schritte, aber auf dem gleichen Weg.

Wie Sie in den folgenden Kapiteln erfahren werden, geschehen die Entwicklungen, nachdem Sie den Prozeß eingeleitet haben, beinahe unabhängig von Ihnen.

Der erste Schritt soll Ihnen nur dabei behilflich sein, eine neue Richtung zu bestimmen und auf neue Wege zu gelangen. Stehen Sie nun Ihrem eigenen Vorwärtskommen nicht mehr im Weg. Erst beim *nächsten* Schritt - der zweiten Phase der Selbstbestimmung - werden Sie erkennen, ob Sie den richtigen *ersten* Schritt gemacht haben.

9
Sie werden merken, wann Ihre Selbstgespräche zu arbeiten beginnen
Die zweite Phase der Selbstbestimmung

Wenn Sie die Selbst-Gespräche über eine kurze Zeitspanne von drei oder vier Wochen benutzen, werden Sie in die zweite Phase des Selbstbestimmungsprozesses kommen. Diese Phase stellt einen der interessantesten Abschnitte der Reise dar.

Während dieser 2. Phase beginnt Ihr Unterbewußtsein, die neue Programmierung zu integrieren und *aufzunehmen.* Nehmen wir z.B. an, daß es Ihnen gelungen ist, einen Teil Ihrer alten, gegen Sie selbst gerichteten Selbst-Gespräche gegen die neuen Selbst-Gespräche auszutauschen, die Ihnen helfen sollen, sich in einem besseren Licht zu sehen.

Ihre alten Selbst-Gespräche lauteten vielleicht folgendermaßen: „Ich bin anscheinend nie pünktlich" oder „Bei mir klappt einfach nichts" oder „Ich mag gar nicht an dieses Vorstellungsgespräch denken".

Statt diese alten Programme ständig zu wiederholen, haben Sie nun gelernt, sich neue Selbstanweisungen zu geben: „Ich bin immer pünktlich"; „Es klappt alles bestens. Ich habe die Dinge im Griff; es klappt besser denn je." „Ich bin auf dieses Vorstellungsgespräch gespannt. Es wird sicher gut laufen!"

Von dem Punkt an, an dem Sie begonnen haben, aktiv Ihre neuen Selbst-Gespräche zu benutzen, beginnt die zweite Phase. Dies ist eine Phase, in der ein lautloser Kampf ausgetragen wird und die neuen Worte der Selbst-Gespräche sich mit den alten messen werden. Während dieser Phase werden Sie auch die ersten langfristigen Vorteile der Selbst-Gespräche fühlen und erfahren.

Ein typischer Anfang

Ein Freund von mir entschied sich, Selbst-Gespräche auszuprobieren, um durch sie das einfache Ziel, sich körperlich fit zu halten, zu erreichen. Dave begann Kassetten einzusetzen, indem er sich zwei- bis dreimal am Tag zwei Wochen lang „Selbst-Gespräche zur körperlichen Bewegung" anhörte.

Während des ersten Tages konnte er noch keine Veränderungen in seinem Training oder seiner Denkweise feststellen. Am dritten oder vierten Tag erwischte sich Dave jedoch dabei, wie er während eines Gespräches mit einem Freund gerade sagen wollte: „Wenn ich anfange, Sport zu treiben, verliere ich immer schnell die Lust und höre wieder auf." Stattdessen hörte er sich plötzlich sagen: „In letzter Zeit freue ich mich richtig darauf, Sport zu treiben." So einfach diese Bemerkung war, die Veränderung überraschte ihn dennoch.

Am Ende der zweiten Woche trieb Dave noch immer Sport. Er stellte fest, daß er an die körperliche Bewegung mit einem anderen Gefühl heranging. Er freute sich sogar darauf! Er hörte die richtigen Worte, die ihm Auftrieb gaben, und er bemerkte, daß das, was er zu sich selbst und anderen sagte, immer mehr seinen Selbst-Gesprächs-Übungen glich. Außerdem stellte er fest, daß die Selbst-Gespräche immer *natürlicher* klangen - als sei die *neue* Person, die er jeden Tag beschrieb, tatsächlich *er* selbst.

Ich sagte bereits, daß Selbst-Gespräche ein Mittel zum Zweck und kein Zweck an sich sind. Hätte Dave die Selbst-Gespräche schon nach zwei Wochen abgebrochen, dann sicher deshalb, weil er das wahre Ziel nicht verstanden hätte - das viel größere und lohnenswerte E*rgebnis der Selbst-Gespräche.* Die Selbst-Gespräche hatten dazu geführt, daß mein Freund Sport trieb. Doch dadurch, daß er sie langsam zur *Gewohnheit* machte, bewirkte Dave noch etwas anderes.

Das Mittel zum Zweck

Die unmittelbare Motivierung, die durch Selbst-Gespräche entsteht, ist enorm. Ja, viele Menschen beginnen sie allein aus diesem Grund anzuwenden. Sie erwarten nichts weiter und erkennen nicht einmal, daß die wahren Vorteile noch ausstehen.

Wenn Sie wie die meisten Menschen sind, werden Sie sich über die innere Motivation freuen, die Sie durch den bewußten Gebrauch von Selbst-Gesprächen bekommen. Nutzen Sie diesen

„Super-Trainer" in Ihrem Innern, der Ihnen sagt, daß Sie es schaffen *können.* Lassen Sie die Entspannung oder den Antrieb zu, die Ihnen Ihre Selbst-Gespräche vermitteln. Nutzen Sie sie dazu, sich zu konzentrieren, Probleme und Möglichkeiten aus einem anderen Blickwinkel zu betrachten, und fangen Sie an, sich *selbst* mit anderen Augen zu sehen.

Vergessen Sie jedoch nicht, daß dies lediglich die erste Phase der Selbstbestimmung ist. Diese Vorteile sind erste Resultate; gewöhnlich sind sie die ersten, die man bemerkt, und die ersten, die Ihnen das Gefühl vermitteln, daß an dieser Selbstbestimmung tatsächlich etwas dran ist. Doch Sie sind erst am Anfang. Es wartet noch mehr auf Sie.

Wenn Ihre Selbst-Gespräche funktionieren

Wie können Sie herausfinden, wann Ihre Selbst-Gespräche funktionieren? Welche Anzeichen sagen Ihnen, daß Sie auf dem richtigen Weg sind? Wenn Sie in der zweiten Phase des Selbstbestimmungs-Prozesses Ihre Fortschritte einschätzen möchten, sollten Sie wissen, worauf Sie achten müssen: *Wenn Ihre Selbst-Gespräche funktionieren,* können Sie folgende Ergebnisse erwarten:

1. Ihre alten Programme werden versuchen, ihren Platz im Unterbewußtsein zu behaupten.

Nachdem Sie mit den Selbst-Gesprächen begonnen haben, werden Sie nach einiger Zeit feststellen, daß Sie - Ihre *alten* Programme - die neuen Informationen, die Sie sich geben, in Frage stellen. Vielleicht bemerken Sie sogar eine Art *innerer Streit* zwischen der alten und der neuen Programmierung - und *Sie* stehen genau in der Mitte. Dies ist der Zeitpunkt, an dem Sie langsam die Entstehung eines „neuen Selbst" beobachten können. Dieses neue Selbst ist nicht das Produkt einer Wunschvorstellung; es ist ein sehr realer Teil von Ihnen selbst. Er ist es, der das alte Selbst herausfordert und sagt: „Ich habe mich zu dieser Veränderung in meinem Leben entschieden. Ich bin entschlossen, sie durchzusetzen, und ich rate dir, meinen Worten zu folgen". Das „alte Selbst" - die alte Programmierung - will davon nichts hören. Wenn Ihre neuen

Selbst-Gespräche funktionieren, wenn sie durchdringen, werden Ihre alten Programme, die Sie mit sich herumgetragen haben, darum kämpfen, die Kontrolle zu behalten. Wenn dies geschieht, dann seien Sie unbesorgt. Freuen Sie sich darüber! Es bedeutet, daß Ihre neuen Selbst-Gespräche wirken.

Es ist wirklich aufregend, zu erkennen, daß jeder von uns jeden Tag das Recht und die Möglichkeit hat, langsam ein neues Selbst zu schaffen und das alte Selbst, das wir nicht mehr hinnehmen wollen, herauszufordern.

Wenn Sie neue Selbst-Gespräche einsetzen, beschreiben Sie sich allmählich auf eine ganz neue Art. Sie bieten Ihrem Unterbewußtsein ein neues Bild von zumindest einem Teil von Ihnen an und sagen: „*Das* bin ich - nicht diese andere Person, die ich die ganze Zeit zu sein *glaubte.*"

Nehmen wir an, Sie wollen mehr Dinge rechtzeitig erledigen, weniger hinausschieben. Sie beginnen also mit Selbst-Gesprächen, in denen Sie sich in der Gegenwartsform sagen - als hätten Sie Ihr Ziel bereits erreicht - daß Sie Ihre Zeit gänzlich unter Kontrolle haben. Eine Formulierung wie „Ich erledige immer alle Dinge zum richtigen Zeitpunkt" ist ein gutes Beispiel für wirkungsvolle Selbst-Gespräche.

Wenn wir gerade damit beginnen, uns selbst ein neues Programm vorzugeben, sind wir natürlich noch nicht die Person, *die wir werden möchten.* Wir wissen jedoch, daß wir *die Fähigkeit dazu besitzen* - und daß wir im Begriff sind, *uns entsprechend zu verändern.*

Wir definieren für das Unterbewußtsein also neu, wer wir *wirklich* sind, zuerst innerlich, und dann, mit ein wenig Übung, auch äußerlich. *Unsere alte Programmierung möchte dem jedoch nicht zustimmen.* Sie sagt: „*Das wirst du nicht tun. Du kannst dich nicht verändern. Du wirst weiterhin alles vor dir herschieben. Warum bemühst du dich überhaupt?*" Sie hat hart daran gearbeitet, unseren Glauben an unsere alten Selbstbeschränkungen aufrechtzuerhalten - die Beschränkungen, die das Problem hervorriefen und in diesem Fall überhaupt erst dazu führten, daß wir alles vor uns herschoben.

Da Sie bei der Anwendung von Selbst-Gesprächen einen sehr elementaren und natürlichen Prozeß im Gehirn nutzen, sind *Ihre*

Chancen, eine Veränderung zu bewirken, sehr groß. Wenn Sie weiterhin die neue Programmierung dazu benutzen, die alte außer Kraft zu setzen, werden Sie sich durchsetzen.

Je öfter wir uns die richtigen Selbstanleitungen geben, desto deutlicher werden die neuen Wege zu erkennen sein, die wir in unserem Bewußtsein bahnen - und desto größer wird die Chance sein, daß wir diesen neuen Wegen automatisch folgen. In unserem Beispiel bedeutet dies, daß wir uns als jemanden zu sehen beginnen, der die Dinge rechtzeitig erledigt, statt sie weiter vor sich herzuschieben. Die Sichtweise von uns bestimmt am stärksten, wie wir uns am häufigsten verhalten.

Ihr altes Programm *möchte* nicht, daß Sie sich verändern. Es wird alles versuchen, um Sie zu *bremsen.* Vor allem kann es das bestmögliche Argument gegen Selbstbestimmung vorbringen und Sie wieder zu derselben bequemen Person machen, die Sie vorher waren. Wenn Sie mit den Selbstgesprächen beginnen und bemerken, daß Ihre alten Programme Sie davon zu überzeugen versuchen, daß die neuen Programme *unmöglich funktionieren können*, dann lächeln Sie einfach und klopfen sich auf die Schulter. Es ist ein eindeutiges Zeichen, daß Ihr Unterbewußtsein zuhört und Ihre neuen Selbst-Gespräche zu wirken beginnen.

2. Sie werden bemerken, daß neue Selbst-Gespräche, die Sie selbst formuliert haben, auch in anderen Bereichen Ihres Lebens auftauchen.

Während sich die alten Programme noch immer Gehör verschaffen wollen, werden Sie auch noch andere innere Gespräche wahrnehmen, die Lebensbereiche betreffen, welche vielleicht absolut nichts mit dem Problem oder Ziel zu tun haben, an dem Ihre bewußten Selbst-Gespräche arbeiten. Vielleicht drehen sich Ihre Selbst-Gespräche gerade um die 20 Pfund Gewicht, die Sie loswerden möchten. Plötzlich bemerken Sie, wie Sie auf ähnliche Weise mit sich darüber sprechen, eine bessere Mutter oder ein besserer Vater zu sein, besser zuhören zu lernen, selbstsicherer zu sein, oder sich ein weiteres Ziel zu setzen.

Während der zweiten Phase des Selbstbestimmungs-Prozesses beginnt sich die Grundidee der Anwendung von Selbst-Gesprächen *innerlich* zu verzweigen. Da Sie die neue Form von

Selbstanleitung benutzt haben, um damit insbesondere die Aufmerksamkeit Ihres unterbewußten Kontrollzentrums zu gewinnen, wird dieses Kontrollzentrum diese Instruktionen erst einmal zur Kenntnis nehmen. Dann wird es anfangen, diese Selbstprogrammierung auch in *anderen* Bereichen Ihres Lebens anzuwenden. Warum? Weil Sie nun innere Wege bahnen, denen Ihr Bewußtsein leichter folgen kann. Das Selbstanleitungssystem im Bewußtsein ist so aufgebaut, daß es am besten funktioniert, wenn es sich *wiederholt* - wenn es das kopiert, was beim letzten Mal am besten funktionierte - und das Gelernte auf das anwendet, was als *nächstes* zu tun ist.

Dieses Ergebnis ist einer der beständigsten Vorteile, der aus der Anwendung der Selbstgespräche resultiert. Wenn Sie bemerken, daß Sie sich die neue Form der Selbstanleitung auch auf anderen Gebieten zunutze machen - und diese Gebiete z.T. gar nichts mit den ursprünglichen zu tun haben, auf die sich die Selbst-Gespräche bezogen - sind Sie an einem weiteren bedeutenden Wegweiser angekommen, der Ihnen zeigt, daß Sie in die richtige Richtung gehen. Mit der Zeit werden die ursprünglichen Selbst-Gespräche weit weniger wichtig als die zusätzlichen Vorteile, die sich durch sie ergeben.

3. Sie werden bemerken, daß Sie anders mit Menschen sprechen.

Häufig sagen mir Eltern, daß das *Erste,* was sie an Veränderungen in den Selbst-Gesprächen bemerkten, war, daß sie anders mit ihren Kindern sprechen. Dies trifft auch auf andere Menschen zu, mit denen Sie sprechen - sogar auf Menschen, für die Sie früher *kein* freundliches Wort übrig hatten.

Diese Veränderung ist teilweise darauf zurückzuführen, daß wir uns durch die neuen Selbst-Gespräche unserer eigenen Programmierung bewußt werden - und daß wir uns gleichzeitig der Wirkung unserer eigenen Worte auf andere *bewußt* werden. Es gibt jedoch noch einen weiteren Grund, der genauso dazu beiträgt, daß wir während der zweiten Phase das zu überwachen und zensieren beginnen, was wir zu anderen sagen.

Je mehr wir über unser Unterbewußtsein erfahren und verstehen, *weshalb wir uns auf eine bestimmte Art verhalten,* desto besser werden wir begreifen, warum andere sich auf eine bestimmte Art *verhalten,* weshalb ihre Einstellung nicht immer die beste ist, warum sie in Schwierigkeiten geraten oder Fehler machen, weshalb sie manchmal rücksichtslos sind, Angewohnheiten haben, die gegen sie arbeiten, oder weshalb es schwierig sein mag, sich mit ihnen auseinanderzusetzen. *Auch sie wurden programmiert.* Durch diese Erkenntnis lernen wir das Wort „verzeihen" neu zu schätzen. Denn wie können wir andere Menschen verurteilen, wenn sie aufgrund ihrer Konditionierung und der ihnen aufgezwungenen Selbst-Gespräche nicht fähig sind, mit sich selbst klarzukommen? Ich habe viele Menschen getroffen, die, seit sie die Bedeutung ihrer Programmierung und der eigenen *falschen* Anleitungen begriffen haben, einen neuen Sinn in dem Satz „Das hätte genauso gut auch mir passieren können" gefunden haben.

Der Einsatz zielgerichteter Selbst-Gespräche führt zu einem besseren Verständnis von *anderen.* Dies bewirkt, daß auch diese anderen Menschen oft auf ähnliche Weise reagieren. Sie bemerken die Veränderung an Ihnen und haben vielleicht sogar Verständnis für *Sie.*

Mir wurde öfter gesagt, daß sich schon allein wegen dieser kleinen Veränderung, nämlich andere besser verstehen zu lernen, die Mühe gelohnt habe, die eigenen Selbst-Gespräche zu verändern.

4. Sie werden sich immer mehr der alten Form von Selbst-Gesprächen bewußt, die Ihre Umgebung benutzt.

Wenn Sie das Ausmaß der schlechten Programmierung bei anderen bemerken, ist das eines der sichersten Anzeichen dafür, daß Ihre neuen Selbst-Gespräche funktionieren. Wenn Sie die Selbst-Gespräche der anderen hören, werden Sie vielleicht versucht sein, diese zu verbessern. Wenn es sich nicht um Familienangehörige handelt, denen die neue Form von Selbst-Gesprächen vertraut ist, möchte ich Ihnen jedoch raten, vorsichtig mit der Korrektur anderer zu sein. Diese werden es vielleicht nicht verstehen und wanrscheinlich nicht schätzen.

Gewöhnlich ist es jedoch so, daß Sie sich dann in Ihrem

eigenen Entschluß bestärkt sehen, selbst die *richtige* Art von Selbst-Gesprächen zu benutzen, wenn Sie jemanden hören, der ein besonders irreführendes Selbst-Gespräch führt.

5. Sie werden allmählich die ersten Belege für positive Ergebnisse erhalten.
Die meisten Menschen stellen schon während der ersten Wochen, in denen sie die Selbst-Gespräche anwenden, Veränderungen in ihrem Denken - und Verhalten - fest, die eindeutig auf diese Selbst-Gespräche zurückzuführen sind. In manchen Bereichen zeigen sich diese Erfolge nahezu sofort, in anderen dauert es etwas länger.

Selbst-Gespräche, die darauf hinzielen, die Fähigkeit zum Zuhören, die Konzentration oder die innere Wachsamkeit zu erhöhen, führen meistens schnell zu Resultaten, manchmal schon während des ersten oder zweiten Tages der Anwendung. Bei Problemen wie z.B. mangelnder Selbstachtung oder mangelnder Kontaktfreudigkeit wird es jedoch etwas länger dauern.

Während der zweiten Phase werden Sie jedoch bereits so viele Veränderungen feststellen, daß Sie das Bedürfnis haben werden, den Prozeß fortzusetzen. Je länger Sie am Ball bleiben, umso mehr programmieren Sie Ihr Kontrollzentrum dazu, *auf weitere Veränderungen* zu reagieren und nach ihnen zu suchen. Deshalb ist die alte Redewendung „Erfolge ziehen weitere Erfolge nach sich" wissenschaftlich richtig.

6. Von Zeit zu Zeit werden Sie versucht sein, in die alte Denkweise zurückzufallen, die nicht so viel von Ihnen verlangte.
Trotz der ermutigenden positiven Resultate werden wir hin und wieder feststellen, daß wir uns ziemlich viel zugemutet haben. Denn je weniger wir von uns selbst erwarten, desto geringer ist die Gefahr, daß wir scheitern. Das ist zwar nicht *wahr*, aber *logisch. Wer möchte schon versuchen, perfekt zu sein?* Auch das ist nicht richtig, denn wirkliche Selbst-Gespräche basieren *nie* darauf, „perfekt" zu werden, doch der Gedanke *scheint* äußerst logisch zu sein.

Es gibt Augenblicke, in denen Ihre alte Programmierung, die Entmutigung durch Ihr Umfeld und die Umstände und die Größe des Berges vor Ihnen all diese Bemühungen, ein besserer Mensch zu werden, unsinnig erscheinen lassen.

Wenn dies eintritt und Sie bemerken, daß Sie ins Schwanken geraten und sich nicht sicher sind, ob Sie weiterarbeiten oder aufhören sollen, dann fassen Sie sich ein Herz! Würden Sie keine Fortschritte machen, würden Ihre neuen Selbstanleitungen nicht noch immer darum kämpfen, die Kontrolle zu erlangen!

Während Ihnen bewußt ist, was in dieser Phase über der Oberfläche passiert, spielt sich darunter noch viel mehr ab, von dem Sie keine Ahnung haben. Unterdessen ist Ihr Unterbewußtsein damit beschäftigt, sich der neuen Programmierung *anzupassen.* Wenn Sie Ihr Unterbewußtsein erst wissen lassen, daß Sie es ernst meinen, wird es zu handeln beginnen und die neuen Programme in Gang setzen.

Es passiert mehr, als auf den ersten Blick zu erkennen ist

Zuerst wird Ihr Bewußtsein die alte Kartei durchsuchen, um festzustellen, was passend ist und was nicht, und wird versuchen, herauszufinden, was es mit dieser neuen Eingabe anfangen soll. Dann wird es nach weiterer Information suchen, die die neuen Selbst-Gespräche *untermauert,* und einschätzen, wie es das, was Sie als nächstes tun sollten, beeinflussen oder verändern kann. Zur gleichen Zeit wird Ihr Gehirn physiologische Reaktionen auf die neuen Befehle hervorrufen, Ihre elektrochemische Steuerung danach ausrichten und die Ergebnisse überwachen.

Wie Sie wissen, hat das Gehirn die Aufgabe, uns dabei behilflich zu sein, daß wir bestmöglich funktionieren. Wenn es anders wäre, hätten wir gar nicht erst die angeborene Neigung, „uns zu verbessern". Das Streben nach Verbesserung ist ein fester Bestandteil der biologischen Ausstattung, mit der wir alle geboren wurden. Sogar in schlechten Zeiten wissen die meisten im tiefsten Innern, daß wir aus irgendwelchen Gründen dazu „geschaffen" sind, erfolgreich zu sein, nicht dazu, zu scheitern.

Zum Glück braucht uns die komplexe Aktivität unter der Oberfläche, wenn das Gehirn die neuen Befehle unserer Selbst-Gespräche einzuordnen beginnt, nicht zu kümmern, da der Prozeß größtenteils unbewußt und automatisch abläuft. Und wenn wir die richtigen Selbstanleitungen einsetzen, geschieht alles nur zu unserem *Vorteil;* unser Bewußtsein und unser Gehirn geben ihr Allerbestes, um den neuen Anleitungen Punkt für Punkt Folge zu leisten.

Herausforderungen und Belohnungen

Wenn Sie die Verantwortung dafür zu übernehmen beginnen, sich selbst zu lenken, ist das Endergebnis immer der Mühe wert. Doch Mühe *ist* erforderlich; es gibt Belohnungen, auch Herausforderungen.

Eine der Herausforderungen besteht darin, daß Sie während der zweiten Phase mit Ihren eigenen Zweifeln konfrontiert werden. Sie stellen den Sinn der Veränderung in Frage oder Ihre Fähigkeit, sie zu erzielen. Dies ist ein Zeitpunkt, an dem Sie sich klarwerden müssen, was Sie wirklich davon halten, die Verantwortung für sich selbst - Ihre Gedanken, Ihr Handeln und Ihre Zukunft - zu übernehmen.

In der zweiten Phase werden Sie sich unentschlossen und unausgeglichen fühlen. Vielleicht wollen Sie etwas verändern, fühlen sich aber unsicher und minderwertig oder glauben, noch nicht dazu bereit zu sein, eine Verpflichtung sich selbst gegenüber einzugehen und auch einzuhalten.

Doch es gibt auch Belohnungen. Die zweite Phase ist eine Zeit, in der Sie ein neues *Gefühl für Ihr Selbst* entwickeln, in der Träume wahr werden und vor und in Ihnen Gestalt annehmen. Es ist eine *Bestätigung*, ein zustimmendes Nicken Ihres höheren Selbst, eine Anerkennung, daß Sie sich selbst besser entwickeln und wachsen lassen. Es ist eine langsame Befreiung von alten Fesseln und der erste Schritt von skeptischer Ungläubigkeit zu zuversichtlicher Selbstbejahung.

Eine dieser ersten Belohnungen ist auch die Bereitschaft, sich selbst in einer Weise zu sehen, in der Sie sich vielleicht schon viele Jahre nicht mehr gesehen haben: Sie lassen sich durch die Hindernisse weniger einschüchtern und fühlen sich durch die Erfolge mehr angespornt.

Dies erfordert natürlich, daß Sie den ersten Schritt machen und am Ball bleiben, um dann in die zweite Phase übergehen zu können. Wenn Sie das tun, werden Sie die ersten Zügel der Kontrolle endlich wieder in der Hand haben. Sie werden weniger dem Zufall, wenig dem Glück und nichts dem Wunschdenken überlassen.

Wenn Sie nach sofortigem Erfolg suchen, werden Sie ihn hier nicht finden. Der sagenhafte Topf voll Gold, der am Ende des Regenbogens auf Sie wartet, existiert nicht. Sie werden nicht morgens in den Spiegel schauen und Zeuge einer Persönlichkeitsumwandlung sein, die über Nacht stattgefunden hat. Stattdessen werden Sie eine vernünftige, durchführbare Lösung vorfinden, die natürlich und verläßlich ist.

Phase zwei ist die natürliche Folge von Phase eins

In der ersten Phase (in der Sie Ihre Selbst-Gespräche verändern) leiten Sie den Prozeß der Umprogrammierung ein, indem Sie die spezifischen Anleitungen ändern, die Sie sich geben. Während Sie die eigentlichen Formeln der Selbst-Gespräche anwenden, erhalten Sie unmittelbare Resultate - von denen die meisten nur kurze Zeit anhalten. Doch Sie haben etwas in Gang gebracht.

Während der zweiten Phase rufen diese neuen Selbstanleitungen eine Kette von Reaktionen hervor. Während Sie Ihre Selbst-Gespräche verinnerlichen, werden sie von Ihrem Unterbewußtsein überdacht, verarbeitet und erprobt und auch auf Bereiche angewandt, mit denen die Selbst-Gespräche nicht direkt etwas zu tun haben. Das Unterbewußtsein, das inzwischen die neuen Anleitungsmuster erkennt, beginnt damit, die gleiche Art von Anleitungen zu duplizieren, ohne daß Sie selbst jede einzelne bewußt geben müssen.

Mit der Zeit breiten sich diese Muster aus. Was noch vor kurzer Zeit lediglich eine Ansammlung von Selbst-Gesprächs-Formeln war, denen Sie zuhörten, die Sie lasen oder für sich wiederholten, hat nun begonnen, ein Muster zu entwerfen, nach dem sich die zukünftigen Gedanken richten. Der Prozeß, den Sie einleiteten, *setzt sich nun selbständig fort.*

Je länger Sie sich selbst neue Selbstanleitungen geben, umso mehr weitet sich der Prozeß aus, schlägt Wurzeln und drängt langsam, aber sicher die alten Programme voller falscher Anleitungen beiseite. *Für Sie ist die Vorstellung, die persönliche Verantwortung für sich selbst zu übernehmen,* von einem Konzept *zu einem Lebensstil* geworden.

10
Das Endergebnis der Selbstanleitung
Die dritte Phase der Selbstbestimmung

Für die erste Phase der Selbstbestimmung brauchen Sie nur ein paar Tage. Für die zweite Phase benötigen Sie Wochen oder Monate. Doch die Auswirkungen, *die Vorteile*, die sich während der dritten Phase der Selbstbestimmung einstellen, halten jahrelang an. Werfen wir einen kurzen Blick auf das, was Sie an Ihrem Ziel erwartet.

An die wahren Vorteile der Selbstbestimmung denken wir selten, wenn wir uns Ziele setzen - obwohl jedes einzelne Ziel als das Erstrebenswerteste erachtet werden könnte. Diese Vorteile sind die *Freiheiten*, in deren Genuß wir durch die Selbstbestimmung kommen - wir werfen die Fesseln ab und befreien uns von den Beschränkungen, mit denen wir in der Vergangenheit lebten. Diese Freiheiten sind die *wahren* Vorteile, die sich durch die Selbstbestimmung in unserem Leben ergeben:

1. Die Freiheit der persönlichen Verantwortung

Letztendlich sind *Sie* die einzige Person, die wirklich die Verantwortung für *Sie* hat. Sie können nur dann die völlige Kontrolle über diese Verantwortung erlangen, wenn Sie *sich selbst bestimmen.*

Ihr ganzes Handeln, jeder Ihrer Schritte, ist davon bestimmt, wieviel *Verantwortung* Sie für sich selbst übernehmen. Sie können entweder darauf warten, daß die Welt die Verantwortung für Sie übernimmt (was sie *nicht* tun wird), oder aber einen Weg finden, wie Sie diese Aufgabe natürlich und wirkungsvoll selbst übernehmen können.

Wir können uns glücklich schätzen. Wir haben gelernt, daß das Akzeptieren persönlicher Verantwortung das natürliche Ergebnis unserer Selbstbestimmung ist. Dieses Geschenk erhalten wir, auch wenn wir nicht damit gerechnet haben.

Neben der Selbstachtung ist das Übernehmen der Verantwortung für Ihr eigenes Denken und Handeln die eigentliche Basis für Ihren Erfolg als Mensch. Selbst wenn ein Kind sich dazu entscheidet, zuerst seine Hausaufgaben zu erledigen, bevor es spielen geht oder den Fernseher einschaltet, übernimmt es in diesem Augenblick die persönliche Verantwortung für sich. Es hat begriffen, daß nur es selbst und niemand anders dafür verantwortlich ist, wie es in der Schule abschneidet.

Die Frau, die sich davon überzeugt, daß sie für einen geschäftlichen Anlaß passend gekleidet ist, übernimmt nicht nur die Verantwortung für ihr äußeres Erscheinen sondern auch für einen wichtigen Aspekt ihrer beruflichen Laufbahn.

Der Mann, der sich entschließt, zuhause zu bleiben und seinem Sohn bei einem Pfadfinderprojekt zu helfen, statt Überstunden im Büro zu machen, macht von seiner Freiheit Gebrauch, die persönliche Verantwortung für *seine* Entscheidungen im Leben zu übernehmen.

Persönliche Verantwortung ist die Grundbedingung für jede lohnende Leistung und jeden Verdienst, die in unserem Leben von bleibendem Wert sind. Sie ist eine Freiheit, die durch die Selbstbestimmung entsteht.

2. Die Freiheit der Unabhängigkeit

Wir machen selten eine Sache wirklich gut - füreinander und miteinander - wenn wir nicht mit beiden Beinen fest auf dem Boden stehen.

Als wir heranwuchsen, lernten wir, uns an andere anzulehnen. Wir brauchten andere, um uns aufzurichten. Sie waren da, zumindest manchmal, wenn wir sie brauchten. Doch wenn wir älter, reifer und selbständiger werden, werden diese Stützen nach und nach entfernt.

Wenn wir nun anderen erlauben, einzuschreiten, uns neue Stützen zu geben und unser Leben *für uns* zu bestimmen, ketten wir uns an ein Leben voller Abhängigkeiten von anderen - sind nie wirklich auf uns selbst gestellt und verhindern, daß wir für andere etwas zählen oder auf uns gezählt werden kann. Wenn wir lernen, uns selbst zu bestimmen, lernen wir, auf eigenen Füßen zu stehen - nicht schwach und unwichtig, sondern fähig, unabhängig und verläßlich zu sein.

Konstruktive Unabhängigkeit, die Stabilität eines gut geleiteten Selbst, schafft in uns einen Grundstock von Selbstvertrauen und Selbstsicherheit. Die Stärke unserer Unabhängigkeit erlaubt uns, mit anderen zu teilen, andere zu unterstützen, andere zu brauchen und Wünsche zu erfüllen. Unsere *Unabhängigkeit* gibt uns die Freiheit, das Leben zu umarmen, anstatt abseits von ihm zu stehen.

3. Die Freiheit der Selbstbeherrschung

Stellen Sie sich vor, alles so gut im Griff zu haben, daß Sie immer alles erledigen, was Sie erledigen sollten, ohne sich übermäßig dazu hinreißen zu lassen, Unnötiges zu tun. Das ist ein Vorteil der Selbstbestimmung. Unsere Selbstbeherrschung hält uns im Gleichgewicht, gibt uns ein gutes Gespür und ein gutes Gefühl für uns selbst.

Diese Kontrolle über uns selbst verleiht uns die Qualitäten, die wir als *menschlich* betrachten. Durch die Freiheit der Selbstbeherrschung erhalten wir die Macht über Gewohnheiten und Ängste, deren Sklaven wir einmal waren. Erst durch die Selbstbeherrschung haben wir unsere Gedanken, Gefühle und unser Handeln sicher in der Hand, und niemand braucht *uns* zu kontrollieren.

Ein Firmenleiter erzählte mir einmal, daß seine Entscheidung, die Selbstbeherrschung zu lernen, ihm die Freiheit gegeben hatte, das Rauchen aufzugeben, zum ersten Mal seit vielen Jahren mit seinem Haushaltsgeld auszukommen und positive Veränderungen im Umgang mit seiner Frau und seinen Kindern zu erzielen. Er war in der Vergangenheit zwar „erfolgreich" gewesen, doch erst, nachdem er die Freiheit in der Selbstbeherrschung entdeckte, war es ihm gelungen, das Glück zu finden, nach dem er gesucht hatte.

Die Freiheit der Selbstheherrschung ist ein Nebenprodukt der Selbstbestimmung. Sie ist für ein gutes Leben unbedingt *erforderlich.*

4. Die Freiheit, sich entscheiden zu können

Durch das Steuern unserer Gedanken bestimmen wir unser Bewußtsein, und indem wir unser Bewußtsein bestimmen, geben wir uns die Freiheit, Entscheidungen zu treffen.

Wir stehen oft vor „Entscheidungen", die gar keine wirklichen

Entscheidungen zu sein scheinen. Auf dem Weg durchs Leben haben wir manchmal das Gefühl, an einer Pauschalreise teilzunehmen - in der sämtliche unserer Ziele bereits von jemand anderem festgelegt wurden. Doch durch die Selbstbestimmung haben wir wesentlich mehr Einfluß auf das Ziel der Reise und die Entscheidungen, die wir unterwegs treffen.

Die Freiheit zu entscheiden bedeutet mehr als beispielsweise nur ein ja oder ein nein zu irgendwelchen Gruppenzwängen, denen ein junger Mensch ausgesetzt ist, wenn ihm Drogen angeboten werden, oder wenn sich die Gelegenheit bietet, sich auf Abwege zu begeben. Die Frau, die sich entschließt, sich einen Tag Urlaub von Arbeit und Familie zu gönnen, macht von ihrer Freiheit Gebrauch, ein ausgeglichenes und gesundes Leben zu führen. Die meisten Menschen, die gelernt haben, Entscheidungen in ihrem Leben zu treffen - und auch zu ihnen zu stehen - erzählen mir, daß sie diese Entscheidungen schon immer fällen wollten, in der Vergangenheit jedoch geglaubt hatten, nicht dazu berechtigt zu sein!

Sie haben das Recht, ja zu sagen zu Entscheidungen, die Ihr Leben jeden Tag angenehmer, glücklicher und erfolgreicher machen. Es steht Ihnen zu, nein zu sagen zu Entscheidungen, die zu Unzufriedenheit in Ihrem Leben führen oder Ihnen schaden.

Durch Selbstbestimmung erhalten Sie das nötige Wissen und die Freiheit, gute Entscheidungen zu treffen. Und gute Entscheidungen sind die Bestätigung für ein gesundes, aktives, selbstbestimmtes Bewußtsein.

5. Die Freiheit, sich verändern zu können

Wir haben oft die Möglichkeit, unser Leben zu verändern - und würden es auch *gerne* tun - nur um dann festzustellen, daß unsere alte Programmierung andere Vorstellungen hat. Es ist, als kämen wir an einen Bahnübergang, würden dort anhalten, uns umschauen und lauschen, hätten aber nie den Mut, die Gleise zu überqueren.

Immer wieder erzählten mir Menschen, sie hätten den Eindruck, in ihrem Leben nicht weiterzukommen, ihre Arbeit oder ihren Beruf nicht wechseln zu können, ihre persönlichen Beziehungen, ihr Gewicht, ihr Äußeres oder ihre finanzielle Lage, die das Leben Ihnen Ihrer Meinung nach zugeteilt hatte, nicht ändern zu können.

Die Freiheit, sich zu verändern, bedeutet, endlich aufhören zu dürfen, sich selbst im Weg zu stehen. Diese Freiheit erlaubt Ihnen, die nötigen Schritte zu unternehmen, um Ihr Leben mehr nach Ihren Vorstellungen zu gestalten - und dies schließt auch Veränderungen in den kleinsten Details Ihres Alltags ein.

Die Freiheit, sich zu verändern, ist die Freiheit zu wachsen - es ist Ihr eigener *Beifall für sich* selbst - und es ist die wichtigste Anerkennung, die Ihnen je zukommen wird.

6. Die Freiheit, scheitern zu dürfen

Ich erinnere mich an die Geschichte jener Informatiker, die die Bewegungen eines computergesteuerten Roboters perfektionierten. Immer wieder ließen sie ihn beim Laufen gegen die Wände eines Ganges stoßen. Er korrigierte sich und ging weiter, bis er schließlich von alleine *gelernt* hatte, wie er den Gang entlanggehen mußte.

Wir Menschen haben die Tendenz, das „gegen die Wand laufen" als *Fehler* zu betrachten, obwohl wir auf ähnliche Weise wie dieser Roboter lernen. In den Augen der Techniker war dieses Anstoßen absolut kein Fehler; es bedeutete lediglich, daß noch einmal eine Korrektur vorgenommen werden mußte.

Mir ist keine einzige Biographie bekannt, in der ein Mensch Erfolg und Erfüllung gefunden hat, ohne - gewöhnlich mehrere Male - zu scheitern. Ohne die Geschichten über diese *Fehlschläge* wären die meisten Biographien schmale Bücher mit nur wenigen Seiten.

Es ist keine Schande, hinzufallen, wenn man versucht sein Bestes zu geben. Die Freiheit zu scheitern ist die Freiheit zu *lernen*; es ist die Freiheit, auch einmal stolpern zu dürfen, ohne dabei das Ziel aus den Augen zu verlieren.

Wenn Sie sich selbst bestimmen, geben Sie sich die Freiheit und das Selbstvertrauen, auch scheitern zu dürfen. Das ist Ihr *Recht* - und es ist ein wichtiger Bestandteil Ihres Erfolges.

7. Die Freiheit, erfolgreich zu sein

Während eines Vorstellungsgesprächs wurde ein Freund gefragt: „Sind Sie Erfolg gegenüber offen?" Die Reaktion auf diese scheinbar einfache Frage mit ihrer anscheinend selbstverständlichen Antwort verriet sicher mehr, als den meisten Kandidaten klar war: Sehr oft sind wir Erfolg gegenüber *nicht* offen.

Oft genug werden wir dazu programmiert, zu glauben, daß der Erfolg nicht eintreten wird, daß wir nicht fähig sind, erfolgreich zu sein, oder daß nur die anderen es sind, oder daß wir es nicht wirklich verdienen. Manchmal akzeptieren wir auch andere Programme, die genauso unzutreffend sind, und die uns - aus irgendwelchen unsinnigen Gründen - sagen, daß wir nicht so erfolgreich sein werden oder sein können, wie wir es sein sollten.

Doch das ist unsere *alte* Programmierung, die uns lenkt, *bevor* wir uns selbst bestimmen lernen. Um bei irgend etwas Erfolg haben zu können, müssen wir uns zuerst die Freiheit zugestehen, Erfolg haben zu können.

Es gibt eine ganze Reihe von Büchern darüber, wie manche Menschen ihre möglichen Erfolge untergraben oder sabotieren. Ich habe z.B. mit unzähligen Menschen gesprochen, die abnehmen wollten und mir erzählten, daß jedesmal, wenn sie ihrem Idealgewicht ganz nah waren, irgend etwas geschah und sie die verlorenen Pfunde alle wieder zunahmen.

Kennen Sie auch Menschen, die bei ihrer Arbeit oder ihren Geschäften scheiterten, weil sie kurz vor ihrem Ziel plötzlich innehielten - *genau in dem Augenblick, in dem das Ziel endlich in greifbarer Nähe war?*

Wenn ich Menschen nach Beispielen frage, wie sie mit sich selbst sprechen, höre ich gewöhnlich Bemerkungen, die eindeutig dazu bestimmt sind, sie zum Scheitern zu *zwingen.*

Und weshalb sprechen sie so mit sich? Sie tun es, weil sie nie gelernt haben, daß sie - gleichgültig, welche frühere Programmierung sie erfahren haben mögen - wenn sie schließlich erfolgreich sein möchten, zuerst den natürlichen Glauben an den Erfolg *neu* einprogrammieren müssen.

Dieser Glaube fehlt bedauerlicherweise in den meisten Programmen, die wir als Erwachsene mit uns tragen. Haben Sie schon einmal jemanden sagen hören : „Er ist sich selbst sein schlimmster Feind"? Die meisten von uns könnten das gleiche in dieser oder jener Hinsicht von sich selbst sagen.

Wenn Sie lernen, sich selbst zu bestimmen, lernen Sie, an

Ihren Erfolg zu *glauben* - ihn nicht zu untergraben oder zu meiden. Für Menschen, die sich selbst bestimmen, sind Erfolge das natürliche Ergebnis ihrer Selbstanleitungen.

8. Die Freiheit, etwas zu verdienen

Die alte Programmierung von vielen von uns beinhaltete einige sehr strenge Warnungen, was uns im Leben zusteht und *was nicht.* Wenn es in der Vergangenheit darum ging, daran zu glauben, daß wir das Beste verdienen, setzte sich aus den verschiedensten Gründen der Glaube durch, daß wir es nicht verdienen.

Ich erhielt einen Brief von einer Frau, die sich viele Jahre lang gewünscht hatte, ein eigenes Geschäft zu führen. Doch sogar ihre Familie, einschließlich der Eltern, war dagegen. Während dieser Jahre hatte sich mehrmals die Gelegenheit geboten, ein eigenes Geschäft zu eröffnen, doch sie hatte diesen Schritt nie unternommen.

„Ich war überzeugt, es nicht zu schaffen, weil ich glaubte, einen solchen Schritt nicht zu verdienen", schrieb sie. „Nichts von all dem, was mir die Unabhängigkeit und ein eigenes Geschäft geben konnten, glaubte ich zu verdienen."

Erst als sie ihre eigenen unbewußten Einstellungen zu sich selbst verändert hatte, erkannte diese Frau, daß sie alles *verdiente,* was sie in ihrem Leben erreichen wollte, und sie verwirklichte schließlich ihre Vorstellungen. Sie gab ihre Stelle als Verkäuferin bei einer großen Elektronikfirma auf und eröffnete einen Betrieb, der Zubehör für dieselbe Firma produzierte, für die sie einmal gearbeitet hatte. Indem sie ihre Ansichten darüber änderte, was sie von diesem Leben angeblich *erwarten durfte,* erkannte sie, daß es ihr *sehr* wohl *zustand,* als Geschäftsfrau Erfolg zu haben. Ihr florierendes Geschäft ist der Beweis, daß sie es schon die ganze Zeit *verdient* hatte, ihr Ziel zu ereichen. Bevor sie ihre eigene Überzeugung korrigierte und sich dazu programmierte, *„etwas zu verdienen",* hatte sie sich unwissentlich selbst daran gehindert, diesen wohlverdienten Erfolg zu erzielen.

Wenn Sie nicht daran *glauben,* etwas zu *verdienen,* werden Sie es auch nicht bekommen. Wenn Sie Ihr Bewußtsein bestimmen, öffnen Sie sich voll und ganz dafür, zu akzeptieren, was Ihnen zusteht; Sie erkennen, daß die Erfolge, die Sie erfahren, die natürlichen Ergebnisse Ihrer Bemühungen sind.

Selbstbestimmung gibt Ihnen die Freiheit, sich selbst als einen Menschen zu sehen, der etwas wert ist, und der auch etwas erwarten darf. Sie gibt Ihnen die Freiheit, Verantwortung zu übernehmen, Ihre Möglichkeiten zu nutzen und die Belohnungen zu genießen, die sich dadurch in Ihrem Leben ergeben.

9. Die Freiheit, die Wahrheit zu erkennen

Wenn es darum ging, sich selbst oder Ihre Fähigkeiten einzuschätzen, wählten Sie in Ihrer alten Programmierung leider oft nicht die Eigenschaften, die wirklich auf Sie zutrafen, also der Wahrheit am nächsten kamen. *Die „Wahrheit" ist bei gedankenlosen Programmierung oft verschleiert und sieht nach etwas vollkommen anderem aus.*

Wie konnten Sie beurteilen, was wirklich stimmte, wenn Ihre alte Programmierung die Wahrheit so erfolgreich vor Ihnen verbarg? Wie konnten Sie wissen, was in jedem einzelnen Ihrer Lebensbereiche Wirklichkeit war, wenn Sie nicht die entsprechende Programmierung besaßen, um zu beurteilen, was wirklich auf *Sie* zutraf? Wie *kann* ein Junge jemals davon überzeugt sein, daß er eines Tages bei den Weltmeisterschaften im Baseball tatsächlich einen solch guten Schlag plazieren wird, daß der Ball nicht gehalten werden kann, wenn ihm beigebracht wurde, daß er kaum oder gar nicht das Zeug zum zweitklassigen Spieler in einem kleinen Sportverein hat? Stellen Sie sich die Selbst-Gespräche vor, die er im Laufe der Zeit, und wenn er oft genug entmutigt wird, mit sich selber führt. Höchstwahrscheinlich wird dieser Junge nie erkennen, daß diese sogenannten Wahrheiten über ihn, die er *akzeptierte*, möglicherweise überhaupt *nicht stimmten.*

Einige der wichtigsten Wahrheiten, die Sie bislang in Ihrem Leben finden konnten, sind jene, die man Ihnen über Ihr Selbst beigebracht hat und an die Sie heute glauben. Wie können Sie aber erwarten, sich je optimal verwirklichen zu können, wenn Sie nicht lernen, die wirklichen Wahrheiten über sich selbst zu akzeptieren? Wenn Sie sich selbst bestimmen, entscheiden Sie sich, die Wahrheit über sich und andere als *Realität* zu akzeptieren. Selbstbestimmung hilft Ihnen zu erkennen, wer Sie *wirklich* sind, wozu Sie wirklich fähig sind, und wie Sie sich in dieser Welt am besten verwirklichen können.

10. Die Freiheit, sich selbst zu achten

Ein starkes Selbstwertgefühl ist nicht nur ein Ergebnis der Selbstbestimmung, es ist auch ein außergewöhnliches Geschenk, das *Sie* sich *selbst* geben. Selbst, wenn das Erlernen der Selbstbestimmung zu nichts anderem führen würde als zu einer gesunden Selbstachtung, dann hätte sich die Mühe schon gelohnt.

Ich möchte noch einmal betonen: Indem Sie Selbstbestimmung lernen, bereichern Sie Ihr Leben, und Ihre Selbstachtung wird steigen. Sie ist ein Geschenk, das mehr zu Ihrem seelischen Wohl beiträgt als alles andere, was Sie sich je erhoffen könnten.

Sich selbst lieben bedeutet, das Beste aus sich zu machen

Nichts spielt in Ihrem Leben eine größere Rolle als Ihre eigene Selbstachtung. Ein *Mangel* an Selbstachtung ist die Ursache für die meisten Probleme, die wir uns selbst und anderen machen und für den Mißerfolg beim Ausschöpfen unseres Potentials.

Eine *gesunde* Selbstachtung führt andererseits zu Selbstvertrauen, Rücksicht auf andere und zu einem erfolgreichen, ausgeglichenen und lohnenswerten Leben. Selbstachtung ist so wesentlich für unser gesamtes Wohlbefinden, daß sie sich von allem unterscheidet und wichtiger ist als alles, woraus das Wesen des Menschen besteht - außer vielleicht dem schöpferischen Geist in uns.

Die Freiheit, sich selbst zu achten, ist ein natürliches Ergebnis der Selbstbestimmung. Wenn Sie verstehen, was Selbstachtung ist, und welchen Einfluß sie auf Ihre Gesundheit und Ihr Leben hat, werden Sie verstehen, daß das einzige, was an Selbstachtung schlecht sein könnte, darin besteht, nicht genügend davon zu besitzen. Selbstachtung ist und bleibt eine der hilfreichsten und notwendigsten Komponenten Ihrer Persönlichkeit.

Wenn Sie die Freiheiten nutzen, die durch Selbstbestimmung in Ihrem Leben entstehen, erfahren Sie einige neue Dinge über sich. Können Sie dabei zu weit gehen? Können Sie wirklich an dieses neue, aufregende Selbst *glauben*, das Sie durch Ihre eigene Selbstbestimmung schaffen? Wir werden es bald herausfinden.

11
Machen Sie sich etwas vor?

Wenn Sie sich jahrelang eine bestimmte Art von Selbstanleitungen gegeben haben und plötzlich beginnen, sich neue Anleitungen vorzugeben, die vielleicht genau das Gegenteil der alten sind, belügen Sie sich dann?

Wenn Ihre alte Programmierung z.B. lautete, daß Sie keinen Überblick in Ihrem Leben haben, und Ihnen plötzlich die neue Programmierung sagt, daß Sie den Überblick haben, bedeutet dies dann, daß Sie sich selbst etwas vormachen - daß Sie sich als jemanden darstellen, der Sie gar nicht sind? Oder vielleicht glaubten Sie jahrelang, daß es Ihnen Schwierigkeiten bereitet, vor ein Publikum zu treten und unbefangen zu ihm zu sprechen. Ihre alten Selbst-Gespräche lauteten so: „Jedesmal, wenn ich vor einem Publikum spreche, werde ich nervös." Doch nun lernen Sie, stattdessen zu sagen: „Es macht mir Freude, zu Menschen zu sprechen. Wenn ich vor einem Publikum rede, bin ich sicher und entspannt." Welche Programmierung ist richtig - die *alte* oder die *neue*?

Eine Freundin von mir erzählte sich zwölf Jahre lang, daß sie das Rauchen aufgeben wolle, jedoch anscheinend nicht aufhören könne. Dann begann sie ein Selbst-Gesprächs-Programm, das ihr - anhand spezifischer Formulierungen - vorgab, sie sei Nichtraucherin. Sagte sie sich die Wahrtheit? (Ja, sie wurde zur Nichtraucherin).

Tatsächlich akzeptiert das Unterbewußtsein alles, was ihm erzählt wird, wenn es nur oft genug und bestimmt genug gesagt wird. Doch sagen wir uns auch schon beim ersten Mal die Wahrheit? Wie können wir ehrlich sein und trotzdem *neue* Programme schaffen, die den früheren gänzlich widersprechen?

Eine neue Wahrheit in der Übergangsphase

Wenn Sie damit beginnen, sich neue Selbstanleitungen zu geben, leiten Sie einen *Prozeß* ein. Sie schaffen eine neue Wahrheit über sich selbst. An dem Tag, an dem Sie mit den neuen Selbst-Gesprächen beginnen, haben Sie das Ziel jedoch *noch* nicht erreicht; *noch* sind Sie nicht die neue Person, als die Sie sich darstellen.

Das heißt jedoch nicht, daß Sie sich etwas vormachen. Im Grunde sagen Sie nämlich: „So entscheide ich mich zu sein. Ihrem Bewußtsein ist klar, daß Sie noch nicht soweit sind. Es weiß, daß Sie an dem Problem *arbeiten*. Geben Sie ihm Zeit! Das Unterbewußtsein wird beginnen, die neuen Anleitungen als wahr zu akzeptieren. Es wird alles tun, um sie zu verwirklichen.

Ihre neuen Selbst-Gespräche ersetzen oder heben ein altes Programm auf, *das sowieso nicht stimmte*. Sie machen sich nicht *heute* etwas vor - *Sie machten sich gestern etwas vor, als Sie dem alten, unzutreffenden Programm glaubten.*

Wie wir festgestellt haben, werden wir nicht mit unseren Überzeugungen und Vorurteilen *geboren*, sondern eignen sie uns an. Wir lernten zu glauben, daß wir schüchtern, unordentlich oder nicht kreativ seien, daß wir nicht genügend Geld verdienen könnten oder Problemen aus dem Weg gingen - und jede Menge anderer „Wahrheiten" über uns, die nicht stimmten.

Verändern Sie die Worte, um Ihre Bedürfnisse zu befriedigen

Wenn es Sie stört, sich zukünftige Wahrheiten in der Gegenwartsform zu sagen, z.B. *„Ich bin in der Lage, meine Finanzen zu regeln"; „Die negative Meinung anderer beeinflußt mich nicht"; „Ich habe kein Problem, mein Gewicht zu halten"; „Ich habe keine Gewohnheiten, die meiner Gesundheit schaden"* - oder womit auch immer sich Ihre Selbst-Gespräche befassen, dann verändern Sie den Inhalt, behalten aber die Gegenwartsform bei.

Die gleichen Beispiele können genausogut folgendermaßen formuliert werden: „*Ich bin entschlossen*, den Überblick über meine Finanzen zu behalten"; „*Die Person, zu der ich mich entwickle*, ist durch die negative Meinung anderer nicht zu beeinflussen"; „Ich *möchte* mein Idealgewicht ohne Probleme halten"; „*Ich bin entschlossen*, alle Gewohnheiten abzulegen, die meine Gesundheit beeinträchtigen."

Ihre neuen Selbst-Gespräche sind der Entwurf für Ihr neues Selbst

Wenn ein Architekt den Entwurf für ein neues Gebäude abliefert, dann überreicht er keine unvollständige Skizze eines nur teilweise fertigen Gebäudes. Er gibt dem Auftragnehmer ein präzises Bild von jedem Detail des Bauwerks. Genau das tun wir, wenn wir unsere neuen Selbstanleitungen in der Gegenwartsform formulieren. Wenn unsere Selbst-Gespräche nur eine vage Beschreibung von erhofften Ereignissen sind, wird unser Unterbewußtsein kein klares Bild erhalten und auch nicht darauf reagieren.

Da unser Unterbewußtsein nach den stärksten Programmen handelt, tun wir uns nur einen Gefallen, wenn wir ihm einfache, direkte, klare und *vollständige* Selbstanleitungen geben.

Entscheiden Sie sich, welche Veränderungen oder Verbesserungen Sie an sich selbst vornehmen möchten - anhand des Bildes, wie Sie gerne sein möchten - und vermitteln Sie diese Beschreibung Ihrem Unterbewußtsein so vollständig wie möglich.

Seit Jahren hören wir immer wieder, daß wir uns unser Ziel *bildlich* vorstellen müssen und in unserem Unterbewußtsein deutlich ausmalen müssen. Nun wissen wir, wie wir das erreichen können, auch wenn wir in der Vergangenheit nicht in der Lage waren, diese Bilder in uns hervorzurufen.

Unsere eigenen Selbst-Gespräche formulieren die Sätze, durch die diese Bilder entstehen. *Wir* müssen lediglich die richtigen Worte finden lernen. Wenn uns das gelingt, folgt die Verinnerlichung des Ziels automatisch.

Gehen Sie die Dinge praktisch an

Da uns unsere eingebildeten Beschränkungen in der Vergangenheit behindert haben, wollen wir nun vielleicht, in unserem Eifer, endlich etwas zu verändern, den Zaun unserer alten Grenzen mit einem Bulldozer durchbrechen, statt einfach die Tür am Zaun zu öffnen und ruhig durchzugehen.

Wenn wir Selbst-Gespräche zum ersten Mal anwenden, setzen wir uns manchmal *zu hohe Ziele;* wir vergessen, daß die Veränderungen, die wir vornehmen praktisch und realistisch sein müssen. Oder aber wir hören zu aufmerksam unserer alten Programmierung zu. Wir versuchen nicht einmal, den Zaun zu überwinden, und verhindern schließlich jede wirkliche Veränderung, weil unsere *Ziele zu niedrig* sind.

Aus diesem Grund möchte ich Ihnen raten, daß Sie bei Ihren Selbst-Gesprächen immer nur ein Problem lösen oder nur ein realisierbares neues Ziel zu erreichen versuchen. Geben Sie sich etwas Zeit. Arbeiten Sie zunächst daran, die Gewohnheit zu entwickeln, mit sich selbst in neuer Weise zu sprechen. Erzielen Sie zuerst ein paar kleine Erfolge, dann bemühen Sie sich um weitere.

Auch wenn Sie dieses Buch lesen, um mit einer *wichtigen* Angelegenheit in Ihrem Leben zurechtzukommen, sollten Sie am Anfang trotzdem zuerst so gut wie möglich an einem kleinen Problem oder einem einzelnen Ziel arbeiten. *Wenn Sie zuviel von sich erwarten, werden Sie zu wenig erhalten.* Halten Sie Ihre Selbst-Gespräche realistisch. Die meisten von uns wissen, wann wir etwas Unmögliches von uns erwarten. Die meisten wissen auch, wann wir es uns zu leicht machen und zu geringe Anforderungen an uns stellen.

Kann man überheblich werden?

Können Sie, wenn Sie sich ein neues, besseres Bild von sich entwerfen, möglicherweise ein Bild entwerfen, das zu großartig ist? Können Sie sich selbst für zu wertvoll halten?

Das Außerkraftsetzen unserer früheren Programmierung und die Steigerung Ihres Selbstwertgefühls *könnten* wie „Selbstlob" wirken. Ich wurde gefragt: „Ist das keine „Angeberei"? *Kann ich mit meinen neuen Selbst-Gesprächen möglicherweise übertreiben*?" Eine junge Mutter fragte: „Wenn mein Sohn so viel Gutes über sich hört, wird er dann nicht denken, daß er *zu* gut ist?"

Vielleicht könnten die *falschen* Selbst-Gespräche zu einer solchen Überzeugung führen, doch *niemals* die Selbst-Gespräche, von denen hier die Rede ist.

Viele Menschen, die beginnen, Selbst-Gespräche einzusetzen, hören häufig zum ersten Mal etwas Freundliches und Nettes über sich. Doch die Selbst-Gespräche führen nicht zu einem falschen

Selbstwertgefühl oder einer „Etwas-Besseres-Sein-Haltung", sondern bewirken, daß wir, indem wir uns selbst *mehr schätzen* lernen, *andere* Menschen ebenfalls mehr schätzen.

Die neuen Selbst-Gespräche wollen Sie nicht auf andere herabschauen lassen - oder Ihnen das Gefühl geben, daß Sie besser sind, als Sie sein sollten. Ganz im Gegenteil, sie helfen Ihnen, Ihre wahre Größe zu erlangen, und geben Ihnen das nötige Verständnis, um *andere* darin zu unterstützen, die eigene Größe zu entdecken.

Wenn wir jemandem begegnen, dessen Selbstwertgefühl immens hoch zu sein scheint, neigen wir dazu, zu glauben, er oder sie sei eingebildet oder aufgeblasen.

In Wirklichkeit handelt es sich jedoch keineswegs um das Ergebnis eines *hohen* Selbstwertgefühls, sondern genau das *Gegenteil* ist der Fall. Meistens entstehen Eitelkeit, falscher Stolz oder Arroganz aus einem *Mangel* an Selbstachtung oder Selbstwertgefühl.

Nicht zu viel, sonden *zu wenig* Selbstachtung veranlaßt uns, das zu kompensieren, wovon wir zu wenig haben.

Führen Sie ausgewogene Selbst-Gespräche

Vergessen Sie nicht, daß die Selbst-Gespräche nur der *erste Schritt eines Vorgangs* sind, durch den Sie Ihre alte Denkweise verändern und einen natürlichen neuen Weg wählen, der besser für Sie ist. Sie versuchen dabei nicht, sich selbst ein Denkmal zu setzen. Sie versuchen auch nicht, innerhalb weniger Tage gewaltige Veränderungen zu bewirken. Das können Sie nicht; dazu sind Sie nicht geschaffen.

Die Erfolge, die Sie durch Ihre Selbst-Gespräche erzielen, hängen sehr stark davon ab, wie ausgeglichen Ihr Selbst ist - das heißt, daß Sie sich Ziele setzen müssen, die erreichbar sind, und daß Sie die Selbst-Gespräche so wählen, daß Sie diese Ziele auch erreichen können.

Die meisten Menschen besitzen mehr Weisheit, als sie glauben. Wenn wir uns sagen hören, daß wir Unmögliches leisten können, ist uns bewußt, daß wir nicht wirklich ehrlich zu uns sind. Wenn wir uns bei einem Problem, das wir angehen sollten, innerlich sagen hören, daß wir es *nicht* lösen können, glauben wir oft, daß es uns *vielleicht* doch gelingen wird.

Wir alle haben ein Gespür dafür, was wir bewältigen können und was nicht. Unsere frühere Programmierung wird uns meistens davon zu überzeugen versuchen, daß wir etwas „nicht können". Doch dieses Gespür oder dieses „Etwas", das ein Teil des menschlichen Geistes ist, hat uns auch zu vermitteln versucht, daß wir zu Größerem fähig sind. Hören Sie auf die innere Stimme, die sagt: „*Das liegt mir. Ich kann es tun.*" Mit ein wenig Übung werden Sie unterscheiden können, ob Sie etwas über sich sagen, was möglicherweise stimmt und was nicht.

Ich habe Menschen gekannt, die anhand der richtigen Selbstanleitungen Veränderungen und positive Resultate in ihrem Leben erzielten, die ihnen am ersten Tag noch gänzlich unerreichbar erschienen. Ich habe Teenager beobachtet, die lernten, sich auf eine Art zu mögen, die ihr ganzes Selbstbild veränderte. Sie haben gelernt, schlechte schulische Leistungen zu vermeiden und Abstand von Klassenkameraden zu nehmen, die ihnen einreden wollten, daß nichts Schlimmes daran sei, Drogen auszuprobieren.

Ich erhalte täglich Briefe von Menschen, die sich realistische Ziele gesetzt haben, und die ihre Selbstanleitungen auf Eheprobleme angewandt haben, oder um verantwortungsbewußter zu werden, um Veränderungen in ihrer beruflichen Laufbahn zu bewirken, oder um Hindernisse zu überwinden, die ihnen früher als unüberwindbar erschienen.

Es sind Menschen wie Sie und ich, mit allen möglichen persönlichen Problemen. Sie konnten sie bewältigen, weil sie begriffen, welch unglaubliche Wirkung erzielt werden kann, wenn sie der eigenen Selbstprogrammierung ihre neue *Wahrheit* hinzufügen. Sie machten sich überhaupt nichts vor, als sie begannen, besser mit sich zu sprechen. Und sie bewiesen es.

Je mehr Sie üben, umso mehr werden Sie feststellen, daß jedes Mal, wenn Sie sich Ziele setzen und die richtigen Selbst-Gespräche führen, um diese zu erreichen, Ihre Ziele langsam aber sicher von dem einen zum nächsten Ziel höher werden. Mit der Zeit stellt sich vielleicht heraus, daß genau die Wahrheiten auf Sie zutreffen, von denen Sie am Anfang *glaubten*, daß Sie sich etwas vormachen.

Ihre neuen Selbst-Gespräche sind die Wiedergeburt dessen, was Sie wirklich sind

Häufig sind wir uns selbst gegenüber genau dann am unehrlichsten, wenn wir weiterhin die negative Programmierung der Vergangenheit akzeptieren. Überzeugungen, die wir schon längst über Bord geworfen und durch solche ersetzt haben sollten, die nützlicher und ehrlicher sind, werden immer noch von uns aufrechterhalten.

Wenn Sie angemessene, praktische Selbst-Gespräche benutzen - in denen Sie sich auf eine bessere, gesündere und erfolgreichere Art sehen - belügen Sie sich nicht. Sie bringen dadurch endgültig die Aufnahme Ihrer Langspielplatte in Ordnung.

12
Probleme der Vergangenheit überwinden

In all den Jahren, in denen ich mich mit selbstbestimmtem Verhalten beschäftigte, stellte ich mir oft die Frage: „Können Selbst-Gespräche mit Problemen aus unserer Kindheit fertig werden, ohne diese zuzudecken? Was ist mit Problemen, die auf uns einen so großen Einfluß ausüben, daß man sich über sie Klarheit verschaffen und sie klären *muß?*

Wie steht es mit unserer Vergangenheit? Müssen Sie, wenn Sie Ihre Zukunft verändern wollen, zuerst zurückgehen und Ihre früheren Probleme noch einmal durchleben, damit Sie sich darüber Klarheit verschaffen, sie verstehen und überwinden können? Können Sie dadurch Ihre Probleme lösen (oder Ihre Zukunft verändern), daß Sie *heute* etwas gegen sie unternehmen, ohne *zuerst* zu schauen, wie Sie früher mit ihnen umgingen?

Sie sollten nicht versuchen, mit Ihren Selbst-Gesprächen andere praktisch durchführbare Therapiemethoden zu ersetzen, die Ihnen dabei helfen, Probleme zu lösen oder das Leben auf sinnvollere Art zu sehen. Wenn Sie in psychologischer Beratung oder Therapie sind und *sie Ihnen weiterhilft, dann bleiben Sie dabei!*

Selbst-Gespräche befassen sich mit einer anderen Seite Ihrer Psyche. Sie beschäftigen sich mit der Seite, die Sie dazu ermutigt, die persönliche Verantwortung für sich und Ihr Leben zu übernehmen.

Wir *alle* hatten in der Vergangenheit Probleme. Manche Menschen hatten es schwerer als andere. Manche von uns machten Dinge durch, die fast unerträglich schienen. Die *meisten von uns* waren irgendwann an einem Punkt, an dem sie glaubten, es nicht mehr auszuhalten.

So kämpfen wir nun mit der Vergangenheit und sagen: „Ja, aber *das ist mir zugestoßen.*" Und manchmal erlauben wir der Vergangenheit, unsere Gegenwart negativ zu beeinflussen, weil wir sie nicht loslassen können.

Viele Menschen sagen mir, daß sie heute Probleme haben wegen einer Angelegenheit, die sich in der Vergangenheit zutrug - manchmal Jahre zuvor - eine unglückliche Kindheit, Mißbrauch durch einen Elternteil, der Verlust der Mutter oder des Vaters, ein Fehltritt, der sie in Schwierigkeiten brachte, oder eine gescheiterte Ehe.

Wenn Sie nicht bereit sind, die Leiden der Vergangenheit loszulassen, sind Sie dann wirklich *fair* zu sich selbst? Die meisten von uns haben traumatische Erfahrungen gemacht, die uns lähmen würden, wenn wir es zulassen würden. Einige von uns durchleben diese frühen Traumen und Fehlschläge immer wieder, als würden sie ihnen heute widerfahren.

Das erneute Durchleben von Problemen der Vergangenheit gibt ihnen neue Kraft in unserem Unterbewußtsein

Bis vor kurzem akzeptierten viele Menschen die schmerzhaften Erinnerungen vergangener Probleme, ohne zu berücksichtigen, was für eine intensive Wirkung dieses wiederholte Durchleben auf unser Unterbewußtsein hat. Wir verstanden eines der Grundprinzipien des Unterbewußtseins nicht: *Das menschliche Gehirn unterscheidet nicht zwischen einem wirklichen Erlebnis und einem Erlebnis, das wir uns nur vorstellen oder erneut vorstellen.*

Statt „Werden durch neue Selbstanleitungen frühere Probleme ignoriert?” sollte die Frage lauten: „Wollen Sie zusätzliche elektrochemische (geistige) Energie freisetzen, um sich eine bereits erlebte Situation erneut vorzustellen - und dadurch dieselbe schlechte Erfahrung noch einmal frisch einprogrammieren?”

Wir alle haben die Fähigkeit, uns entweder ständig mit der Vergangenheit zu befassen oder sie zu überwinden und vorwärtszugehen. Ich möchte damit nicht andeuten, daß es leicht ist, die Vergangenheit zu überwinden. Es gibt Lektionen in unserer Vergangenheit, die uns stärker machten. Doch irgendwann muß jeder Mensch weitergehen. Ich denke oft an den Satz: „Sie können nicht ans Ziel kommen, wenn Sie ständig in den Rückspiegel schauen”. Was vorbei ist, ist vorbei. Was vor uns liegt, liegt *eindeutig* vor uns, wenn wir ihm nur eine Chance geben.

Wenn Sie in der Vergangenheit Probleme hatten, auch wenn sie schlimm waren, dann geht das nicht nur Ihnen so. Manche Menschen könnten ein Buch darüber schreiben, was in ihrem Leben schief lief. Nur wenige sind den Fallstricken entgangen, die Teil unseres Lernprozesses waren. Einige Menschen überwinden sie und gehen weiter. Andere wiederum denken dauernd über sie nach, geben ihnen mehr Macht, erleben sie neu und lassen sich gänzlich von ihnen behindern.

In der Vergangenheit leben

Ich sprach kürzlich mit einer Frau, die sehr depressiv war. Als ich sie fragte, warum sie so unglücklich sei, zählte sie eine Liste von Begebenheiten auf, die ihr in der Vergangenheit widerfahren waren. Sie war geschieden worden. Ihr Sohn hatte mit Drogen zu tun gehabt und mehrmals versucht, sich das Leben zu nehmen. Sie war gezwungen gewesen, sich Arbeit zu suchen und sich, völlig auf sich selbst gestellt, um ihre berufliche Laufbahn zu kümmern.

Jedes der Probleme, von denen die Frau sprach, war von größter Bedeutung und hatte auf ihr Leben starke Auswirkungen. Doch alle Probleme, die sie erwähnte, hatten sich in der Vergangenheit, mehrere Jahre vorher, ereignet - und sie durchlebte jedes einzelne von ihnen noch immer!

Als ich einmal Gast in einer Fernsehsendung war, sollte ich Zuschauerfragen beantworten. Ich erinnere mich besonders an einen jungen Mann, der anrief und sagte, er sei nicht fähig, Arbeit zu finden. Er hatte das Gefühl, sein Leben habe keinen Sinn mehr. Seine Frau hatte ihn vor Jahren verlassen, und er war in die falschen Kreise geraten. Er sagte mir und den Fernsehzuschauern, daß seine Probleme damit anfingen, daß er seine Arbeit verlor, weil er bei einem Auftragnehmer Stromkabel gestohlen hatte. Wegen jenes Vorfalls, der sich sieben Jahre vorher zugetragen hatte, war der Mann davon überzeugt, daß nichts in seinem Leben klappen würde.

Im Laufe der Jahre habe ich von vielen wahren und sehr emotionalen *negativen* Erlebnissen gehört. Ich habe mit Interesse und Mitgefühl zugehört, doch ich habe auch die Wirkung verstehen gelernt, die die selbstauferlegte Fortsetzung der

Vergangenheit auf unsere *Zukunft* haben kann. Doch nicht alle Geschichten, die ich hörte, gingen schlecht aus.

Ich kenne eine Frau, die dreißig Jahre ihres Lebens damit verbrachte, mit Problemen zu kämpfen, die aus ihrer Kindheit stammten, in der sie sehr schlecht behandelt worden war. Während ihrer ganzen Jugend und auch als Erwachsene wollte sie Schriftstellerin werden, doch ihre vergangenen und noch immer existenten Probleme überzeugten sie, daß sie niemals die Schriftstellerin sein würde, die sie zu werden hoffte. Ihre unglückliche Kindheit und Teenagerzeit hatten tiefe bleibende Narben in ihren Gefühlen hinterlassen, die sie oft dazu veranlaßten, den Schmerz neu zu *durchleben*, als würde er ihr ein zweites Mal widerfahren. Ich sah jedoch, wie dieselbe Frau ihre Vergangenheit akzeptieren lernte und sie allmählich hinter sich ließ. Ich beobachtete, wie sich ihr Leben veränderte, als sie ihm eine andere Richtung gab und schließlich eine erfolgreiche Schriftstellerin wurde. Sie nutzte die Erfahrungen ihrer Vergangenheit, um wunderschöne Geschichten von Hoffnung und Phantasie, die sie dem Rest der Welt mitteilte, zu schreiben.

Ich erinnere mich an ein Gespräch mit einem jungen Mann, der aufgrund der unbeschreiblich negativen Erfahrungen, die er als Kind gemacht hatte, als Erwachsener eigentlich fast völlig hilflos hätte sein müssen, stattdessen aber zu einem Computerspezialisten von Weltklasse wurde. Ich habe einen Freund, der in einem zerrütteten Zuhause aufwuchs. Jeden Tag mußte er sich nach der Schule geradezu durchringen, heimzugehen. Er war überzeugt, daß er zwangsläufig scheitern *mußte*. Doch weil er beschloß, das *Schlechte* zu vergessen und sich auf das *Gute* zu konzentrieren, verdiente er in der Elektronikindustrie ein Vermögen.

Auf jede Geschichte von Menschen, die entschlossen waren, die Vergangenheit festzuhalten, kommen unzählige andere von Menschen, die sagten: „Es reicht!" und die dazu übergingen, vorwärtszugehen, statt nach hinten zu blicken.

Wenn Sie die natürlichen Vorgänge im menschlichen Gehirn kennen und weiterhin glauben, „daß Sie keine positive Zukunft haben können, weil Sie eine negative Vergangenheit hatten", dann ist dies keine akzeptable Entschuldigung mehr. Sich gut fühlen, weil Sie die Berge vergangener Widrigkeiten überwunden haben, ist gesund - doch das *Brüten* über den Mißgeschicken, die aus unseren eigenen früheren Unzulänglichkeiten entstanden, macht alles nur noch schlimmer.

Stellen Sie sich Ihre Zukunft vor - statt die Vergangenheit erneut zu durchleben.

Niemand ist wirklich sicher vor dem Schmerz der Vergangenheit. *Jeder* hat eine Zukunft vor sich. Wie möchten Sie in dieser Zukunft leben, die vor *Ihnen* liegt? Möchten Sie den Rest Ihres Lebens damit verbringen, die Ungerechtigkeiten, die unfairen Erlebnisse der Vergangenheit aufzuwärmen, oder möchten Sie lieber jetzt sofort aufbrechen, um Ihrem Ziel näherzukommen?

Sie kennen vielleicht den Satz: „Seien Sie vorsichtig, was Sie vom Leben erwarten - Sie werden es wahrscheinlich erhalten." Als ich ihn vor Jahren zum ersten Mal hörte, erschien er mir nur logisch, doch damals wußte ich noch nicht, daß er eines Tages wissenschaftlich belegt sein würde.

Sie entscheiden, ob Sie zurücksehen und mit den Ängsten und Problemen der Vergangenheit leben, oder ob Sie nach vorne schauen und dazu beitragen, die Bedingungen Ihrer Zukunft zu gestalten. Beides bewirkt genau die gleiche Menge elektrischer Energiezufuhr im Gehirn.

Wenn Sie die Zukunft erreichen, war es nicht das Glück, das Sie dorthin brachte. Es hängt sehr viel davon ab, wie gut es Ihnen gelingt, einige der Fehlschläge der Vergangenheit loszulassen und sich einigen der besseren Möglichkeiten zuzuwenden, die vor Ihnen liegen - *wenn* Sie bereit sind, in den sauren Apfel zu beißen, und beginnen, die Möglichkeiten selbst zu schaffen, und zwar *jetzt.*

Die Vergangenheit ist vorbei - die Zukunft ist voller Möglichkeiten

Das Morgen ist voller Möglichkeiten. Die meisten Menschen werden die Zukunft dem *Zufall* überlassen, da sie nicht wissen, wieviel Einfluß sie haben *könnten.* Für sie wird sich der morgige Tag als genauso mittelmäßig und verwirrend erweisen wie der heutige und jeder Tag zuvor. In ihrer Zukunft wird keine Richtung zu erkennen sein; sie werden sich lediglich durchs Leben kämpfen und versuchen, mit dem kommenden Tag so gut wie möglich fertig zu werden. Genauso sind sie auch in der Vergangenheit mit dem *Morgen* umgegangen, und genauso werden sie wahrscheinlich auch mit jedem Morgen in der Zukunft umgehen.

Für diejenigen, die sich ständig mit der Vergangenheit beschäftigen, wird die Zukunft lediglich die Wiederholung eines alten Films sein, dessen Drehbuch langweilig ist, und in dem voraussagbare, altbekannte Szenen mit dem üblichen, nichtssagenden Ende vorkommen, ein Film, der demselben müden Publikum auf einer endlosen, langsam verblassenden Filmrolle vorgeführt wird.

Für diejenigen, die im Leben *vorwärtsgehen*, bringt der morgige Tag vielleicht die aufregende Möglichkeit neuer Chancen, wohldurchdachter Pläne und bisher nicht gekannter Neuanfänge. Für sie lohnt es sich, am nächsten Tag aufzuwachen. Nur wenn Sie Ihre Vergangenheit überwunden haben, werden Sie in der Lage sein, die Schönheit der Zukunft zu erkennen. Sie sollten von der Vergangenheit lernen und sie dann hinter sich lassen. Jeden Tag werden ein neuer Mann und eine neue Frau geboren.

Sie *können* die Probleme der Vergangenheit überwinden. Wenn ein Problem nicht zu überbewältigend ist, lassen Sie es ein Teil der Vergangenheit sein und widmen sich der Zukunft. Das Leben, so sagen die, die es gelebt haben, ist sehr kurz. Es ist also sinnvoll, das Beste daraus zu machen, und nicht das Schlimmste. Wenn Sie Probleme aus der Vergangenheit haben, die in Ihnen nagen, lassen Sie sie dort, wo sie hingehören - in die Vergangenheit.

Es ist unsinnig, Ihr Gehirn mit alter Elektrizität neu aufzuladen - alten Programmen neue Energie zu geben, um alte Ängste und alten Schmerz neu zu schüren. Vielleicht gibt es alte Geschichten, die nie erledigt wurden. Wenn es jedoch etwas in Ihrer Vergangenheit gibt, von dem Sie wissen, daß Sie sich darum kümmern sollten, dann *kümmern Sie sich darum.* Danach sollten Sie die Akte schließen und Ihre geistigen Kräfte etwas Neuem zuwenden.

Niemand kann Geschehenes ungeschehen machen. Jeder kann jedoch über die Vergangenheit hinaussehen, den Blick auf die Zukunft richten und heute damit anfangen, die Dinge zu verändern. Die Vergangenheit sollte die Vergangenheit begraben. Wir haben genug damit zu tun, uns auf das Morgen vorzubereiten.

13
Wenn nicht Sie das Problem sind

Nehmen wir an, Sie haben nach kurzer Zeit Ihre eigenen Selbst-Gespräche in Ordnung gebracht und versuchen aktiv, Ihr Leben zu verbessern. Was tun Sie jedoch, wenn Ihr eigenes Leben und Ihre Selbst-Gespräche gut laufen - die anderen Menschen, mit denen Sie zu tun haben, jedoch noch immer die gleiche alte Art von Selbst-Gesprächen benutzen? Sie sollten sich daran gewöhnen, daß Sie, wenn Sie Ihre eigenen Selbstanleitungen verändern, nicht mehr wie die meisten Menschen denken.

Hatten Sie jemals mit Menschen zu tun, die Sie kaum akzeptieren oder ertragen konnten? Die meisten von uns befanden sich schon in Situationen, in denen wir gezwungen waren, uns mit solchen Menschen abzufinden, und wußten, daß wir nichts daran ändern konnten. Manchmal handelt es sich um eine Person, mit der Sie zusammenleben, oder jemanden, für den Sie arbeiten, einen Schullehrer oder einen Freund, bei dem Sie sich aufgrund seiner Einstellungen manchmal fragen, ob er überhaupt ein Freund ist.

Für Sie als selbstbestimmten Menschen ist der angemessene Umgang mit Problemen, die andere Ihnen manchmal bereiten, daß Sie heute beschließen, auf diese Probleme *vorbereitet* zu sein, ehe weitere aufkommen.

Sie können nicht die Verantwortung für das Verhalten eines anderen Menschen übernehmen. *Sie können* jedoch die Verantwortung für alles übernehmen, was *Sie* dazu beitragen. Sie wissen von vorneherein, daß Sie den anderen wahrscheinlich nicht ändern können - und daß Sie auch nicht das Recht dazu haben.

Probleme, die auf falschen Selbst-Gesprächen basieren, in anderen Menschen erkennen

Wenn Sie mit jemandem zu tun haben, der Ihnen Probleme bereitet, können Sie besser mit der Situation umgehen, wenn Sie *erkennen,* welche Selbst-Gespräche dieser Person als Kind beigebracht wurden. Sie haben es mit der vergangenen Programmierung dieser Person zu tun und ihren guten oder schlechten Selbst-Gesprächen.

Wenn Sie über jemanden verärgert sind, ärgern Sie sich dann wirklich über *die Person?* Oder ist es nicht eher so, daß Sie auf die *Resultate* ihrer Programmierung reagieren? Wenn Sie das nächste Mal in einer Situation sind, die Sie veranlassen könnte, sich zu ärgern oder negativ über sich selbst zu denken, sollten Sie sich drei Fragen stellen:

1. Frage: Ist das Problem das Ergebnis der Programmierung der anderen Person?

2. Frage: Kann ich, wenn das Problem aufgrund der Programmierung der anderen Person entsteht, wirklich etwas dagegen unternehmen?

3. Frage: Trägt meine eigene Programmierung zu dem Problem bei?

Wenn in Zukunft ein anderer etwas sagt oder tut, was Ihnen früher Schwierigkeiten bereitet oder Sie verärgert hat, sollten Sie sich sofort fragen: *„Liegt es an ihrer (oder seiner) Programmierung? Kann ich irgendwie helfen? Oder liegt es an mir?"* Wenn Sie sich solche Fragen stellen, werden Sie schnell erkennen, wie oft Sie vielleicht jemandem erlaubt haben, Sie zu ärgern, wenn die negative Konditionierung der anderen Person das Problem in erster Linie hervorgerufen und Ihre eigene negative Reaktion das Ganze vielleicht noch verschlimmert hat.

Das heißt nicht, daß Sie, wenn jemand Sie schlecht behandelt oder etwas tut, was eindeutig unangebracht ist, sofort lächeln und sagen sollten: „Ich verzeihe dir dein Verhalten - schließlich kannst du ja nichts dafür." (Würden Sie so reagieren, würden Sie schnell viele Freunde verlieren oder sich in kürzester Zeit viele Feinde machen!) Doch der Fähigkeit, verzeihen zu können, geht immer die Fähigkeit, *akzeptieren* zu können, voraus.

Dadurch, daß Sie die Programmierung des anderen Menschen erkennen, wird dieser Mensch nicht „gut". Unrecht wird deshalb nicht plötzlich zu Recht. Er verändert nicht seine Lebensweise, und vielleicht ist ihm nicht einmal bewußt, daß Sie beschlossen haben, ihn zu akzeptieren. Doch wenn Sie erkennen, daß die andere Person auch alte Programme hat, nach denen sie lebt, werden Sie anders mit ihr umgehen.

Wenn Sie sich so verhalten, versuchen Sie weder, auf einen Schlag Ihre Umgangsformen anderen gegenüber zu verändern, noch, jede Form von Beziehung perfekt zu gestalten. Sie bewirken jedoch eine kleine, aber wichtige Veränderung in der Art, wie Sie andere behandeln. Diese Veränderung, oft genug wiederholt, kann Ihnen Tage, Wochen, Monate und mit der Zeit eine Zukunft mit besseren Beziehungen schaffen.

Sie sind für Ihre Gedanken und Gefühle verantwortlich. Das gilt auch für die Gefühle, die Sie haben, wenn jemand rücksichtslos, streitsüchtig, gefühllos oder gleichgültig ist, oder Sie nicht so behandelt, wie Sie es wünschen.

Sie haben die Möglichkeit, entweder genauso negativ zu reagieren und der Person zu zeigen, daß auch Sie sich schlecht verhalten können, - womit niemanden gedient ist - oder Sie können erkennen, *daß die Situation das Ergebnis einer Programmierung ist, die bei dieser Person - und bei Ihnen - in der Vergangenheit stattgefunden hatte.*

Nichts von dieser Programmierung hatte ursprünglich direkt mit dem gegenwärtigen Problem zu tun, doch ein großer Teil von ihr beeinflußt es vielleicht auf die schlimmstmögliche Weise.

Ein Freund von mir hatte Selbst-Gespräche einige Zeit praktiziert. Er erzählte mir, daß er gelernt hatte, immer dann eine hilfreiche Formel zu benutzen, wenn ein Problem aufkam, das auf die Konditionierung der anderen Person zurückzuführen war: *„Im Zweifelsfall nimm Abstand, beruhige dich, entspanne dich und überdenke alles."* Wenn Sie und die andere Person - die Ihrer Meinung nach schuld an dem Problem ist - die Rollen und damit auch die frühere Programmierung tauschen würden, dann können Sie sicher sein, daß sich Ihre Denkweise zum Teil verändern würde - und zwar sehr schnell!

Jahrelang haben Therapeuten ihren Klienten gezeigt, wie sie mit anderen Menschen, insbesondere innerhalb einer engen Beziehung, die Rollen tauschen können. Diese Übungen sollen Ihnen helfen, die Gefühle und Ansichten der anderen Person besser zu verstehen. Sie werden, wenn sich zukünftig die Gelegenheit dazu bietet, die positiven Auswirkungen dieses

Rollentausches sehr schnell kennenlernen. Stellen Sie sich die drei vorhin schon genannten Fragen. Halten Sie dann einen Augenblick inne - und hören Sie sich Ihre Antworten an.

Wehren Sie die negative Energie anderer ab

Manchmal sind Situationen so schwierig und einseitig, daß es das Beste für Sie ist, Ihre eigene „gute" Einstellung vor dem Einfluß der *„schlechten"* Einstellung Ihres Gegenübers zu schützen.

Vielleicht haben Sie manchmal das Gefühl, vor einer Zielscheibe zu stehen, und jemand hält einen Bogen und Köcher voll Pfeilen in der Hand. Ob die Pfeile das Ziel treffen oder nicht, wird davon abhängen, was Sie sich in jenem Augenblick sagen. Die Pfeile sind auf Ihr *Bewußtsein* gerichtet. Ihre eigenen Selbst-Gespräche werden sie entweder abwehren oder sie treffen lassen.

Sie haben sicher auch schon erlebt, daß jemand einen schlechten Tag hatte und Sie zufällig die Person sind, an der die Frustrationen ausgelassen werden. Ich frage mich manchmal, wie oft wohl so mancher Streit, der nach einem Arbeitstag zuhause ausgetragen wird, wirklich aufgrund von verletzten Gefühlen entsteht, die sich im Laufe des Tages aufstauten, und welche überhaupt nichts mit den zwei Personen zu tun haben, die gerade streiten.

Negative, auf Sie gerichtete Energie, schlägt deshalb stärker ein, weil sie geladen ist mit Emotionen - und emotionale Eingaben führen zu stärkeren Programmen. Verhindern Sie, daß diese Gefühle ihr Ziel erreichen. Wehren Sie sie mit Ihren eigenen Selbst-Gesprächen ab.

Wenn Sie die negative Programmierung einer anderen Person bekämpfen, dann führen Sie einen Kampf mit negativen Energien. Wenn Sie verbal oder auch nur im stillen mit Ihren eigenen Gedanken zurückschlagen, rufen Sie lediglich mehr Ärger, mehr Angst, mehr Streß und mehr Unbehagen in sich selbst hervor.

Wappnen Sie sich stattdessen mit klaren, einfachen Selbst-Gesprächen, Formulierungen, die Ihr Bewußtsein anleiten, zu verhindern, daß verletzende, dumme oder unfreundliche Gedanken eindringen und Besitz ergreifen können. Bleiben Sie in Verbindung mit Ihrem *wirklichen* Selbst. Geben Sie sich die Anleitungen, die zu innerem Frieden führen - trotz des äußeren Unfriedens.

Sie ignorieren deshalb nicht die andere Person oder das Problem. Wenn Ihnen Menschen früher sagten, daß Sie die Worte oder die Haltung eines anderen Menschen einfach *ignorieren* sollten, berücksichtigten diese nicht, daß negative Energien, wenn sie nicht durch etwas anderes ersetzt werden, trotzdem ihren Weg in unser Inneres finden. Sie müssen außer Kraft gesetzt und durch etwas Besseres ersetzt werden.

Sagen Sie sich: *„Ich alleine bin für meine Gedanken verantwortlich. Die negativen Gedanken anderer dienen nur dazu, mir meine eigene gesunde Haltung zu vergegenwärtigen - und ich habe immer ein gutes Gefühl mir selbst gegenüber." Oder sagen Sie sich: „Auch das wird vorbeigehen, und nichts, was diese Person sagt, kann mich in irgendeiner Weise verletzen."*

Es kann nicht schaden, noch hinzuzufügen: *„Er reagiert nur aufgrund seiner Programmierung. Diese mag nicht besonders gut sein, doch er hat nun mal nur diese eine Programmierung."* Dadurch setzen Sie die andere Person nicht herab oder kritisieren sie. Es heißt lediglich, daß *Ihnen* bewußt ist, daß sie nur aufgrund der Programmierung handelt, die ihr Leben bestimmt.

Je mehr Sie sich angewöhnen, Selbst-Gespräche in vielen verschiedenen Situationen anzuwenden, umso öfter wird sich diese bestimmte Art von Selbst-Gespräch automatisch einstellen, wenn es die Situation verlangt.

Mit der negativen Haltung anderer umgehen

Nicht alle Probleme, die Sie mit anderen Menschen haben, sind darauf zurückzuführen, daß jemand etwas „Falsches" sagt oder Sie schlecht behandelt. Manchmal sind es einfach die *Einstellungen,* mit denen es schwierig ist, umzugehen.

Hin und wieder mag jemand eine niedergeschlagene oder deprimierte Einstellung an den Tag legen, - eine Einstellung, die generell negativ ist. Wenn Sie nicht aufpassen, kann dies (besonders, wenn die Person Ihnen nahesteht) auch in Ihnen einen *negativen Kreislauf* hervorrufen.

Er funktioniert folgendermaßen: Zuerst versuchen Sie die Haltung der anderen Person zu verändern. Sie ändert sich jedoch nicht, und deswegen fühlen Sie sich frustriert. Diese Frustration schlägt bald in Verärgerung um, die stärker wird. Je mehr Sie sich ärgern, desto mehr stört Sie die Einstellung der anderen Person, und schon beginnt der negative Kreislauf.

Haben Sie schon einmal jemanden gekannt, der Sie auf diese Weise beeinflußte? Es ist schwierig, aus diesem Teufelskreis wieder herauszukommen. Wenn Sie oder die andere Person nichts dagegen unternehmen, wird sich die Sache zunehmend verschlimmern, bis die Beziehung schließlich völlig zerbricht. Oder das Problem wird weiterhin im Raum stehen wie ein alter Topf voll geschmackloser Suppe, die auf kleiner Flamme vor sich hin kocht und hin und wieder durch einen Streit oder ein paar verkehrte Worte zum Brodeln gebracht wird.

Wenn Sie die Einstellung einer anderen Person stört, könnten Sie genausogut jetzt beschließen, daß es an *Ihnen* liegt, diesen Kreislauf zu durchbrechen. Wenn die Einstellung des anderen negativ genug ist, ist es unwahrscheinlich, daß seine momentane Konditionierung ihm helfen kann, das Problem selbst zu lösen.

Sie *können* jedoch *Ihre* eigene Einstellung ändern - und zwar sofort. Sie haben die nötigen Fähigkeiten und das Werkzeug, um sich vor einem negativen Kreislauf zu schützen, indem Sie sich weigern, ein Teil davon zu sein. Sie brauchen der anderen Person gegenüber kein Wort zu erwähnen. Treten Sie einfach aus dem Kreislauf heraus, gehen Sie ihm aus dem Weg. Wenn Sie das tun, verliert er seine Kraft.

Vergewissern Sie sich, daß nicht Sie das eigentliche Problem sind

Es gibt Zeiten, in denen das *eigentliche* Problem einfach darin besteht, daß Sie mit jemanden uneinig sind, weil er oder sie nicht das tut, was *Sie* wollen.

Wenn Sie lernen, Ihr eigenes Leben auf die *richtige* Weise zu bestimmen, werden Sie erkennen, daß niemand das Recht hat, über das Leben anderer zu verfügen. Es steht Ihnen nicht zu, andere Menschen zu verändern, nur damit sie *Ihren* Vorstellungen entsprechen. Vielleicht wünschen Sie sich aus irgendwelchen Gründen, daß die andere Person sich ändert. Doch die Entscheidung, ob sie sich ändern will, müssen Sie *ihr* überlassen.

Manche Menschen haben nur deshalb Schwierigkeiten mit jedem, weil sie die Verantwortung für das Verhalten anderer übernehmen wollen, nie jedoch für ihr eigenes.

Untersuchen Sie einmal Ihre Beziehungen zu anderen - die dauerhaften, die kurzen und auch die flüchtigen. Wenn Sie deshalb Probleme haben, weil andere sich weigern, ihre Denkweise oder ihr Verhalten zu ändern, nur um *Ihren Erwartungen* zu entsprechen, dann wissen Sie nun, was Sie als nächstes zu tun haben. Hören Sie auf damit. Hören Sie damit auf, andere Menschen zu verändern, nur damit sie Ihre Bedürfnisse erfüllen. Gestehen Sie ihnen das Recht zu, die Verantwortung für ihre eigenen Entscheidungen im Leben zu übernehmen. *Das heißt nicht, daß Sie sich der Verantwortung, anderen zu helfen, entledigen sollten.* Es ist jedoch ein großer Unterschied, ob Sie anderen *helfen*, oder ob Sie versuchen, ihr Leben zu bestimmen.

Die Verantwortung für uns zu übernehmen, ist die Basis jeder Selbstbestimmung. Warum sollten wir also einen anderen davon abhalten, auch von diesem Recht Gebrauch zu machen?

Statt Ihre Energie darauf zu verwenden, andere dazu zu bringen, das Leben mit *Ihren* Augen zu sehen, sollten Sie Ihre Energie lieber dazu nutzen, sich mit Ihrer *eigenen* Verantwortung auseinanderzusetzen. Wenn Sie versucht haben, jemand anderem die Verantwortung für sein eigenes Leben zu entreißen, haben Sie nun vielleicht das Bedürfnis, sich dafür zu entschuldigen. Es wird ihnen beiden helfen, und Sie werden dann auch wissen, daß Sie als Person, die sich *selbst bestimmt,* auf dem richtigen Weg sind.

Ein Teil Ihres Erfolges als Individuum wird immer davon abhängen, wie gut Sie Ihre Beziehungen zu anderen Menschen handhaben. In Ihren Beziehungen werden Ihre Selbst-Gespräche eine außerordentlich wichtige Rolle spielen. In jeder Situation, bei jedem Problem in jeder beliebigen Beziehung, *beeinflussen* Ihre Selbst-Gespräche, *wie diese Beziehung ausgeht.*

Wie in so vielen anderen wichtigen Bereichen unseres Lebens haben wir einen großen Einfluß auf die Entwicklung unserer Beziehungen - gleichgültig, wer zuerst das Problem gehabt haben mag. Die Selbst-Gespräche, die Sie und ich führen, entscheiden in hohem Maße darüber, welche Beziehung funktioniert und welche nicht.

14
Bisherige Erfahrungen mit dem Erlernen von Selbst-Gesprächen

Menschen fast jeden Alters und aus nahezu allen Schichten haben Selbst-Gespräche gelernt und angewendet. Wir haben herausgefunden, daß es bestimmte einfache Schritte oder Methoden gibt, die das Erlernen von Selbst-Gesprächen erleichtern. Durch Menschen wie Sie und ich, die Selbst-Gespräche bereits erprobt und eingesetzt haben, haben wir erfahren, wie man am besten vorgeht.

Der erste Schritt beim Erlernen von Selbst-Gesprächen besteht darin, sich nur ein Ziel zu setzen - am Anfang sollten Sie nur eine *einzige* Gewohnheit ändern. Statt zu viele Dinge gleichzeitig anzugehen, ist es besser, Ihren Blick auf ein Ziel zu richten, das Sie leicht und mit Sicherheit erreichen können. Wir haben die Erfahrung gemacht, daß das beste *erste* Ziel darin besteht, sich die *Gewohnheit* anzueignen, Selbst-Gespräche anzuwenden - zuerst bewußt, und dann mit der Zeit auch unbewußt.

Eignen Sie sich eine neue „Bestimmungs-Gewohnheit" an

Eine der wichtigsten Grundgewohnheiten nennt man die „Bestimmungs-Gewohnheit". Sie bringt alle anderen Gewohnheiten hervor und bestimmt sie. „Bestimmungs-Gewohnheiten" dienen nicht dazu, über andere Menschen zu bestimmen. Es sind Gewohnheiten, die man dazu verwendet, um sich selbst zu lenken. Die Stärkung dieser einen „Bestimmungs-Gewohnheit" - in diesem Fall ist es die Gewohnheit, Selbst-Gespräche zu verwenden - führt zu einer Änderung in den anderen Gewohnheiten. Schlechte Gewohnheiten werden in gute verändert, und Sie können neue Gewohnheiten nach Ihrer Wahl entwickeln.

Ihre „Bestimmungs-Gewohnheiten" sind Ihre internen Aufseher. Sie steuern und beeinflussen all Ihre anderen Gewohnheiten. Ohne sie können Sie hart an der Veränderung eines Verhaltens arbeiten, nur um dann festzustellen, daß Sie wieder in Ihre alten

Gewohnheiten zurückfallen.

In diesem Fall besteht das Problem darin, daß Sie nicht Ihre wesentlich mächtigere „Bestimmungs-Gewohnheit" geändert haben, die die weniger bedeutende Gewohnheit kontrollierte, die Sie gerade verändern wollten. Ihre „Bestimmungs-Gewohnheit" sagt: „Noch immer bin ich der Chef", und wenn es um Gewohnheiten geht, siegt diese Bestimmungs-Gewohnheit immer.

Unsere Gewohnheiten bestimmen unser Leben

Die Ziele, die Sie erreichen, sind die Resultate Ihrer gelernten Gewohnheiten. Wenn Sie sich in der Vergangenheit Ziele setzten und sie nicht erreichten, lag dies entweder daran, daß das Ziel unrealistisch war, oder daran, daß die *falschen* Gewohnheiten Sie daran hinderten, es zu erreichen - und die *richtigen* Gewohnheiten nicht vorhanden waren, um Sie vorwärtszutreiben.

Ich habe Menschen gekannt, die *von* der Selbst-Gesprächs-Methode hörten und sofort *Resultate* damit erzielen wollten. Sie wollten sofort jede größere und kleinere Gewohnheit oder Schwierigkeit in ihrem Leben ändern und jedes Ziel angehen, das sie sich jemals gesetzt hatten. Obwohl ihnen die Wirkweise der Selbst-Gespräche bekannt war, gelang es ihnen nicht, die gewünschten Veränderungen herbeizuführen.

Erstes Ziel: Machen Sie es sich zur Gewohnheit, Selbst-Gespräche zu führen

Schritt für Schritt vorzugehen ist bei jeder Art von Bemühung ein guter Rat, doch besonders dann, wenn Sie gerade beginnen, Selbst-Gespräche einzusetzen. Wenn Sie dieses Buch lesen, um etwas bestimmtes, ein gesetztes Ziel zu erreichen, dann wissen Sie bereits, worauf es Ihnen ankommt. Dieses Ziel sollte jedoch erst Ihr *zweites* Ziel sein, nicht Ihr erstes.

Ihr *erstes* Ziel sollte einfach darin bestehen, Selbst-Gespräche lange genug und auf die richtige Weise zu benutzen, damit sie zur Gewohnheit werden - zu einer Gewohnheit, die die anderen Gewohnheiten hervorruft, welche Ihr ganzes Handeln beeinflussen. Wenn Sie diesen so überaus wichtigen ersten Schritt bewältigen, wird es Ihnen nicht nur leichter fallen, sich Ihren anderen Zielen zu nähern, sondern sie werden sich vielleicht tatsächlich als *realisierbar* erweisen.

Beim Erlernen von Selbst-Gesprächen ist die bewußte Wiederholung sehr wichtig

Ich bin gefragt worden, ob es nötig ist, Selbst-Gespräche *auswendig zu lernen*, um sie im täglichen Leben anwenden und üben zu können. Es ist eigentlich nicht nötig, spezifische Formulierungen auswendig zu lernen. Manche Menschen haben noch unangenehme Erinnerungen an ihre Schulzeit und würden lieber alles andere tun, als auch nur einen einzigen weiteren Satz auswendig lernen.

Obwohl es *hilfreich* sein *kann*, hängt der Erfolg der Selbst-Gespräche nicht davon ab. Wenn dem so wäre, würde sich wahrscheinlich kaum jemand die Zeit nehmen, die Anwendung der Selbst-Gespräche richtig zu lernen. Sie werden jedoch feststellen, daß sich einige Ihrer Selbst-Gespräche trotzdem fest in Ihrer bewußten Gedächtnisbank einnisten werden - ob Sie sie nun auswendig lernen oder nicht.

Außer der Methode, ein paar gut gewählte Selbst-Gesprächs-Formeln als Ersatz für eine Neuprogrammierung auswendig zu lernen, die allein jedoch nicht funktioniert - gibt es auch noch andere Methoden, die sich zwar einfach anhören, aber genauso wirkungslos sind. Ich bin immer wieder von dem reichhaltigen Angebot „lebensverändernder" Lösungsvorschläge überrascht, die keiner Mühe und keines persönlichen Engagements bedürfen.

Die bewußte Programmierung ist die stärkste

In fast jeder Radiosendung, an der ich teilnehme, werde ich gefragt, ob wir unsere Programmierung durch „Subliminals" verändern können. Diese sogenannte unterschwellige Programmierung - die Methode der mühelosen „unbewußten Neuprogrammierung" anhand von Kassetten mit nicht hörbaren, versteckten Suggestionen - ist meines Wissens, sowohl psychologisch als auch physiologisch, eine der am *wenigsten* wirksamen

Methoden, um Veränderungen hervorzurufen.

Gleichgültig, was die Befürworter dieser Methode Sie auch glauben machen mögen, das menschliche Gehirn reagiert nicht auf Subliminals. Es *richtet sich nach dem stärksten,* eindringlichsten und am meisten energiegeladenen Programm, das Sie ihm *geben.* Würde unterschwelliges Programmieren funktionieren, wäre es ein leichter Weg, um etwas zu erreichen. *Doch so arbeitet das Gehirn nun einmal nicht.*

Das Gehirn ist dafür bestimmt, nach den dominantesten, den *stärksten* Programmen zu handeln, und nicht nach den sogenannten leisen Programmen oder Subliminals. Wenn Sie also möchten, daß sich Ihre *neuen* Programme durchsetzen, müssen Sie die höchstmögliche Aufmerksamkeit Ihres Bewußtseins und Ihres Unterbewußtseins gewinnen.

Der Schlüssel zur Selbstprogrammierung ist *bewußtes Wiederholen;* keine unbewußten, vagen oder versteckten Programme, sondern klare, neue und bewußte Selbstanleitungen. Wenn Sie Ihre Programmierung, Ihre eigenen Selbst-Gespräche, verändern möchten, müssen Sie dafür die *Verantwortung übernehmen.* Keine Subliminal-Kassette oder unterschwellige Nachricht, gleichgültig, wie häufig sie wiederholt werden, werden im Stande sein, diese Arbeit für *Sie* zu übernehmen.

Wenn Sie Ihre eigenen Selbstanleitungen verändern möchten, müssen Sie es selbst tun. Wenn Sie sich der Arbeitsweise Ihres Gehirns anpassen möchten, können Sie noch weitere praktische Schritte unternehmen.

Hören Sie auf Ihre eigenen unbewußten Selbst-Gespräche

Achten Sie im Laufe der nächsten Tage oder Wochen auf jede negative Bemerkung, die Sie sich *gegenüber* oder *über* sich machen. Nehmen Sie jedes Wort zur Kenntnis, was Sie sagen. Vielleicht möchten Sie die Worte sogar schriftlich festhalten.

Wenn Sie beispielsweise morgen früh mit sich kämpfen, aufzustehen, und sich bei der Bemerkung ertappen: „Ich habe überhaupt keine Lust aufzustehen", dann achten Sie auf Ihre laut ausgesprochenen oder nur gedachten Worte, und schreiben Sie sie auf. Machen Sie eine Notiz, wenn Sie sich im Verkehrsstau sagen hören: „Ich werde wieder zu spät kommen". Achten Sie darauf, was Sie sagen, wenn sich ein Problem ergibt; achten Sie den ganzen Tag über auf jeden einzelnen Kommentar. Wenn Sie sich etwas sagen hören, zu sich selbst oder zu anderen, was eventuell eine negative Selbstanleitung sein könnte, dann schreiben Sie es auf.

Wenn Sie drei Wochen lang versucht haben, Ihre Selbst-Gespräche zu überwachen, und wenn Sie Ihre negativen Selbstanleitungen ehrlich aufgeschrieben haben, dann sind Sie im Besitz einer kleinen Sammlung von Selbst-Gesprächen, die Sie in der Vergangenheit benutzt haben.

Sie sollten sich deshalb so aufmerksam zuhören, damit Sie leichter erkennen können, was unter der Oberfläche Ihrer *bewußten* Selbst-Gespräche vor sich geht. Wie bereits erwähnt: Auf jede einzelne falsche Behauptung, bei der wir uns ertappen, kommen buchstäblich Tausende von weiteren, ähnlich falschen Anleitungen, die in unserem Unterbewußtsein aktiv arbeiten.

Verwenden Sie Selbst-Gesprächs-Texte

Die beste Methode, um sich daran zu gewöhnen, die richtigen Worte zu gebrauchen, ist die Verwendung eines Übungstextes, der aus mehreren Selbst-Gesprächs-Formeln, wie sie im Teil II dieses Buches aufgeführt sind, besteht. Dieser Text befaßt sich mit einem bestimmten Ziel, das Sie erreichen möchten.

Wenn Sie gerade erst beginnen, Selbst-Gespräche einzusetzen, sollten Sie einen Text zu einem Thema wählen, das Ihnen wichtig ist. Er wird Ihr erster vollständiger Übungstext sein, der Sie die nächsten Wochen begleiten wird; Sie sollten sich intensiv damit befassen.

Wenn Sie mit diesem ersten Text arbeiten, werden Sie nicht nur die *Anwendung* von Selbst-Gesprächen üben, sondern Ihr Unterbewußtsein wird auch mit Selbst-Gesprächen umgehen lernen. Eine der gebräuchlichsten Methoden ist die, die einzelnen Formeln, die Sie entweder diesem Buch entnehmen oder selbst formuliert haben, auf Karteikarten zu schreiben.

Über die nächsten Wochen sollten diese Selbst-Gesprächs-Karten zu einem Ihrer engsten Freunde werden. Tragen Sie sie immer bei sich, im Geldbeutel, in der Tasche, im Auto und legen Sie sie nachts neben Ihr Bett.

Ändern Sie „Ich bin" in „Du bist" um

Sämtliche Selbst-Gesprächs-Formeln in Teil II dieses Buches sind als einzelne oder zusammengehörige Feststellungen in der ersten Person, der *Ich-Form*, formuliert. Wenn Sie mit diesen Sätzen üben, sollten Sie von Zeit zu Zeit die Formulierung „Ich bin..." durch die Anrede „*Du* bist...." ersetzen.

Eine typische Gruppe von Feststellungen in Teil II klingt z.B. folgendermaßen: *„Ich habe klare Gedanken. Ich habe den Überblick. Ich habe mich und mein Leben im Griff. Ich übernehme die Verantwortung für mich!"*

Ihr Unterbewußtsein wird diese Worte akzeptieren, allerdings auf eine andere Art, als wenn Sie die gleichen Feststellungen mit *„Du"* statt mit *„Ich"* wiederholen. Sie würden dann folgendermaßen klingen: *„Du hast klare Gedanken. Du hast den Überblick. Du hast dich und dein Leben im Griff. Du übernimmst die Verantwortung für dich."*

Die Feststellungen sind sowohl „von" Ihnen (Ich-Form) als auch „für" Sie (Du-Form). Sie sollten die Selbst-Gespräche deshalb in der „Du" Form wiederholen, weil wir anders auf Informationen reagieren, die von anderen kommen. Wir neigen beispielsweise dazu, die motivierenden oder ermutigenden Worte einer kompetenten Person anzunehmen, weil das unser Bedürfnis nach Bestätigung von außen befriedigt.

Wenn Sie zu sich sprechen, als spräche eine außenstehende Person zu Ihnen, werden Sie sozusagen Ihr eigener „Trainer" oder „Förderer". Sie sprechen zu sich, als würde jemand anderes Ihnen die Bestätigung geben und Sie ermutigen.

Auf den Selbst-Gesprächs-Kassetten, die ich veröffentlicht habe, werden die „Ich bin ...-Form" und die „Du bist ... -Form" verwendet. Zuerst werden die spezifischen Formeln dreimal hintereinander in der ersten Person wiederholt. Nachdem alle einzelnen Feststellungen wiederholt wurden, wird die gesamte Gruppe von ungefähr 15 Feststellungen zweimal wiederholt - einmal mit „Ich", dann mit „Du".

Die eigentlichen Selbst-Gespräche sehen dann folgendermaßen aus. Wir werden den Text „Selbstachtung aufbauen" als Beispiel benutzen, den Sie in Kapitel 18 dieses Buches finden.

Selbst-Gespräche zum Aufbau der Selbstachtung

Ich bin wirklich etwas ganz Besonderes. Ich mag mich so, wie ich bin, und fühle mich gut.

Obwohl ich mich ständig zu verbessern versuche und täglich besser werde, mag ich mich auch so, wie ich heute bin. Morgen, wenn ich mich noch mehr verbessert habe, werde ich mich auch mögen.

Auf der ganzen Welt gibt es tatsächlich niemanden, der so ist wie ich. Es hat niemanden wie mich je zuvor gegeben, und es wird auch nie mehr so jemanden geben!

Ich bin einzigartig vom Scheitel bis zur Sohle. In mancher Hinsicht mag ich vielleicht wie andere aussehen, klingen oder handeln, doch ich bin nicht sie. Ich bin ich selbst.

Ich wollte etwas ganz Besonderes sein. Jetzt weiß ich, daß ich es bin. Ich möchte niemand anders sein.

Ich mag meine Gefühle, meine Gedanken und meine Art, wie ich Dinge angehe. Ich akzeptiere mich und erkenne an, wie ich bin.

Ich besitze viele wunderbare Qualitäten. Ich habe Talente, Fertigkeiten und Fähigkeiten. Ich habe sogar Talente, von denen ich noch gar nichts weiß. Ich entdecke ständig neue in mir.

Ich bin positiv! Ich bin zuversichtlich! Ich habe eine gute Ausstrahlung! Wenn du genau hinsiehst, kannst du meine Ausstrahlung sogar erkennen.

Ich bin voller Leben. Ich mag das Leben und bin froh, am Leben zu sein. Ich bin ein ganz besonderer Mensch, der zu einer ganz besonderen Zeit lebt.

Ich bin intelligent. Mein Bewußtsein ist schnell, wachsam, klug und humorvoll. Ich habe gute Gedanken und mein Bewußtsein sorgt dafür, daß sich die Dinge in meinem Leben gut entwickeln.

Ich bin voller Engerie, Begeisterung und Lebenskraft.

Ich bin aufregend. Es macht Spaß, ich selbst zu sein. Ich bin gerne mit anderen Menschen zusammen und andere gerne mit mir. Sie haben Interesse an dem, was ich sage und denke.

Ich lächle oft. Ich bin innerlich und äußerlich fröhlich.

Ich weiß mein Glück, die Dinge, die ich lerne, und alles, was ich je lernen werde, zu schätzen, solange ich nur am Leben bin.

Ich bin herzlich, ernsthaft, ehrlich und natürlich! Ich bin all das und noch vieles mehr. All das gehört zu mir. Ich mag mich, so wie ich bin. Ich bin froh darüber, ich selbst zu sein.

Dies sind hervorragende Selbst-Gesprächs-Formulierungen. Sie sind wahr, möglicherweise wahr für jeden, der sie liest, anhört und sie zu einem ständigen Bestandteil seines inneren Programms macht. Wählen Sie nun ein paar dieser Sätze aus und tauschen Sie das *„ich"* gegen das *„Du"* aus. Lesen Sie die Sätze, als hörten Sie jemand anderem zu, der zu Ihnen spricht.

Lesen Sie diese Gruppe von Sätzen wenn möglich laut vor, am besten, während Sie in den Spiegel schauen. *Lesen Sie den Text fließend und mit Nachdruck.* Es sind neue, aufmunternde Worte von Ihnen selbst an Sie selbst.

Du bist wirklich etwas ganz Besonderes! Auf dieser Welt gibt es tatsächlich niemanden, der so ist wie Du. Es hat niemanden wie Dich je zuvor gegeben, und es wird auch nie mehr jemanden wie Dich geben! Du besitzt viele wunderbare Qualitäten. Du hast Talente, Fertigkeiten und Fähigkeiten. Du hast sogar Talente, von denen Du noch gar nichts weißt.

Du bist positiv! Du bist zuversichtlich! Du hast eine gute Ausstrahlung! Du bist ein ganz besonderer Mensch, der zu einer ganz besonderen Zeit lebt. Du bist intelligent. Dein Bewußtsein ist schnell, wachsam, klug und humorvoll. Du hast gute Gedanken. Dein Bewußtsein sorgt dafür, daß sich die Dinge in Deinem Leben gut entwickeln. Du bist voller Energie, Begeisterung und Lebenskraft.

Du bist gerne mit anderen Menschen zusammen und andere gerne mit Dir. Sie haben Interesse an dem, was Du sagst und denkst. Du bist herzlich, ernsthaft, ehrlich und natürlich. Du bist all das, und noch vieles mehr.

Diese Art von Selbst-Gesprächen mag ich am meisten, denn sie kann inspirierend sein und die Stimmung heben, - besonders wenn Sie sie an Tagen, an denen nichts zu klappen scheint und Sie eine gute Dosis Ermutigung gebrauchen können, laut vorlesen oder auf der Kassette anhören. Auch wenn es Selbst-Gespräche sind, von Ihnen selbst an Sie selbst, sind es manchmal doch genau die Worte, die andere Menschen, die Ihnen etwas bedeuten, auch gerne über *sich* hören würden.

Lesen Sie Ihre eigenen Selbst-Gespräche oder hören Sie sie an

Wenn Sie gerade beginnen, Selbst-Gespräche zu erlernen, oder auch, wenn Sie sie später weiter anwenden, möchten Sie vielleicht einen Kassettenrekorder in die Arbeit einbeziehen.

Sämtliche Selbst-Gesprächs-Texte dieses Buches können Sie oder ein Freund zuhause auf Band sprechen. Schreiben Sie jede Formel auf ein Kärtchen - einen Satz pro Karte - und benutzen und lesen Sie diese Kärtchen, wenn Sie keine Möglichkeit haben, die Kassette zu hören.

So leicht es auch sein mag, damit zu beginnen, Selbst-Gespräche zu erlernen, wird es doch nicht von alleine geschehen. Ich erinnere mich an einen Mann, der mir erzählte, daß die Kassetten, die er zum Schlankwerden benutzen wollte, bei ihm keine Wirkung erzielten. Als ich ihn fragte, wie er die Kassetten benutzt hatte, zu welcher Tageszeit und wie oft er sie gehört hatte, antwortete er: „Nun, um die Wahrheit zu sagen, ich habe sie noch gar nicht gehört."

Weder Kassetten, noch dieses Buch oder irgendein anderes können Ihnen in irgendeiner Weise dienen, wenn sie nur im Regal liegen. Sie erinnern Sie höchstens daran, was Sie hätten tun können oder hätten tun sollen, wenn Sie sich nur Zeit genommen, den Entschluß gefaßt und endlich begonnen hätten.

Selbst-Gespräche: ein normaler Bestandteil Ihres Alltags

Die wirkungsvollste Methode, um sich an Selbst-Gespräche zu gewöhnen, ist die, sie zu einem ganz *normalen* Bestandteil Ihres Tages zu machen. Während der ersten Wochen und immer dann, wenn Sie etwas Unterstützung brauchen, sollten Sie beispielsweise sämtliche Selbst-Gesprächs-Anleitungen jeden Morgen entweder laut oder leise durchlesen und jede Anleitung dreimal hintereinander wiederholen, bevor Sie zur nächsten übergehen, oder Sie sollten sich täglich die ganze Kassette ein- oder zweimal anhören.

Nachts wiederholen Sie das Ganze, am besten kurz vor dem Einschlafen. Geben Sie Ihr Bestes, um dieses tägliche Selbst-Gesprächs-Programm *mindestens drei oder vier Wochen* lang durchzuführen - oder auch länger, wenn es noch nicht zu einem natürlichen Bestandteil zu werden beginnt. Dafür gibt es einen trifftigen Grund. Wir haben herausgefunden, daß das Unterbewußtsein eine bestimmte *Mindestzeit* braucht, um sein Speichersystem durchzugehen und uns neue Anleitungen anhand dieses neuen Programms, das zuerst gut sitzen muß, zu geben.

Diese Mindestzeit ist je nach Programm und von Mensch zu Mensch verschieden. Wie lange Sie brauchen, bis Ihre eigenen Selbst-Gespräche zur Gewohnheit werden, wird von Ihnen und der Situation abhängen, mit der Sie sich befassen. Sie werden merken, ob Sie sich zu wenig oder zu viel Zeit geben, um das neue Programm zu akzeptieren und danach zu handeln.

Der Zeitraum ist sehr wichtig. Auch der Fleiß ist ausschlaggebend, mit dem Sie den Selbst-Gesprächs-Text mindestens einmal jeden Morgen und einmal jeden Abend wiederholen - besonders, wenn Sie gerade am Anfang stehen.

Manche Menschen stellen fest, daß ihnen dieses „Einleitungs"-

Programm von Anfang an so viel Spaß macht, daß sie, sobald das erste Programm beendet ist, sofort weitere Selbst-Gesprächs-Formeln aussuchen und ein neues Programm beginnen. Diese Einleitungsmethode kann jederzeit und aus beliebigen Gründen eingesetzt werden. Sie bewirkt, daß eine riesige Menge neuer Selbstanleitungen gleichzeitig unser *Bewußtsein* und unser *Unterbewußtsein* erreichen kann.

Wann und wo Sie üben können

Selbst-Gespräche können in der einen oder anderen Form fast überall und jederzeit geübt werden. Doch um die Anwendung zur Gewohnheit zu machen, müssen Sie zuerst die Gelegenheit zum Üben schaffen. Wenn Sie sich angewöhnen, sie jeden Tag zu benutzen, ist Ihre Chance größer, daß Sie lange genug am Ball bleiben, um eine Wirkung zu erzielen. Einige der günstigsten Zeiten und Orte zum Üben von Selbst-Gesprächen sind:

1. Unmittelbar nach dem Aufwachen
2. Beim Autofahren oder als Beifahrer auf dem Weg zur Arbeit
3. Während Sie Sport treiben
4. Beim Spazierengehen, Joggen oder Radfahren
5. Beim Meditieren
6. Während Sie sich ausruhen oder entspannen
7. In einer Gruppe, zuhause, bei der Arbeit, in der Schule oder Kirche
8. Abends kurz vor dem Einschlafen

Gleichgültig, wann und wie die tägliche Übung der Selbst-Gespräche auch immer am besten für Sie paßt, beachten Sie die Bedeutung des Wiederholens. Machen Sie es nicht wie der Mann, der sagte, er erreiche sein Ziel nicht, weil er noch gar nicht angefangen hatte. Wenn Sie möchten, daß die Methode funktioniert, wenn Sie Ihr erstes Ziel erreichen wollen, nämlich die Selbst-Gespräche zur Gewohnheit zu machen, müssen Sie auch etwas dafür tun.

Eine der wichtigsten Gewohnheiten der Selbstbestimmung, die Sie je entwickeln werden

Jedesmal, wenn Sie Selbst-Gespräche üben, schaffen Sie eine neue Gewohnheit, sich selbst zu bestimmen. Sie wird sich eines Tages, nach nicht allzu langer Zeit verselbständigen und das Ziel *eigenständig* verfolgen. Der Sinn, Selbst-Gespräche zur *Gewohnheit* zu machen, besteht darin, daß sich Ihre eigenen Selbst-Gespräche mit der Zeit natürlich und automatisch ergeben und zu einem ganz normalen Bestandteil Ihres Denkens und Ihrer eigenen Anleitungen werden.

Die Selbst-Gespräche sind eine Methode, mit der diese Gewohnheit, sich selbst zu bestimmen, besonders stark ausgeprägt werden kann. Sie wird deshalb jede Ihrer weiteren Gewohnheiten *beeinflussen, steuern, hervorrufen oder beherrschen.*

In einem früheren Kapitel sprachen wir bereits über mehrere Besonderheiten oder Gesetzmäßigkeiten, die das Unterbewußtsein *bestimmen.* Eine lautete folgendermaßen: *Die Stärke des Programms hängt davon ab, wie oft die gleiche oder ähnliche Information vorgegeben wurde.*

Deshalb trainieren wir Selbst-Gespräche. Deshalb merken wir während dieser ersten Wochen, ob sie geeignet sind. Wir schaffen einen neuen Anfang. Um unsere anderen Gewohnheiten zu verändern oder eine neue Richtung einzuschlagen, müssen wir zuerst die *Gewohnheit* ändern, uns mit unseren früheren Selbst-Gesprächen auf die falsche Art zu programmieren.

Wenn wir die Gewohnheit der Selbst-Gespräche richtig entwickeln, fangen wir an, unsere alten Programme, die nicht nur unsere anderen Gewohnheiten unterdrückten und beherrschten sondern auch alles andere in uns, zu verändern.

Ein lebenslanges Ziel

Um die Programme zu verändern, die sich im Laufe unseres Lebens angesammelt haben, brauchen wir mehr als nur ein paar Wochen. Wenn Sie die Veränderung jedoch schaffen wollen, wird Sie die tägliche Anwendung der richtigen Selbst-Gespräche auf den richtigen Weg führen.

Achten Sie auf Ihre eigenen Selbst-Gespräche. Schreiben Sie sie auf oder machen Sie sich eine innere Notiz. Formulieren Sie sie um. Wählen Sie einen passenden Selbst-Gesprächs-Text und arbeiten Sie mit ihm. Nehmen Sie die Texte auf Kassette auf. Entwerfen Sie Ihre eigenen Selbst-Gespräche. Machen Sie sich bewußt, was Sie jetzt zu sich sagen, und halten Sie es fest.

Für viele Menschen wird das Benutzen von Selbstanleitungen zu einem Ziel, das sie ihr Leben lang verfolgen. Die Vorstellung, jeden Tag ihres Lebens für die eigenen Selbstanleitungen verantwortlich zu sein, wird zu einer aufregenden und lohnenswerten Angelegenheit. Wenn Sie das Beste aus Ihrem Leben machen wollen, dann sind die paar Wochen, in denen Sie lernen, mit sich selbst anders zu sprechen, eine Kleinigkeit.

Wenn Sie beginnen, Selbst-Gespräche anzuwenden, werden Sie wie viele andere feststellen, daß diese erste Maßnahme - die ersten Wochen und Monate, in denen Sie die neuen Selbstanleitungen übten und in Ihrem Leben anwendeten - Ihnen lediglich die Tür öffnete. Wenn Sie nach den ersten Wochen weitermachen, werden Sie hinter dieser Tür ein aufregendes neues Bild von Ihrer Zukunft sehen und eine sehr realistische praktische Lösung dafür, wie Sie es verwirklichen können.

Wenn Sie mich fragen würden: „Wenn ich das wirklich erreichen wollte, was ich mir von diesem Leben erhoffe, was wäre dann die *eine* Sache, die ich wirklich tun könnte?" gäbe ich Ihnen eine einfache Anwort. Bevor ich Ihnen raten würde, sich Ziele zu setzen und Biographien erfolgreicher Menschen oder gängige Theorien über Selbstverbesserung zu lesen, würde ich Ihnen vorschlagen, daß Sie *beginnen*, sich selbst zu *bestimmen.*

Ich würde Sie bitten, diese letzten paar Seiten zu lesen, die Ihnen einige Möglichkeiten aufzeigen, wie Sie mit dem Einsatz von Selbst-Gesprächen beginnen und die Ratschläge befolgen können. Wenn Sie damit nach drei oder vier Wochen fertig wären, würde ich vorschlagen, daß Sie noch einmal von vorne anfangen.

15
Die Selbst-Gespräche bei sich zuhause

Es ist interessant, wie häufig Selbst-Gespräche zuerst nur von einem Familienmitglied eingesetzt werden und dann kurze Zeit später auch von den anderen. In vielen Briefen wird mir erzählt, daß zuerst gewöhnlich ein Elternteil mit dem Einsatz von Selbst-Gesprächen begann (aus Gründen, die nichts mit dem Familienleben zu tun hatten) und schließlich die ganze Familie sie anwandte.

Interessanterweise geht aus diesen Briefen hervor, daß der Rest der Familie dazu neigt, die Selbst-Gespräche zu übernehmen, ohne daß es einer Ermutigung von seiten der Person bedarf, die damit begann. Wenn man beobachtet, wie ein nahestehender Mensch sein Leben zu bestimmen beginnt, will man natürlich mehr über seine Methoden herausfinden.

Mir sind Familien bekannt, die regelmäßige Treffen abhalten, in denen Selbst-Gespräche geübt werden. Die Familie sitzt beisammen, liest Selbst-Gespräche laut vor oder hört die selbstbesprochenen Kassetten an. Jeder schreibt seine eigenen Selbst-Gespräche auf und spricht über ihre Wirkung. Diese Sitzungen führen oft dazu, daß sich die Familie und die einzelnen Mitglieder neue Ziele setzen. Wenn eine Familie als Gruppe Selbst-Gespräche einsetzt und sie bespricht, lernt sie, persönlich bessere Gewohnheiten und Eigenschaften zu erkennen und ein besseres Selbstwertgefühl aufzubauen.

Die meisten von uns könnten aus dieser Art von stärkenden Selbst-Gesprächen und der Einigkeit, die durch sie entsteht, einen Nutzen ziehen. Wir alle haben einen Nutzen davon, Gutes über uns und die andern Familienmitglieder, mit denen wir leben, zu hören.

Gute Ideen im Hintergrund

Manche Familien lassen, wenn sie sich morgens fertig machen und frühstücken, oder wenn sie tagsüber ihrer Beschäftigung nachgehen, im Hintergrund Kassetten mit Selbst-Gesprächen laufen.

Wenn Selbst-Gespräche zuhause benutzt werden, ist es z.B. keine Seltenheit, daß sogar ein kleines Kind von vier oder fünf Jahren bemerkt, wenn jemand eine *negative* Bemerkung macht.

Eine Mutter erzählte mir von ihrem Sohn Kevin, der immer die Kassetten mithörte, die sie und ihr Mann sich zwei Wochen lang jeden Morgen anhörten. Kevin hatte seine Eltern öfter über Selbst-Gespräche diskutieren hören. Sie hatten ihm jedoch noch nicht gesagt, worum es bei diesen Selbst-Gesprächen ging, und warum sie sie praktizierten. Eines Morgens, als die Mutter auf dem Weg zur Arbeit aus der Tür stürmte, sagte sie: „Ich habe das Gefühl, das wird wieder ein Tag werden!" „Was meinst du mit <Das wird wieder ein Tag werden>?" fragte Kevin. Seine Mutter anwortete: „Es wird ein *schlechter* Tag werden." Die tiefsinnige Antwort ihres 5-jährigen Jungen ließ sie innehalten: „Wenn du es sagst, wird es auch so werden."

Es ist ein gutes Zeichen, wenn ein kleines Kind beim Zuhören negative Selbst-Gespräche erkennt. Dadurch wissen wir, daß es begriffen hat, worum es geht; daß es sich seiner *eigenen* Selbst-Gespräche bewußt ist und auch bewußt die falschen Worte durch bessere ersetzt.

Selbst-Gespräche zuhause anwenden

Ich habe viele hervorragende Vorschläge von Menschen erhalten, die sich damit beschäftigten, Selbst-Gespräche in vielen Abwandlungen zuhause anzuwenden.

Einige dieser Ideen mögen vielleicht für Sie oder Ihre Familie nicht unbedingt geeignet sein. Doch ein paar Vorschläge, die bei anderen funktioniert haben, sollten auch bei Ihnen wirken. Die Ideen sind einige der besten, die ich fand, um die Beziehungen innerhalb der Familie verbessern. Sie sind außergewöhnlich gute Methoden dafür, Zusammenhalt und Einigkeit innerhalb einer Familie zu fördern.

1. Planen Sie jede Woche einen Abend ein, um eine Stunde zusammen mit allen Familienmitgliedern zu verbringen, in der über

ihre Ziele und die Wirkung der Selbst-Gespräche gesprochen wird.
2. Setzen Sie sich mit jedem einzelnen Familienmitglied zusammen und besprechen Sie sein momentanes Problem, und welche Art von Selbst-Gesprächen es benutzen sollte, um damit umzugehen.
3. Hören Sie sich einmal in der Woche als Gruppe Selbst-Gespräche an, entweder indem Sie eine Kassette anhören oder sich die Karten vorlesen, die die einzelnen Familienmitglieder ausgefüllt haben.
4. Besprechen Sie alte Einstellungen, und schreiben Sie neue Selbst-Gespräche auf, die sie ersetzen sollen.
5. Geben Sie für die besten Selbst-Gespräche, die ein Familienmitglied formuliert hat, eine kleine Auszeichnung. Achten Sie darauf, daß jede Person, besonders die Kinder, irgendeine Belohnung für ihre Bemühungen erhält.
6. Setzen Sie sich einige Ziele als Familie. Schreiben Sie Selbst-Gesprächs-Formeln auf, die alle Mitglieder benutzen können, um dieses Ziel zu erreichen.
7. Spielen Sie das „Was soll ich sagen?"-Spiel, bei dem jedes Familienmitglied abwechselnd eine negative Feststellung in eine positive umwandeln muß.
8. Wählen Sie jede Woche einen Tag aus, an dem niemand etwas Negatives sagen darf. Für jeden Ausrutscher muß eine kleine Aufgabe übernommen werden.
9. Mutter und Vater, bzw. Vater oder Mutter, falls nur ein Elternteil da ist, sagen an einem Tag pro Woche nur Gutes über jedes einzelne Kind. (Ich erhielt noch keine Vorschläge, was bei mehr als sieben Kindern getan werden sollte).
10. Wenn Ihr Haushalt nur aus zwei Personen besteht, Sie vielleicht verheiratet sind oder mit jemanden zusammenwohnen, der Ihnen besonders nahesteht, sollte jede Person einmal im Monat eine Woche lang eine Liste über die 10 besten Seiten der anderen Person führen und sie ihr laut vorlesen.
11. Geben Sie dem Familienmitglied, das den Satz „Ich mag mich, weil ..." mit der besten Begründung vervollständigen kann, einen besonderen Preis. Auch hier gilt: Jede gute Antwort sollte in irgendeiner Form belohnt werden.
12. Jedes Familienmitglied erhält eine Karte an der Pinnwand, auf der sein Name steht und die Worte: „Ich bin ...". Außerdem

bekommt es Karten, auf denen positive Beschreibungen seiner Person stehen wie z.B. „Ich bin ... immer pünktlich, klug, ein fröhlicher Mensch, ordentlich, werde in Mathe immer besser" etc., die dann mit Reißnägeln unter dem Namen befestigt werden.

Die oben genannten Vorschläge vermitteln Ihnen vielleicht die eine oder andere Idee. Jetzt im Augenblick gibt es Ehemänner, Ehefrauen, Eltern, Großeltern, Freunde, Freundinnen und neue Bekannte, die ihre eigenen Methoden, wie sie Selbst-Gespräche lernen oder anderen vermitteln können, entwickeln.

Ihre Techniken mögen zwar verschieden sein, doch ihr Ziel ist das gleiche: Sie möchten sich und anderen behilflich sein, ein besseres Gefühl für ihr wahres Selbst zu entwickeln. Wenn wir etwas über Selbstbestimmung erfahren, ist es natürlich, daß wir andere auch daran teilhaben lassen wollen.

Dieses Bewußtsein aller Familienmitglieder, das sich entwickelt, wenn Selbst-Gespräche zum normalen Bestandteil des Alltags werden, beginnt, die Art, miteinander zu sprechen, zu beeinflussen und zu verändern. Es verändert den Umgang mit Unstimmigkeiten und Problemen; es beeinflußt die Art, wie sich die einzelnen Personen in nahezu jeder Situation zueinander verhalten.

Die Eltern sind natürlich meistens die ersten, die die mögliche Wirkung ihrer Worte auf ihre Kinder erkennen. Sobald ihnen einmal bewußt ist, daß alles, was sie zu anderen sagen, ganz besonders zu Kindern, die betreffende Person auf eine Art programmiert, die ihre ganze Zukunft beeinflussen könnte, werden sie schnell dazu übergehen, die alten Programme, die sie ihnen bisher vermittelten, zu verändern.

Wenn Sie die Ergebnisse verstehen, die durch Ihre eigenen Selbst-Gespräche bewirkt werden, werden Sie langsam begreifen, daß es eine falsche und eine *richtige* Art gibt, mit anderen zu sprechen. Dieses Wissen kann zu unmittelbaren und auch zu langfristigen Vorteilen in Ihrem Zuhause führen.

Schaffen Sie bei sich zuhause eine Atmosphäre, die durch Selbst-Gespräche geprägt ist

Wenn Selbst-Gespräche innerhalb der Familie besprochen und praktiziert werden, gehen auch die Selbst-Gespräche an die Arbeit und bewirken positive Ergebnisse für denjenigen, der sie benutzt. Doch sie verändern auch die *Atmosphäre* in Ihrem Zuhause. Ich habe Menschen gesehen, deren Zuhause ein einziges Chaos war, eine Atmosphäre geprägt von ständigen Streitereien und Unstimmigkeiten, gefühlsmäßigen Überreaktionen und den üblichen altbekannten Verhaltensweisen, die garantiert zu Streß und Spannung führen.

Durch bessere Selbst-Gespräche verändert sich manchmal eine solche Atmosphäre. Die Familienmitglieder werden freundlicher, sind eher bereit, zuzuhören und Lösungen zu finden, und gehen die täglichen Probleme und Situationen positiver an.

Der Gebrauch von Selbst-Gesprächen im eigenen Heim, auch wenn alle Familienmitglieder voller Begeisterung mitmachen, wird jedoch nicht dazu führen, daß das Familienleben urplötzlich zu einem utopischen, problemfreien Ort des Friedens wird. Das Leben wird uns weiterhin eine Reihe von Überraschungen und Problemen bescheren, mit denen wir uns auseinandersetzen müssen. Doch die Selbst-Gespräche beeinflussen die *Art und Weise,* wie wir mit diesen alltäglichen Ereignissen umgehen.

Wenn wir als Familienmitglieder beginnen, jeden Tag auf die gleiche neue Art anzugehen, können wir mit Selbst-Gesprächen eine Umgebung schaffen, die das gemeinsame Arbeiten an der Lösung der Probleme fördert. Wir ignorieren die Probleme nicht. Wir stecken den Kopf nicht in den Sand und tun, als seien die Probleme nicht vorhanden. Wenn wir und jeder, der sonst noch im Hause lebt, langsam die Verantwortung dafür übernehmen, nach Lösungen zu suchen, dann wird unser *Zuhause* zu einem besseren Heim.

Wenn Sie an dieser Verbesserung arbeiten, sind Selbst-Gespräche sicher nicht die einzige Lösung. Doch weil Selbst-Gespräche das Beste in Ihnen fördern und andere auf ähnliche Weise motivieren, helfen sie Ihnen, eine Denk- und Vorgehensweise und eine Art, mit anderen umzugehen, zu entwickeln, von der alle einen Nutzen haben. Sie erhalten dadurch eine größere Chance, das zu erreichen, wofür Sie Ihr Zuhause überhaupt ursprünglich geschaffen haben.

Stellen Sie sich vor, Sie geben Ihren Liebsten die Geschenke der Selbstachtung, des Selbstvertrauens und der persönlichen Verantwortung. Können Sie ermessen, was für eine Bedeutung diese Gaben für ein Kind haben können, das eines Tages in der Lage sein muß, ja oder nein zu sagen, auf eigenen Füßen stehen oder sich irgendwelchen Gruppenzwängen beugen muß?

Stellen Sie sich vor, Sie schenken einem geliebten Menschen etwas, das ihm hilft, mit sich zufriedener zu sein, bessere Entscheidungen zu treffen, und Ihnen und anderen mehr Akzeptanz und Verständnis entgegenzubringen und Entscheidungen zu treffen, die sich auf ihr *gemeinsames* Leben so günstig wie möglich auswirken könnten.

Je mehr ich über Selbst-Gespräche erfahre, desto stärker ist meine Überzeugung geworden, daß sie das beste Geschenk sind, das wir uns je machen können. Je öfter ich die Wirkung sehe, die Selbst-Gespräche auf Familie und Zuhause haben, desto mehr glaube ich, daß sie das wichtigste Geschenk sind, das wir den Menschen, die uns am meisten bedeuten, geben können.

16
Die Wirkung der Wörter

Der zweite Teil des Buches besteht aus einer Sammlung der besten und wirkungsvollsten Selbst-Gesprächs-Formeln. Gleichgültig, ob Sie sie nun lesen, auf einer Kassette anhören oder in irgendeiner anderen Weise verwenden, vergessen Sie bitte nicht, daß die Worte der Selbst-Gespräche nur die Funken sind, die das Feuer entfachen. Benutzen Sie die Worte, um sich zu einem guten Start zu verhelfen, und lassen Sie sich von ihnen aufbauen. Lassen Sie sich durch sie zur Veränderung herausfordern, wenn Sie sich verändern möchten. Benutzen Sie sie, um Besseres zu leisten, wenn Sie Besseres leisten möchten.

Niemand anders wird Ihre Lebensgeschichte für Sie schreiben. Sie allein sind verantwortlich dafür, wer Sie sind, was Sie sein werden, und was Sie mit Ihrem restlichen Leben tun werden.

Wir sind Geschöpfe, die von Worten leben. Sie lösen viele unserer Gefühle aus, sagen uns, wo wir uns befinden. Durch sie erfahren wir fast alles, was wir von uns wissen. Viel zu oft glaubten wir, daß Wörter nichts weiter als Satzteile wären, die in Büchern niedergeschrieben waren oder von uns ausgesprochen wurden - Gedankenteile, zu Gruppen formiert und über die Schriftzeichen des Alphabets definiert, das unseren Gedanken Inhalt und Struktur verleiht.

Doch mit jedem Wort, das Sie und ich je hören, denken, schreiben oder aussprechen werden, wird auch ein Bild und eine Bedeutung verbunden sein, die die Programmbanken unseres Unterbewußtseins informieren und anregen. Wir sind von unseren Wörtern beeinflußt, *von jedem einzelnen.* Unsere Wörter tragen den lebensspendenden Atem des Bewußtseins in sich, der durch unseren Geist strömt. Sie sind die Essenz unseres Begreifens und unentbehrlich auf unserem Weg durch das Leben. Unsere Selbst-Gespräche sagen uns, wer wir sind, wie wir fühlen, und wie wir mit jedem Augenblick unseres Lebens umgehen sollen.

Nicht auf die Wörter selbst kommt es an, sondern auf das neue Bild, das sie vermitteln

Wir haben festgestellt, daß trotz der großen Bedeutung der Worte, die wir verwenden, wenn wir zu uns sprechen, nicht die Worte selbst wichtig sind. Was zählt sind das Bewußtsein und die *Gewohnheiten*, die diese Wörter in unserem Geist hervorrufen. Doch ohne die Wörter selbst würden wir wahrscheinlich keinen Anfang finden.

Schon vor langer Zeit wurde mir klar, daß es ein Irrtum ist, sich lediglich auf die Selbst-Gespräche zu verlassen. Nicht die Selbst-Gespräche selbst, die wir uns aneignen, zählen, sondern daß wir uns ihrer und der langfristigen Einstellungsveränderungen, die sie bewirken können, bewußt sind. Ausschlaggebend sind die Bilder, die die Wörter in unserem Bewußtsein und Unterbewußtsein aufgrund der ständigen Wiederholung hervorrufen. Deshalb ist es so überaus wichtig, die Selbst-Gespräche mit den richtigen Worten zu beginnen.

Die Worte, die wir früher bei unseren Selbst-Gesprächen benutzten, waren vielleicht zufällig gewählt. Die Worte, die wir morgen benutzen, müssen es nicht sein. Diejenigen, die den Unterschied erkennen, haben eine Wahl. Wenn uns klar wird, daß wir diese Wahl haben, begreifen wir auch, daß unser eigenes Leben *kein* Produkt des Zufalls ist. Es ist das Ergebnis unserer eigenen Gedanken, der klaren, einfachen Anleitungen, die wir uns selbst geben.

Ich erhielt einmal einen Brief von einem Mann, der sich und sein Leben falsch eingeschätzt hatte und sich mit den falschen Worten programmierte. Er schrieb mir aus einer Gefängniszelle, in der er den Rest seines Lebens verbringen wird, um seine Schuld an der Gesellschaft zu begleichen. In seinem Brief erzählte er, daß er erst kürzlich von den Selbst-Gesprächen erfahren hatte, und daß er schließlich durch diese Selbst-Gespräche begriffen hatte, daß nicht das *Leben* ihn ins Gefängnis gebracht hatte, sondern daß es sein eigenes Bild gewesen war, das er von sich hatte. Wenn wir erst erkennen, wie unser Bewußtsein funktioniert, weshalb wir auf eine bestimmte Art handeln, ist es für jeden von uns unsinnig, zu einem Gefangenen seiner eigenen Programmierung zu werden.

Ich sagte bereits, daß an Selbst-Gesprächen nichts Geheimnisvolles oder Magisches ist. Selbst-Gespräche sind vielmehr ein recht einfaches Verfahren, ein „erster kleiner Schritt" auf dem Weg zu etwas anderem. Doch sie *sind* ein Schritt, und sie sind wichtig. Wenn Sie die Selbst-Gesprächs-Formeln in Teil II dieses Buches lesen würden, ohne ihre Bedeutung zu kennen und ohne zu wissen, wie sie angewendet werden, würden die Worte wahrscheinlich wie eine Sammlung inspirierender Verse wirken, mit positivem Inhalt und geeignet für Augenblicke, in denen Sie die entsprechende Motivierung brauchen, um ein wenig Antrieb zu erhalten oder einen Anfang zu finden. Doch die Worte der Selbst-Gespräche gehen weit über die Inspirierung und Motivierung, die sie bieten, hinaus.

So wie man sagt, daß unsere Augen der Spiegel unserer Seele sind, sind unsere Worte der Spiegel der Botschaften, die wir an unser Bewußtsein übermitteln. Wir haben inzwischen begriffen, daß wir *das sind, was wir denken.* Wir haben außerdem festgestellt, daß *unser Denken* fast gänzlich von den Worten bestimmt wird, die wir benutzen.

Die Geschichte *Ihrer* Wörter wird letztendlich die Geschichte Ihres Lebens werden. Was Sie zu sich über sich selbst sagen, wird das, was Ihnen das gesamte Leben hindurch widerfährt, beeinflussen und zu einem großen Teil auch bestimmen. Wenn Sie nach ein wenig Auftrieb suchen, werden Ihnen die Worte der Selbst-Gespräche in diesem Buch zu einem Start verhelfen.

Das Bild, das Sie in der Vergangenheit von sich selbst malten, wird zu dem Bild dessen, wer Sie heute sind. Die Worte, die *Sie* heute wählen, werden das Bild Ihrer Zukunft malen. Wenn Sie ihnen ein wenig Zeit geben, werden die eigenen Worte, die Sie heute wählen, Ihre Geschichte von morgen werden.

17
Die Selbst-Gesprächs-Lösung

Ist die Selbst-Gesprächs-Lösung also eine endgültige Lösung? Ist die Selbstbestimmung, die ein Resultat der Selbst-Gespräche ist, eine praktische, neue Antwort auf unsere sämtlichen Programme? Viele Menschen sind davon überzeugt. Die Wirkung der Selbst-Gespräche wird gegenwärtig von Medizinern, Pädagogen, Therapeuten und von Kapazitäten im Bereich der menschlichen Verhaltensforschung untersucht und bewiesen. Sie alle sind davon überzeugt, daß Selbst-Gespräche eine der wirkungsvollsten Methoden, die je gefunden wurden, um lohnende und dauerhafte Veränderungen in unserem Leben zu erzielen. Die Beweise, die es für die positive Wirkung der Selbst-Gespräche und der Selbstbestimmung gibt, sind zu eindeutig, um einfach nicht berücksichtigt oder ignoriert zu werden.

Phänomenale Ergebnisse und individuelle Erfolge, die durch die Selbst-Gespräche erzielt wurden, werden inzwischen täglich verzeichnet. Selbst-Gespräche werden in allen Bereichen der Gesellschaft und bei jedem Verhalten angewendet.

Der Grund, weshalb Selbst-Gespräche als bedeutendes neues Werkzeug mit einer Vielzahl von Anwendungsmöglichkeiten allgemein anerkannt werden, liegt darin, daß sie *funktionieren.* Die Resultate sind offensichtlich: Selbst-Gespräche sind eine der fundamentalsten Lösungen für den Umgang mit menschlichen Verhaltensweisen, die je gefunden wurden. Die Erfolge haben nichts mit Zufall oder Glück zu tun. *Es gibt trifftige Gründe, weshalb die Selbst-Gespräche wirken.*

Die Prinzipien der Selbst-Gespräche und der Selbstbestimmung werden deshalb von so vielen Menschen angewendet, weil es Prinzipien sind, die der *Natur* des Bewußtseins entsprechen. So viele Lösungen, die wir in der Vergangenheit gefunden zu haben glaubten, erwiesen sich als überhaupt keine Lösungen. Viel zu oft waren sie abhängig von den sozialen Verhältnissen, aus denen die betreffende Person kam, von ihrem Bildungsgrad, ihrem Lebensstil oder ihrer Überzeugung.

Beim Einsatz von Selbst-Gesprächen sind all unsere früheren Überzeugungen und unsere falschen Vorstellungen von uns selbst völlig unwichtig. Das Konzept der Selbst-Gespräche behandelt uns alle gleich. Die Auswirkungen unserer eigenen Selbstanleitungen sind nicht das Ergebnis irgendeines sogenannten Erfolgssystems. Sie sind ein Endergebnis der normalen Aktivität des menschlichen Gehirns.

Früher waren wir, wenn wir irgendwelche Veränderungen in uns bewirken wollten, - sei es, daß wir mehr Kontrolle über uns erlangen, eine bestimmte Gewohnheit ändern oder uns ein Ziel setzen oder erreichen wollten - der Gnade eines biochemisch-elektrischen Computers ausgeliefert, der bestimmten, uns damals noch unbekannten Gesetzmäßigkeiten folgte. Das Verstehen dieser Gesetzmäßigkeiten erweist sich als eine der wichtigsten Entdeckungen der heutigen Zeit.

Als ich vor einigen Jahren begann, die Theorien über die Zusammenhänge zwischen dem menschlichen Verhalten und der chemischen Beschaffenheit des Gehirns zu erforschen, vermutete ich, daß wir auf der richtigen Spur waren. Seit damals sind diese Theorien unzählige Male überprüft und bewiesen worden.

Die Auswirkung, die Selbstanleitungen auf den menschlichen Organismus haben, ist keine Theorie mehr. Sie hat sich als fundierte medizinische und psychologische Tatsache erwiesen. Der Zusammenhang zwischen unserem Denken und unserem Erfolg im Leben, und was vielleicht noch wichtiger ist, unseren täglichen Erfolgen, ist nicht mehr länger metaphysische Spekulation, sondern wissenschaftliche Gewißheit. Der physiologische Prozeß der Selbstbestimmung ist keine Theorie, er ist eine Tatsache.

Wirkliche Menschen mit wirklichen Ergebnissen

Eine der vielen Lehrerinnen, die ihren Schülern Selbst-Gespräche vermittelte und ihnen jeden Morgen Kassetten mit Selbst-Gesprächen vorspielte, schrieb mir über die erstaunlichen Veränderungen, die sich in ihrer Klasse bemerkbar machten, nachdem die Schüler über mehrere Monate Selbst-Gespräche angewendet hatten. Da die Lehrerin die Benutzung von Selbst-

Gesprächen im Rahmen eines regulären Lehrplans für ihren Schulbezirk untersuchte, schickte sie mir einen detaillierten Abriß über die Fortschritte jedes einzelnen Schülers.

Sie berichtete, daß Schüler, die früher nur langsam gelernt hatten, nun bessere Noten erzielten, daß viele zuhause besser zurechtkamen, daß die gesamte Klasse weniger „schlechte Tage" hatte, und daß sich Schüler mit geringer Selbstachtung nun als intelligent und positiv ansahen. Besonders bemerkenswert fand ich jedoch das außergewöhnlich inspirierende Erlebnis eines Schülers.

Fast während des ganzen Schuljahres hatte Michael, der in der achten Klasse war, Probleme. Er war ein rauher, schwieriger Junge, der meistens irgendwelchen Ärger hatte und schlechte Noten schrieb. Seine Kleidung, Einstellung und sein Verhalten sowie seine Gleichgültigkeit im Unterricht arbeiteten gegen ihn. Mehrere Monate lang war er bei sämtlichen Schulfeiern oder anderen Veranstaltungen nicht nüchtern erschienen. Aufgrund seiner geringen Selbstachtung war Michael das perfekte Beispiel eines Problem-Teenagers geworden.

Die Kassetten mit den Selbst-Gesprächen, die seine Lehrerin der Klasse jeden Morgen und jeden Nachmittag vorspielte, vermittelten den Schülern grundlegendes Wissen zur Selbstachtung, zur persönlichen Verantwortung, über das rechtzeitige Erledigen von Pflichten, über Lernen und Konzentration und über das Setzen und Erreichen von persönlichen Zielen. Jeden Montag wählte die Lehrerin ein neues Thema für Selbst-Gespräche aus, diskutierte mit der Klasse darüber und benutzte die Kassetten dann die ganze Woche über.

Am Anfang, fast unbemerkt, begann sich Michaels Haltung zu verändern. Er kam pünktlich zum Unterricht und erschien auch regelmäßiger. Zum ersten Mal zeigte er Interesse am Unterricht, und langsam verbesserten sich seine Noten von „mangelhaft" zu „ausreichend". Er verbrachte mehr Zeit mit den anderen Mitschülern und knüpfte allmählich Freundschaften mit Schülern, mit denen er sich noch am Anfang des Schuljahres geprügelt hätte.

Am Ende des Schuljahres hatte Michael seine Lehrerin, Eltern, Freunde und die meisten seiner Mitschüler überrascht. Doch am meisten erstaunte er alle, als er auf der Abschlußfeier auftauchte. Er erschien sauber gekleidet, hatte die Haare geschnitten und war nüchtern.

Am meisten beeindruckte mich an der ganzen Geschichte, was Michael zu seinen Klassenkameraden sagte: „Ich brauche das andere Zeug nicht", bemerkte er. „Früher konnte ich mich nicht ausstehen. Heute mag ich mich."

In einer anderen Geschichte wiederum hatte Karen, Mutter von zwei Kindern, ihre Arbeit in einer Werbeagentur aufgegeben, um sich ihrer Familie zu widmen. Zu jenem Zeitpunkt war sie attraktiv, hatte Spaß an der Karriere, hatte große Fähigkeiten und ein gutes Einkommen. Nach zwölf Jahren der Zurückgezogenheit entschloß sie sich, wieder zu arbeiten. Ihr „Problem" bestand darin, daß sie inzwischen überzeugt war, unattraktiv und zu dick zu sein und nicht die nötigen Fähigkeiten zu besitzen, um eine Stelle zu finden und sie zu halten.

Als ich Karen während eines Seminars, das ich leitete, kennenlernte, schien sie die natürliche Begabung zu besitzen, in jedem Raum, den sie betrat, für eine gute Atmosphäre zu sorgen. Doch im Laufe des Seminars gab sie zu, daß es ihre eigenen Selbstzweifel waren, die sie daran hinderten, irgendeines der neuen Ziele zu erreichen, die sie sich für ihre Karriere gesetzt hatte. „Ich habe innerhalb von drei Wochen vier Vorstellungstermine bekommen", erzählte sie mir. „Zu dem ersten ging ich, zwei sagte ich ab, und das vierte ist nächsten Monatg. Ich kam hierher, damit ich durch dieses Seminar das nötige Selbstvertrauen erhalte, um mich dort vorzustellen."

Da ich der festen Überzeugung bin, daß Selbstbewußtsein aus dem Innern kommen muß, sagte ich Karen, daß sie vielleicht an dem falschen Seminar teilnahm. „Ich kann Ihnen lediglich zeigen, was Sie selbst für sich tun können", erklärte ich ihr. Doch Karen blieb, hörte zu, ging nach Hause und begann, an ihren Selbst-Gesprächen zu arbeiten.

Einige Monate später erhielt ich eine Postkarte von ihr. Es schien, als hätte eine andere Karen als die, die ich im Seminar getroffen hatte, sie geschrieben. Sie erzählte mir, daß sie sofort begonnen hatte, die neuen Selbst-Gespräche für die „neue Karen" zu benutzen. Sie hatte sechzehn Pfund des, wie sie es nannte, „unnötigen Gewichts aufgrund unnötiger Selbst-Gespräche" abgenommen, eine Stelle in einer Werbeagentur gefunden und ihre erste

Prämie einen Monat früher als vorgesehen erhalten. Auf die Vorderseite der Karte schrieb sie: „Ich bin wieder da!"

Damit hatte Karen etwas bewiesen. Ihre eigenen Selbstanleitungen, ihr eigenes Gefühl von Selbstachtung hatten mit einem Bild von ihr gekämpft, das überhaupt nicht der Realität entsprochen hatte. Die wirkliche „innere" Karen, die attraktive und beruflich erfolgreiche Karen, brauchte lediglich die richtigen Selbst-Gespräche - von Karen zu sich selbst - um die berufstätige Karen wieder zurückzubringen.

Einmal erhielt ich eine Weihnachtskarte, die ich wahrscheinlich nie vergessen werde. Sie kam von einem 39-jährigen Mann, der 18 Monate zuvor zu dem Schluß gekommen war, daß sein Leben nicht mehr lebenswert war. Thomas schrieb mir, daß er eines Sonntagsabends, da er sich endgültig entschieden hatte, nicht mehr leben zu wollen, in seiner Wohnung nach Kugeln suchte, um seine Pistole zu laden, um alles zu beenden. Er schrieb: „Nachdem ich 39 Jahre gekämpft hatte, beschloß ich, daß das Leben nicht mehr der Mühe wert war. Ich war pleite, hatte meine sämtlichen Freundschaften kaputt gemacht und das Geschäft verloren, in dem ich dreizehn Jahre lang gearbeitet hatte. Nichts schien zu klappen. Ich hatte keine Ahnung, weshalb."

Während Thomas mit der Pistole in der Hand auf der Couch saß und über eine Zukunft nachdachte, die, wie er schrieb, „wenige Minuten später enden sollte", hörte er zufällig eine Fernsehsendung über Selbst-Gespräche mit, die irgend jemand in der Nachbarschaft ansah. In jener Sendung sprach ich darüber, anhand von Selbstanleitungen alte Programme auszutauschen und dadurch die Chance zu erhalten, unsere Zukunft neu gestalten zu können. Weiter hieß es in seinem Brief: „Ich hörte diese Stimme im Fernsehen, die mir sagte, weshalb ich an diesem Punkt gelandet war, und daß ich die Möglichkeit hatte, mein Leben so umzulenken, daß es meinen Vorstellungen entsprach. Diese Worte genügten, um mein Vorhaben zu stoppen."

Weiter erzählte mir Thomas in diesem ernsten und stellenweise schmerzhaften Brief, daß er sich zum Weiterleben entschieden hatte, wie er sich in jener Nacht hinsetzte und neue Selbst-Gespräche für sich aufschrieb, sie auf Kassette aufnahm und diese immer und immer wieder anhörte. „Die ersten Tage waren hart", schrieb er, „doch, was ich da hörte, erschien mir zunehmend logischer."

Die neuen Selbstanleitungen, die Thomas sich gab, nisteten sich in ihm ein und wuchsen. Thomas ist heute nicht nur noch immer am Leben, er ist auch mit einer neuen Karriere beschäftigt und damit, anderen dabei behilflich zu sein, ebenfalls eine erfüllteres Leben zu führen.

Der Teenager, der anhand der Kassette in der Schule feststellte, daß er Alkohol oder Drogen und sein schlechtes Benehmen durch seine eigene Selbstachtung ersetzen konnte, erzielte diese Veränderungen in sich nicht durch Zufall oder eine Laune seiner eigenen Natur.

Die Frau, die ihr berufliches Selbstvertrauen verloren hatte und es zwölf Jahre später zurückgewann, erzielte dieses Ergebnis selbst, indem sie ihre Selbst-Gespräche korrigierte.

Der Mann, der beschlossen hatte, sein Leben zu beenden, und dann seine Selbstzweifel überwandt, indem er seine Selbstanleitungen veränderte, gab sich eine neue Zukunft.

Jede dieser Personen war bereit, die einfache Methode auszuprobieren, die alte Programmierung durch etwas Besseres zu ersetzen. Dies sind ganz *normale* Menschen, die durch eine kleine Veränderung in ihren Selbst-Gesprächen außergewöhnliche Veränderungen in ihrem Leben erfuhren. Die Tausende gewöhnlicher Menschen, die Selbst-Gespräche benutzten und sich selbst bestimmten, um abzunehmen, Gewohnheiten zu verändern, ihre Ehe zu verbessern, um den Verkauf ihrer Produkte zu erhöhen, ihr Leben zu ordnen oder überraschend positive Veränderungen in ihren Einstellungen zu erzielen, haben dies nicht erreicht, weil sie zufällig auf eine neue Selbsthilfe-Technik gestoßen waren. *Sie erzielten diese Veränderungen deshalb, weil sie eines der ältesten und natürlichsten physiologischen Prinzipien des menschlichen Bewußtseins nutzten.*

Ein beinahe unbedeutender Schritt hin zu einer bedeutenden neuen Lebensweise

Das einfache Konzept der Selbst-Gespräche und ihr Ziel, die Selbstbestimmung, hatte enorme Auswirkungen auf die Menschen, die sie zu benutzen lernten und für sich arbeiten ließen. Stellen Sie sich vor, was unsere eigenen Selbst-Gespräche bewirken könnten, wenn wir nichts anderes tun würden, als sie anzunehmen und einzusetzen, wie viele andere es bereits tun. Wenn die Erkenntnisse über die Funktionsweise des Gehirns einen Trend bewirken, der sich immer mehr durchsetzt, könnten viele von uns, die das Glück haben, heute zu leben, unter den ersten Zeugen für den Beginn einer unauffälligen, mächtigen Veränderung in unzählig vielen Menschen sein.

Wir können uns glücklich schätzen, in diesem Zeitalter zu leben. Das Konzept der Selbstbestimmung gewinnt immer mehr Einfluß. Es ist ein Konzept, dessen Zeit gekommen ist. Es ist eine jener Wahrheiten, die in jedem von uns etwas bewirkt.

Wenn wir nur diesen Anleitungen folgen und den Kurs beibehalten, den wir für uns bestimmt haben, kann es gut möglich sein, daß wir innerhalb weniger als einer oder zwei Generationen feststellen werden, daß die Selbst-Gespräche und die damit verknüpften Methoden der Selbstbestimmung zu einem natürlichen und anerkannten Bestandteil unseres Lebens geworden sind. Vielleicht werden wir feststellen, daß eine einfache Form von Selbst-Gesprächen in noch mehr Schulen, in Kinderbüchern, am Arbeitsplatz, in der Familie, unter Freunden, als natürlicher Bestandteil unseres Zuhauses gelehrt und praktiziert wird.

Stellen Sie sich nur einen Augenblick lang vor, Sie lebten unter Menschen, die gelernt hätten, die unbeschreiblichen Schätze ihres eigenen Bewußtseins zu beeinflussen. Stellen Sie sich ein Leben vor, das nicht von Angst, Selbstzweifeln, Unsicherheit, unkontrollierten Gefühlen und alten, selbstbeschränkenden Programmen bestimmt wird. Stellen Sie sich eine Generation von Kindern vor, die mit dem Wissen und den Werkzeugen aufwachsen würden, welche ihnen eines Tages zur starken Kraft der Selbstbestimmung, Selbstachtung und zum Gefühl persönlicher Verantwortung verhelfen würden.

Es ist kaum abzuschätzen, was schon eine Generation von selbstmotivierten, selbstbestimmenden Individuen leisten könnte. Was für Fortschritte könnte sie wohl erzielen! Diejenigen von uns, die beobachtet haben, welche unauffälligen Wunder die Selbstbestimmung im Leben anderer Menschen bewirkt hat, bezweifeln nicht, daß diese neue Generation mehr zustande bringen könnte, als wir in unserem eigenen Leben jemals zu erreichen hoffen wagten. Wir haben zuviel kostbare Zeit damit verschwendet, uns durch die zufälligen und falschen Programme unserer Vergangenheit zu kämpfen.

Es ist kaum abzuschätzen, wozu wir fähig wären, wenn wir stattdessen unsere Zeit dazu verwenden würden, ein Leben zu leben, in dem jeder einzelne an der bewußten Selbstbestimmung unserer eigenen Zukunft teilnimmt.

Gehen Sie zurück zu dem Schatz und bergen Sie ihn

Ich erzählte Ihnen am Anfang des Buches, daß ich eine Schatztruhe mit unbekanntem Inhalt fand. Es ist nicht nur eine Geschichte, die sich tatsächlich in meinem Leben ereignete; in anderer Hinsicht ist sie für die meisten von uns eine wahre Geschichte.

Vielleicht findet nicht jeder Mensch ein Paradies. Vielleicht gibt es für die Realitäten des täglichen Lebens keine perfekte Lösung. Ich bezweifle, daß es sie, zumindest im irdischen Leben, je geben wird. Doch ich bin zu der Überzeugung gelangt, daß es wesentlich besser ist, den Mut aufzubringen und das Beste in uns zu suchen und freizulegen, als unser besseres Selbst weiterhin unter früheren Zweifeln begraben zu lassen. Vielleicht finden wir niemals Vollkommenheit. Wir sollten es nicht einmal versuchen - doch wenn wir uns nicht die Zeit nehmen, herauszufinden, was tatsächlich in uns *ist*, werden wir wahrscheinlich *nie* das Beste in uns entdecken.

In jedem von uns liegt eine Schatztruhe verborgen, die viele von uns hätten finden und öffnen können, es aber nie taten. Bei den meisten Menschen ist dieser Schatz noch immer vorhanden und wartet darauf, entdeckt zu werden. *Es wird bis zu unserem letzten Atemzug nie zu spät sein, zurückzugehen und die Schatztruhe zu finden, sie zu öffnen und den Inhalt zu nutzen.*

Irgendwo tief unter den Worten Ihrer eigenen Selbst-Gespräche begraben werden Sie, *wenn Sie danach suchen,* Teile Ihres Selbst finden, die schon lange auf Sie gewartet haben.

Die richtigen *Worte*, die in der richtigen Form der Selbst-Gespräche enthalten sind, sind nur Beispiele für die Worte, die *Sie* am allerbesten beschreiben. Nicht alle diese Worte werden Sie zu dem Schatz in Ihnen führen, aber manche werden es tun. Einige dieser Worte werden Ihnen die tatsächliche Wahrheit über Sie und das, was Sie *wirklich* aus Ihrem Leben machen möchten, sagen. Sie sind wie ein Photoalbum voll mit Schnappschüssen Ihres wirklichen Selbst - geistige Bilder des Schatzes, der in Ihnen ruht.

Wenn Sie diesen Schatz finden möchten, sollten Sie die Selbst-Gespräche in Teil II dieses Buches lesen. Wenn Sie die Worte finden, die Sie ansprechen, die über *Sie* sprechen, machen Sie diese zu Ihren eigenen. Verändern Sie sie, fügen Sie welche hinzu, geben Sie diesen die Energie Ihrer eigenen Überzeugung. Benutzen Sie sie, um ein wenig mehr zu dem Schatz beizutragen, der *Sie* sind, und den Sie schon immer bergen wollten.

Niemand anderer kann ihn *für* Sie finden. Noch nie konnte jemand anderes das Beste in uns *für* uns fördern. Wenn wir den Schatz wirklich finden und nutzen möchten, müssen wir ihn selbst suchen.

Sie sind der Schatz und waren es schon die ganze Zeit. Doch es ist Ihnen überlassen, ihn zu entdecken, die alte Erde der Vergangenheit vom Deckel zu wischen, das Schloß zu finden, es zu öffnen und das Beste des Inhalts zu nutzen. Wenn Sie das tun, finden Sie vielleicht die Lösung, nach der Sie gesucht haben.

Ich kann Ihnen einige der wirkungsvollsten Selbst-Gespräche anbieten, die mir bekannt sind, um Ihnen zum richtigen Start zu verhelfen. Doch von nun an ist es Ihnen überlassen, die *wirkliche* Lösung zu erkennen, und welche Bedeutung sie *für jeden Ihrer Gedanken in Ihrem weiteren Leben haben könnte.* Die Lösung, mit Hilfe von Selbst-Gesprächen sein Leben zu verändern, gibt es tatsächlich. Sie ist verläßlich und ein Teil von Ihnen, der immer vorhanden war. Sie funktioniert. Die Lösung sind *Sie.*

Teil 2
Die Worte der Selbst-Gespräche

Die Formeln in diesem Teil dienen Ihnen als Anhaltspunkte. Sie sind Hilfsmittel, die Ihnen, wenn Sie am Ball bleiben, Ihre früheren Selbst-Gespräche bewußt machen und Sie auf Selbst-Gespräche aufmerksam machen sollen, die funktionieren. Sie sind für den Anfang recht praktisch. Wenn Sie Ihre eigenen Selbst-Gespräche formuliert haben, ist ihr Einsatz nicht mehr vorgesehen.

In diesem Teil habe ich die meines Erachtens umfassendste Sammlung von Selbst-Gesprächs-Formeln zusammengetragen, die je veröffentlicht wurde. Ohne Zweifel wird jeder hier etwas für sich entnehmen können.

Suchen Sie sich die Formeln heraus, die auf Sie zutreffen, und nutzen Sie sie. Sie zeigen Ihnen anhand von Beispielen die Worte und Formulierungen, die am besten funktionieren, wenn Sie Ihre eigenen Selbst-Gespräche zu entwickeln beginnen.

Ich möchte Ihnen auch empfehlen, die Formeln noch auf andere Art anzuwenden. Ich werde nie das Erlebnis vergessen, das ich vor einigen Jahren hatte, als ich die Wirkung der Selbst-Gespräche untersuchte und einen kleinen Stapel persönlicher Selbst-Gesprächs-Karten auf den Nachttisch neben meinem Bett gelegt hatte. Auf den Karten standen einige derselben Selbst-Gespräche, die in diesem Buch aufgeführt sind. Fast zufällig entschloß ich mich eines Abends, kurz bevor ich das Licht ausschaltete, mir ein paar Minuten Zeit zu nehmen und die Karten durchzulesen.

Beim Lesen der einzelnen Karten spürte ich plötzlich ein Gefühl, das ich nur als Hochstimmung bezeichnen kann. Während ich diese einfachen Worte und Formulierungen eine nach der anderen durchlas, entstand in mir ein aufregendes neues Bewußtsein.

Mir war damals nicht klar, daß das, was ich in jenem Augenblick fühlte, mehr als eine emotionale Reaktion auf die Worte war. Es war eine natürliche, physiologische (chemische) Reaktion auf gewichtige, selbstbestimmte Gedanken.

Ich war *inspiriert*! Ich hatte ein *gutes* Gefühl mir gegenüber. Ich fühlte mich ermutigt, beschwingt und wesentlich selbstbewußter als nur wenige Augenblicke vorher. Konnten ein paar einfache, niedergeschriebene Worte dies bewirken? Ich sollte später erfahren, daß ein paar einfache, gut gewählte Worte uns nicht nur momentan ein besseres Gefühl vermitteln, sondern daß sie auch einen enormen Effekt auf unsere Gesundheit, unsere Einstellungen und auf viele unserer Lebensbereiche haben konnten.

Wenn Sie die Worte gelesen haben und die gefunden haben, die Ihren Zielen dienlich sind, sollten Sie das Buch, statt es in Ihr Bücherregal zu stellen, häufig aufschlagen, und eine oder zwei Seiten aus diesem Teil erneut durchlesen. Vielleicht fesseln Sie die Worte so, wie sie mich gefesselt haben. Sie vermitteln Ihnen vielleicht einen kurzen Einblick in sich selbst, der Ihren Tag heller und schöner erscheinen läßt. Lesen Sie die Worte noch einmal durch, wenn Sie vor einem Problem stehen oder sich ein hohes Ziel setzen. Sie werden Ihre Gedanken auf das Wichtige konzentrieren, Ihr Ziel bestimmen und die Resultate, die Sie erreichen möchten, *im voraus durchspielen.*

Denken Sie daran, daß die Worte ein Werkzeug sind, das Ihnen bei dem ersten Schritt behiflich sein wird, nämlich die Anwendung der Selbst-Gespräche zur *inneren*, unbewußten, natürlichen Gewohnheit zu machen. Ihre alten Selbst-Gespräche waren für Sie in der Vergangenheit maßgebend; es spricht nichts dagegen, daß Ihre neuen Selbst-Gespräche Ihre zukünftige Lebensweise beeinflussen werden.

Wenn man mir gesagt hätte, daß ich nur ein Buch schreiben könnte, und daß ich darin das Beste aufschreiben sollte, was ich über das *Selbst* , das in jedem von uns lebt, gelernt hatte, hätte ich „*Die Worte* der Selbst-Gespräche" geschrieben. Es sind die *Worte*, die wir an uns richten, die immer unser Denken und unser *Leben* bestimmen werden.

Diese Worte möchte ich Ihnen geben. Ich hoffe, daß sie mit der Zeit die Worte sein werden, die Sie sich, ohne überhaupt darüber nachzudenken, *selbst* geben.

18 Die ersten Selbst-Gespräche

Dieses Kapitel enthält die Art von Selbst-Gesprächen, die Ihnen zu einem stärkeren Gesamtbild von sich verhelfen sollen - es sind Selbst-Gespräche, die sich mit den *Einstellungen* befassen, die Sie zu sich selbst haben. Viel zu oft wollen wir Veränderungen bewirken, ohne erst einmal die Einstellungen in den Griff zu bekommen, die überhaupt zu dem Problem führten.

Dieser Selbst-Gesprächs-Text gibt Ihnen Selbstanleitungen, die Ihnen dazu verhelfen sollen, an sich selbst zu glauben, sich Ziele zu setzen und daran zu arbeiten, sie zu erreichen, die Verantwortung für sich selbst zu übernehmen und die nötige Entschlußkraft zu gewinnen, um Ihre Ziele zu verfolgen und am Ball zu bleiben. Er geht auf Ihre Selbstachtung ein und darauf, wie Sie in Ihrem Auftreten mehr von der *Person* einbringen können, die Sie eigentlich sind.

In dem folgenden Text werden Sie viel von der Person vorfinden, die Sie *bereits* sind, und mehr von der Person, zu der Sie vielleicht werden möchten.

Suchen Sie beim Lesen der Selbst-Gesprächs-Formeln die heraus, die auf Sie zutreffen, und wenden Sie sie so oft wie möglich an. Je öfter Sie über die Person nachdenken, zu der Sie werden möchten, desto wahrscheinlicher ist es, daß Sie zu dieser Person werden.

Glauben Sie an sich!

Wie viele der folgenden Texte ist auch dieser Selbst-Gesprächs-Text im Ansatz nahezu allgemeingültig: Die Worte passen auf jede Person zu jeder Zeit. Es ist außerdem einer der Selbst-Gesprächs-Texte, den viele Menschen als äußerst motivierend empfinden. Er enthält viele Selbstanleitungen, die Ihnen helfen, den Tag zu beginnen, oder Ihnen einen zusätzlichen Schub Begeisterung geben. Es sind Selbst-Gespräche, die Ihnen sagen: *„Ich werde das*

Machbare möglich machen." Wenn ich die Texte auswählen sollte, die jeden Tag *immer* ein wenig besser zu machen scheinen, wäre dies einer davon.

Ich weiß, daß wahre Größe im Bewußtsein eines großen Menschen beginnt. Ich weiß, daß das, was ich von mir glaube, bestimmt, was ich werde. Deshalb glaube ich an das Beste für mich.

Ich bin praktisch und realistisch und stehe mit beiden Füßen fest auf der Erde. Ich gebe mir jedoch auch die Freiheit, meine höchsten Erwartungen zu erfüllen.

Ich lasse mich nie durch die kurzsichtigen Überzeugungen anderer einschränken. Stattdessen stehe ich dem weiten Feld unbegrenzter Möglichkeiten offen gegenüber.

Wenn jemand sagt „Ich kann nicht", frage ich „Warum nicht?" Wenn jemand sagt „Das ist unmöglich", sage ich, daß etwas nur in dem Maße unmöglich ist, wie ich es für unmöglich halte. Durch meinen unerschütterlichen Glauben an mich ist mir alles möglich.

Ich habe Mut, Elan, Standhaftigkeit und Durchhaltevermögen. Ich habe eine positive Einstellung zu mir selbst und allem, was ich anpacke. Ich bin praktisch und realistisch, doch ich glaube auch an das bestmögliche Ergebnis in jeder Situation.

Wenn ich jemals in der Vergangenheit an mir gezweifelt habe, dann ist heute ein guter Tag, diese Zweifel beiseite zu schieben. Es ist ein guter Tag, um mich all meiner Zweifel zu entledigen, die mich bisher behindert haben.

Ich weiß, daß ich den richtigen, erfolgversprechenden Weg eingeschlagen habe. Ich sehe immer nach vorne und nie zurück. Ich besitze die Fähigkeit, mich auf jeweils eine Sache zu konzentrieren. Deshalb konzentriere ich mich auf das, womit ich mich gerade beschäftige, und ich erledige es!

Heute ist einer jener Tage, an denen mir nichts im Wege stehen kann. Brauche ich zusätzliche Entschlußkraft, habe ich Sie! Brauche ich mehr Energie und Elan, habe ich sie. Ich habe die nötige Kraft, alles zu bewältigen, und die nötige Geduld, alles durchzustehen, gleichgültig, um welche Tätigkeit oder Herausforderung es sich handelt.

In diesem Augenblick, sogar während ich mir selbst diese Wahrheiten über mich sage, weiß ich, daß ich erfolgreich sein kann, und daß ich im Begriff bin, erfolgreich zu sein. Wenn ich mir in diesem Augenblick irgendeine Herausforderung vorstelle, weiß ich, daß ich durch sie nur noch stärker werde.

Ich halte die Ohren steif und den Kopf hoch. Ich schaue, handle, rede, denke und fühle wie der Gewinner, der ich bin. Jedesmal, wenn mich ein Problem niederdrücken will, richte ich mich schnell wieder auf. Ich gehe Probleme an und löse sie. Wenn mich Enttäuschungen oder Niederlagen bedrohen, werde ich noch stärker, positiver und entschlossener, als ich je zuvor war.

Jetzt, heute, genau in diesem Augenblick kann ich mir selbst völlige Selbstsicherheit, Selbstüberzeugung und ein starkes unendliches Selbstvertrauen schenken.

Ganz gleich, was gerade meine besten Kräfte fordert, ich bin in der Lage, sie zu geben. Ich weiß, daß ich es kann.

Heute ist ein phantastischer Tag. Ich habe alles, was ich brauche. Ich beschließe, den heutigen Tag voller Freude und Liebe zu erleben.

Ich weiß, daß alles hundertprozentig von mir abhängt. Jede kleinste Kleinigkeit. Alles hängt von meiner Einstellung ab, und wie ich mit den Dingen umgehe! Darin liegt der Erfolg. Deshalb habe ich Erfolg.

Ich setze mir Ziele. Ich halte mich in einem inneren Gleichgewicht. Ich zögere nicht. Ich behindere mich nicht! Ich weiß, daß die Welt voller Möglichkeiten ist. Überzeuge Dich selbst, wozu ich fähig bin. Überzeuge Dich, wie weit ich es bringen kann. Schau, was ich bewirken kann, wenn ich nur <ja> zu mir sage!

Schau nur, was ich heute alles tun kann! Ich bin unbeschreiblich ... und heute ist ein ausgezeichneter Tag, um dies zu beweisen.

Ziele setzen und sie auch erreichen

Es ist schade, daß den meisten von uns nie gesagt wurde, was wir alles erreichen können, wenn wir uns einfache, realistische und spezifische Ziele setzen. Die grundlegenden Fähigkeiten, die man braucht, um sich klare Ziele setzen zu können, sind so einfach, daß sie selbst Schulkindern beigebracht werden können, Fähigkeiten, die ein Leben lang erhalten bleiben.

Es gibt gute, praktische Gründe, weshalb wir uns gute, praktische Ziele setzen sollten. Einer davon ist, daß Ziele Ihre Aufmerksamkeit auf etwas Bestimmtes konzentrieren und Ihnen helfen, einige der Dinge zu definieren, die Sie erreichen möchten. Doch ein weiterer genauso wichtiger Grund ist die Wirkung, die das *Erreichen* von Zielen auf Ihre Selbstachtung hat.

Wenn Sie z.B. eine Gehaltserhöhung durchsetzen, oder wenn es Ihnen gelingt, Ihr Leben besser zu organisieren, oder wenn Sie einen Verkaufswettbewerb gewinnen, wird Ihnen das wahrscheinlich ein gutes Gefühl geben. Wenn Sie jedoch ein *Ziel* erreichen, nachdem Sie es als klar definiertes Ziel aufgeschrieben haben, können Sie sich selbst Pluspunkte dafür geben, daß Ihnen etwas gelungen ist, was *Sie sich ganz speziell vorgenommen haben.* Die Pluspunkte werden auf Ihrer Liste der persönlichen Leistungen vermerkt, die Ihnen mehr Selbstachtung geben. Sie können sagen: „Ich wollte es tun; ich entschied mich, es zu tun, ich bezog es in meinen Plan ein, und *ich tat es!* "

Die folgenden Selbst-Gespräche machen Ihnen Ihre Ziele bewußt und stellen Ihr Unterbewußtsein darauf ein, daß das Setzen von Zielen zu einem natürlichen Bestandteil Ihrer täglichen Selbst-Gespräche wird.

Ich setze mir Ziele. Ich schreibe sie auf. Ich lese sie mir oft durch.

Meine Ziele vermitteln mir im voraus ein klares Bild von meiner eigenen positiven Zukunft.

Ich sehe jeden Tag ein paar Minuten lang die Karten durch, auf denen ich meine Ziele vermerkt habe. Ich schreibe sie für mich selbst. Ich lese die Ziele jeden Morgen nach dem Aufwachen und jeden Abend vor dem Schlafengehen durch.

Meine Ziele sind ganz genau definiert. Je detaillierter und spezifischer sie sind, desto klarer kann ich sie mir vorstellen und in meinem Leben erreichen.

Jedesmal, wenn ich etwas an mir bemerke, was ich verändern möchte, oder mich zu etwas entschließe, was ich erreichen möchte, schreibe ich es auf, setze mir Ziele, wiederhole es täglich, handle entsprechend und verwirkliche es.

Meine Ziele sind die Landkarten für meine eigene Zukunft. Ich plane, wohin ich gehe, wie ich dorthin gelange, und wann ich ankommen werde.

Ich bin erfolgreich, wenn ich meine Ziele erreiche. Ich bin jedoch auch jeden Tag auf dem Weg zu ihnen erfolgreich. Ich weiß, daß der Erfolg nicht nur am Ende des Weges liegt, sondern auch in jedem Schritt, den ich unterwegs mache.

Ich setze mir tägliche, wöchentliche, monatliche Ziele und Ziele, die meinen Blick auf ein Jahr oder mehr im voraus lenken.

Indem ich mir kurz-, mittel- und langfristige Ziele setze, verliere ich nicht aus den Augen, wo ich heute stehe, und bestimme aktiv und positiv, wo ich morgen sein werde.

Ich übernehme die vollkommene Verantwortung für mein jetziges und mein zukünftiges Leben. Indem ich mir Ziele setze und täglich auf sie hinarbeite, übernehme ich die Verantwortung für die Bestimmung meines eigenen Schicksals.

Ich ziehe es vor, mein Leben selbst zu bestimmen und es nicht dem Zufall zu überlassen. Indem ich mir Ziele setze und sie zu erreichen versuche, behalte ich die Kontrolle über mein Leben.

Ich treffe bewußt die Entscheidungen, die sich auf mein Leben und meine Zukunft so positiv wie möglich auswirken.

Jedesmal, wenn ich etwas in meinem Leben verändern oder erreichen will, schreibe ich es auf und mache einen Plan, wie und wann ich es erreichen will. Dadurch kann ich jedes meiner Ziele in die Tat umsetzen.

Indem ich meine Ziele aufschreibe, entwerfe ich tatsächlich die Geschichte meiner Zukunft. Indem ich meinem spezifischen Aktionsplan folge, lasse ich meine Träume Wirklichkeit werden.

Wenn Sie zusätzlich zu den Selbst-Gesprächen, die sich mit dem Setzen und Erreichen von Zielen befassen, noch einen einfachen Zielplan entwerfen möchten, besorgen Sie sich einige Karteikarten und notieren Sie auf jeder Karte oben ein bestimmtes Ziel. Darunter schreiben Sie die Zahlen 1, 2, 3, usw. Dies sind die *spezifischen* Schritte, die Sie unternehmen werden, um das Ziel zu erreichen. Schreiben Sie jeden Schritt auf, den Sie gemacht haben.

Damit Sie die Gewohnheit entwickeln, an Ihren Zielen zu arbeiten, sollten Sie dann jede der Karten jeden Morgen oder jeden Abend kurz vor dem Schlafengehen durchlesen. Da es günstiger ist, sich nur jeweils einige wenige Ziele zu setzen - am Anfang nicht mehr als drei oder vier - benötigen Sie, um sie ein- oder zweimal durchzulesen, nur ein paar Minuten.

Ich möchte Ihnen vorschlagen, daß Sie, während Sie Ihre Zielkarten lesen und über jede nachdenken, die oben aufgeführten Selbst-Gespräche über Zielsetzung anhören. Tun Sie dies zunächst dreißig Tage lang, und beobachten Sie, was geschieht. Sie werden

Ihre Ziele im Auge behalten, mehr erreichen, Ihre Selbstachtung und Ihren inneren Frieden stärken.

Die Verantwortung für sich selbst übernehmen

Die *persönliche* Verantwortung für jeden Ihrer Gedanken und jede Ihrer Handlungen übernehmen zu lernen, ist einer der wichtigsten Bestandteile jeglichen persönlichen Wachstums. Viele Menschen erachten den folgenden Text neben demjenigen, mit dem sie sich gerade befassen, als den wichtigsten. Er enthält die Selbstanleitungen, die Ihnen die Kontrolle über *sich selbst* geben.

Die alten Selbst-Gespräche, die dazu beitragen, daß wir Verantwortung aus dem Wege gehen, klingen vielleicht recht harmlos, doch Sie sollten sich die Programmierung ansehen, zu der sie führen: „Das ist nicht meine Sache"; „Dafür bin nicht ich verantwortlich"; „Ich kann mich einfach nicht entscheiden"; „Ich habe mal wieder Pech gehabt"; „Das ist nicht meine Schuld"; „Es ist einfach nicht fair"; „Ich habe darauf keinen Einfluß"; „Mich dürfen Sie nicht fragen, ich kenne mich da nicht aus"; „Man wird immer hereingelegt" oder „Ich habe einfach kein Glück".

Dies genau sind die Selbst-Gespräche, die Ihnen die Verantwortung für sich abnehmen. Es gibt eine bessere Methode, mit sich zu sprechen.

Ich übernehme die volle Verantwortung für alles von mir, sogar für meine Gedanken.

Ich habe die Kontrolle über die riesigen Ressourcen meines eigenen Bewußtseins. Indem ich meine eigenen, neuen, erfolgversprechenden Selbst-Gespräche benutze, steuere und kontrolliere ich, was ich sage, wenn ich mit mir selbst spreche. Ich allein bin verantwortlich für das, was ich bin, was ich tue, und was ich mir über mich selbst sage. Niemand kann mir diese Verantwortung abnehmen.

Ich gestehe auch anderen Menschen zu, die Verantwortung für sich zu übernehmen, und versuche nicht, ihnen diese Verantwortung wegzunehmen.

Ich genieße es, für mich die Verantwortung zu übernehmen. Sie gibt mir die Möglichkeit, ich selbst zu sein. Diese Herausforderung macht mir Freude. Zu keiner Zeit erlaube ich jemandem, die Kontrolle über oder die Verantwortung für mein Leben oder Handeln zu übernehmen.

Meine Verantwortung anderen gegenüber ist die Folge meiner eigenen erfolgreichen Verantwortung mir selbst gegenüber.

Ich ziehe es vor, nichts in meinem Leben dem Zufall zu überlassen. Wenn es um mich geht - überhaupt um alles in meinem Leben - entscheide ich mich dafür, für mich selbst zu bestimmen.

Die Entscheidungen, die ich treffe, sind allein mir überlassen. Ich erlaube anderen zu keiner Zeit, diese Entscheidungen für mich zu treffen. Ich übernehme die volle Verantwortung für jede Wahl und jede Entscheidung, die ich treffe.

Ich erfülle immer alle Verpflichtungen, die ich eingehe. Ich gehe keine Verpflichtungen ein, die ich nicht erfüllen werde.

Ich bin vertrauenswürdig. Ich bin verläßlich. Dies ist auf die erfolgversprechende Verantwortung zurückzuführen, die ich für mich übernommen habe. Wenn ich eine Verantwortung übernehme, werde ich ihr auch immer gerecht.

Es gibt nicht „die anderen", denen ich „die Schuld zuschieben" kann, oder mit denen ich die Verantwortung teile. Ich habe gelernt, mein eigenes Schicksal in die Hand zu nehmen. Ich habe gelernt, daß ich „die anderen" bin.

Ich akzeptiere voller Freude, daß ich nicht das Opfer meiner Lebensumstände bin. Ich schaffe mir das erfolgversprechende Leben, das ich lebe. Ich bin der Autor meiner eigenen Lebensgeschichte.

In meinem Leben bin ich der Gewinner. Ich bin nicht das Opfer. Ich bin der Sieger.

Ich habe es nicht nötig, mich zu entschuldigen. Niemand braucht meine Verantwortung für mich zu tragen. Ich trage diese Verantwortung gerne, und ich trage sie gut.

Ich erkenne und akzeptiere jeden Tag nicht nur die Verantwortung für mein Handeln, sondern auch für meine Gefühle, meine Gedanken und sogar für meine Ansichten.

Ich akzeptiere die Verantwortung für meine Stärken, mein Glück, für meine positive, gesunde Einstellung - und für meine Vergangenheit, meine Gegenwart und meine Zukunft.

Mir haben Menschen geschrieben, daß sie diesen Text immer wieder benutzten, ehe sie zu einem anderen übergingen. Sie hatten das Gefühl, daß die persönliche Verantwortung der eine Bereich war, den sie unbedingt in den Griff bekommen mußten. Interessanterweise bemerkten viele jedoch, daß sie durch die Anwendung dieses einen Textes allmählich auch in *anderen* Bereichen ihres Lebens Verbesserungen erzielten, die nichts mit Verantwortung zu tun hatten - zumindest nicht direkt.

Ohne es zu wissen, bewiesen sie einen Punkt, den wir uns merken sollten: Wenn Sie die Verantwortung für sich übernehmen, übernehmen Sie auch die Verantwortung für alles andere, was mit Ihnen zu tun hat.

Lernen, nein zu sagen

Wenn Sie ja zum Erfolg sagen möchten, müssen Sie auch nein zu den Dingen sagen, die Sie behindern.

Nein sagen zu lernen, bedeutet mehr, als einfach zu beschließen, irgendetwas *nicht* zu tun; nein sagen zu lernen, heißt, *Ihrem eigenen Urteilsvermögen vertrauen zu lernen.* Wenn Sie üben, Entscheidungen für sich zu treffen, erhöhen Sie automatisch Ihr Selbstbewußtsein. Mit der Zeit wird es für Sie zunehmend leichter und natürlicher, Ihre eigene Richtung zu bestimmen. Die alten Gewohnheiten, die alten Programme, die Sie dazu veranlaßten, den leichteren Weg des Nachgebens zu wählen, machen Platz für die neuen Gewohnheiten, selbständig zu denken und zu handeln. Das heißt nicht, daß Sie sich weigern, guten Vorschlägen gegenüber offen zu sein. Es bedeutet, daß die letztendliche Entscheidung Ihnen überlassen sein wird.

Dies sind die Selbstanleitungen, die Sie über das Fällen der richtigen Entscheidungen nachdenken lassen

---

Ich bin froh, so zu sein, wie ich bin. Ich mag meine Denkweise. Ich glaube an mich. Ich respektiere meine Entscheidungen, die ich treffe.

Ich respektiere mich. Ich respektiere meinen Wert, meine Gedanken, meine Vorstellungen und mein Handeln. Ich respektiere mich dann am meisten, wenn ich den Weg gehe, den ich für mich bestimmt habe.

Ich sage immer dann nein, wenn ich nein sagen sollte.

Wenn ich den Forderungen und dem Einfluß anderer nicht nachgebe, bin ich mir noch mehr der Freiheit und der Kontrolle bewußt, die ich in meinem Leben habe.

Meine Zeit ist mir wichtig. Ich gehe sorgfältig mit der Zeit um, die ich mir für die Dinge freigehalten habe, die mir wichtig sind. Ich lasse es nicht zu, daß mir andere diese persönliche, besondere Zeit nehmen.

Ich kann anderen am besten helfen, wenn meine eigenen Bedürfnisse erfüllt sind. Mich jederzeit um mich selbst zu kümmern, ist eine Verantwortung, die ich annehme, und der ich immer gerecht werde.

Ich entscheide, wofür ich meine Zeit und Energie einsetze. Meine

Zeit und meine Energie sind Geschenke, die ich hüte, und die ich dann mit anderen teile, wenn ich es für richtig halte - niemals deshalb, weil andere sie von mir fordern oder erwarten.

Mein Leben ist von meinen Entscheidungen bestimmt, nicht vom Zufall.

Ich lasse mich nie von anderen überreden oder gebe ihren Forderungen nach, außer wenn ich meine eigenen Gründe dafür habe.

Ich fühle mich zu keiner Zeit verpflichtet, etwas zu tun, was ich nicht wirklich tun möchte. Ich sage, was ich denke. Ich bin offen, direkt und ehrlich. Ich weiß, was ich will, und wo ich stehe. Ich teile meine Meinung klar und ohne zu zögern mit.

Nein zu sagen, fällt mir leicht. Ich bin zuversichtlich, selbstsicher und habe mein Leben im Griff.

Die anderen Menschen respektieren mich dafür, daß ich ich selbst bin und mich für meine Überzeugungen einsetze. Je stärker ich bin, und je mehr ich mich an meine selbstgewählten Entscheidungen halte, desto glücklicher bin ich.

Entschlossenheit und Willenskraft

Viele erfolgreiche Menschen werden Ihnen sagen, daß eine der wichtigsten Gewohnheiten, die sie sich aneigneten, die war, nicht aufzugeben, auch wenn eine Sache schwierig wurde.

Ganz gleich, ob Sie nun schlanker werden möchten, Ihren Standpunkt vertreten, intensiver studieren, ein berufliches Ziel erreichen oder besser mit einem nahestehenden Menschen auskommen möchten, ob Sie Ihren Stress reduzieren oder irgendein anderes praktisches Ziel erreichen möchten, die Entschlossenheit, Ihr Ziel zu erreichen, wird vielleicht der entscheidende Faktor bei Ihrem Erfolg sein.

Was für einen Sinn hat es, wenn Sie sich mit Sätzen programmieren wie: *„Ich glaube einfach nicht, daß ich es kann"; „Gleich gebe ich auf"; „Es hat keinen Zweck"; „Das ist mir zu kompliziert"; „Ich bin dazu nicht fähig"; „Ich habe keine Lust mehr, es noch weiter zu versuchen"; „Ich bin mir sicher, daß es nicht klappen wird"?*

Da noch nie etwas Lohnenswertes erreicht wurde, ohne dafür einen bestimmten Preis zu bezahlen, kann es sein, daß die Hindernisse auf dem Weg zu Ihrem Ziel, „den Preis zahlen zu müssen", Sie in Versuchung führen, aufzugeben oder Ihr Ziel aufzuschieben. Hindernisse sind vielleicht ein Bestandteil des Lebens, aber, mit ein wenig Übung, kann Ihre Entschlossenheit auch ein Bestandteil Ihres Lebens werden.

Ich weiß, daß Entschlossenheit der wichtigste Bestandteil jedes Planes ist, der zum Erfolg führen soll. Ich besitze Entschlossenheit!

Ich bin vollkommen bereit, mich für die Verwirklichung meiner Ziele einzusetzen - nicht 50-prozentig oder 99-prozentig, sondern 100-prozentig.

Ich werde Erfolg haben. Ich treffe meine eigenen Entscheidungen für mein Leben. Ich setze mir meine eigenen Ziele. Ich bestimme meinen eigenen Kurs. Ich lasse es nicht zu, daß andere diese Entscheidungen für mich übernehmen.

Eine treffende Beschreibung von mir enthielte die Worte: willensstark, entschlußfreudig, unerschütterlich, hartnäckig und bestimmt.

Ich werde Erfolg haben. Ich bin entschlossen, meine Ziele zu erreichen. Ich verfolge meine Ziel entschlossen und beharrlich. Ich werde nicht aufgeben.

Ich bin in der Lage, mir meine Ziele bei allem, was ich tue, vorzustellen. Ich habe ein genaues Bild davon, was ich tun muß, um jedes Ziel zu erreichen. Ich habe einen Plan entworfen und aufgeschrieben. Ich richte mich jeden Tag nach ihm.

Jedesmal, wenn ich mir ein bestimmtes Ziel setze, gleichgültig, worum es sich handelt, und einen bestimmten Plan entwerfe, um es zu erreichen, behalte ich dieses Ziel fest im Auge und verfolge es beharrlich.

Was andere als „Niederlage" oder „Mißerfolg" bezeichnen, hält mich nicht von meinen Plänen ab. Ich weiß, daß diese sogenannten „Mißerfolge" lediglich Umleitungen auf dem Weg zum Ziel sind. Also lasse ich sie hinter mir und gehe weiter.

Keine Niederlage veranlaßt mich aufzugeben. Jede Niederlage kann überwunden werden. Das tue ich auch. Ich überwinde sie und mache weiter. Deshalb werde ich Erfolg haben.

Um Erfolg zu haben, brauche ich Energie, Gesundheit und eine starke, positive Haltung. Deswegen sorge ich dafür, daß ich fit bleibe - geistig und körperlich.

Ich habe zu mir selbst eine gesunde Einstellung. Ich mag mich wirklich. Ich habe ein positives Selbstbild und viel Achtung vor mir.

Da ich mich so akzeptiere und mag, wie ich bin, weiß ich, daß ich es wirklich verdiene, in meinem Leben Erfolg zu haben.

Deshalb bin ich entschlossen, jeden Tag auf die positivste und lohnenswerteste Art noch mehr Erfolg zu haben.

Ich habe Mut. Ich stelle mich den Herausforderungen mit der Zuversicht, daß ich das nötige Durchhaltevermögen und die nötige Entschlossenheit habe, um schließlich erfolgreich zu sein.

Ich glaube fest an meinen Erfolg und daran, daß ich weiterhin Erfolg haben werde.

Ich bin mir täglich meiner festen Entschlossenheit bewußt, alle Ziele zu erreichen, die ich mir in jedem Bereich meines Lebens gesetzt habe - im Beruf und in meinem Privatleben.

Ich bin in der Lage, mir lebhaft vorzustellen, daß ich meine Ziele erreiche. Mit jedem Tag werde ich positiver und entschlossener denn je!

Selbstachtung aufbauen

Das natürliche Resultat aller Selbst-Gespräche in diesem Buch ist eine höhere Selbstachtung. Doch der folgende Text konzentriert sich ganz besonders darauf. Es ist einer der Texte, mit denen Sie jeden Tag für den Rest Ihres Lebens arbeiten könnten und die Sie trotzdem nicht zu oft benutzen würden.

Ich bin wirklich etwas ganz Besonderes. Ich mag mich so, wie ich bin, und fühle mich gut.

Obwohl ich mich ständig zu verbessern versuche und täglich besser werde, mag ich mich auch so, wie ich heute bin. Morgen, wenn ich mich noch mehr verbessert habe, werde ich mich auch mögen.

Auf der ganzen Welt gibt es tatsächlich niemanden, der so ist wie ich. Es hat niemanden wie mich je zuvor gegeben, und es wird auch nie mehr so jemanden geben!

Ich bin einzigartig vom Scheitel bis zur Sohle. In mancher Hinsicht mag ich vielleicht wie andere aussehen, klingen oder handeln, doch ich bin nicht sie. Ich bin ich selbst.

Ich wollte etwas ganz Besonderes sein. Jetzt weiß ich, daß ich es bin. Ich möchte niemand anders sein.

Ich mag meine Gefühle, meine Gedanken und meine Art, wie ich Dinge angehe. Ich akzeptiere mich und erkenne an, wie ich bin.

Ich besitze viele wunderbare Qualitäten. Ich habe Talente, Fertigkeiten und Fähigkeiten. Ich habe sogar Talente, von denen ich noch gar nichts weiß. Ich entdecke ständig neue in mir.

Ich bin positiv! Ich bin zuversichtlich! Ich habe eine gute Ausstrahlung! Wenn du genau hinsiehst, kannst du meine Ausstrahlung sogar erkennen.

Ich bin voller Leben. Ich mag das Leben und bin froh, am Leben zu sein. Ich bin ein ganz besonderer Mensch, der zu einer ganz besonderen Zeit lebt.

Ich bin intelligent. Mein Bewußtsein ist schnell, wachsam, klug und humorvoll. Ich habe gute Gedanken und mein Bewußtsein sorgt dafür, daß sich die Dinge in meinem Leben gut entwickeln.

Ich bin voller Energie, Begeisterung und Lebenskraft.

Ich bin aufregend. Es macht Spaß, ich selbst zu sein. Ich bin gerne mit anderen Menschen zusammen und andere gerne mit mir. Sie haben Interesse an dem, was ich sage und denke.

Ich lächle oft. Ich bin innerlich und äußerlich fröhlich.

Ich weiß mein Glück, die Dinge, die ich lerne, und alles, was ich je lernen werde, zu schätzen, solange ich nur am Leben bin.

Ich bin herzlich, ernsthaft, ehrlich und natürlich! Ich bin all das und noch vieles mehr. All das gehört zu mir. Ich mag mich, so wie ich bin. Ich bin froh darüber, ich selbst zu sein.

Eine gewinnende Persönlichkeit entwickeln

Ihre Persönlichkeit ist das, was Sie der Welt gegenüber darstellen.

Sie ist das Bild, das Sie Ihrer Umgebung (und sich selbst) vermitteln.

Ihre „Persönlichkeit" ist nichts Angeborenes. Sie müssen sich nicht bis an Ihr Lebensende mit ihr abfinden. Die meisten Menschen, die eine auffällig ausgeprägte Persönlichkeit besitzen, mußten sie erst schaffen. Wie Sie sogar an einem einzigen Tag über sich denken, kann Einfluß darauf haben, wie Sie anderen gegenüber fühlen, wie Sie sie behandeln und mit ihnen auskommen.

Ganz gleich, wie gut oder stark Ihre Persönlichkeit jetzt ist, möchten Sie vielleicht doch versuchen, sich der Welt ein, zwei Tage von Ihrer *besten* Seite zu zeigen. Ich habe gesehen, wie Menschen überraschende (und positive) Reaktionen von ihrer Familie, den Bekannten und Arbeitskollegen erhielten, nur weil sie sich die Mühe machten, ein, zwei Tage an ihrer Persönlichkeit zu arbeiten. Sich ein oder zwei Tage zu bemühen, wird natürlich nicht wirklich Ihre Programmierung verändern. Doch es wird Ihnen zeigen, was Sie aus sich machen *könnten,* wenn Sie es wollten.

Wenn Sie möchten, daß diese bessere Persönlichkeit irgendwann von Dauer ist, sollten Sie weiterhin die alte Programmierung verändern und sie durch das bessere Bild von sich ersetzen. Sagen Sie sich: *„So möchte ich sein. Das ist das Bild, das ich anderen und mir selbst lieber vermitteln würde. Von heute an bin ich so!"*

Ob Sie bei den vielen Gelegenheiten, die sich Ihnen täglich und im Laufe Ihres Lebens bieten, Erfolg haben, wird von der Persönlichkeit abhängen, die Sie darstellen. Ihre Persönlichkeit wird *immer* die sein, die Sie sich in Ihrem Bewußtsein schaffen.

Ich habe eine gewinnende Persönlichkeit. Ich bin freundlich, enthusiastisch, herzlich und ich selbst. Ich bin ein Mensch, mit dem andere gerne zusammen sind.

Die Menschen mögen mich. Sie mögen Vieles an mir. Mit am meisten mögen sie, wie ich mit ihnen umgehe.

Ich bin allen Menschen gegenüber ehrlich und aufrichtig. Ich bin jedem gegenüber höflich, habe Respekt und Achtung und bin rücksichtsvoll.

Ich bin in vieler Hinsicht attraktiv. Ich ziehe andere Menschen an. Ich erwecke ihr Interesse, ihre Begeisterung, gewinne Freundschaft und ihr Vertrauen. Ich löse in jedem Menschen das Beste aus. Deshalb bin ich attraktiv.

Ich habe Respekt vor anderen, und sie haben Respekt vor mir. Für mich ist jede Person, die mir begegnet, wichtig. Ich erzeuge bei anderen schnell und mühelos ein Gefühl des Vertrauens und des Respekts.

Ich habe ein sonniges Gemüt. Ich übe mich darin, mir eine positive, heitere und herzliche Einstellung zum Leben zu bewahren.

Ich habe wirkliches Interesse an anderen Menschen. Das ist spürbar. Menschen sind mir wichtig. Ich lasse sie das wissen.

Ich kann gut zuhören. Ich höre den Überzeugungen, Gedanken und Vorstellungen anderer mit echtem Interesse zu.

Ich lasse immer zu, daß andere Menschen sich vollkommen und frei entfalten. Wenn jemand mit mir spricht, bin ich immer aufmerksam und ermutigend.

Ich suche bei jedem, den ich treffe, nach seinen besonderen Qualitäten. Ich finde sie immer.

Ich nehme immer Rücksicht auf die Gefühle anderer. Ich bin mir ihrer Gefühle bewußt, bin ihren Einstellungen gegenüber feinfühlig und berücksichtige ihre Überzeugung.

Andere Menschen sind auch deshalb gern mit mir zusammen, weil ich ihnen immer ein gutes Selbstwertgefühl vermittle.

Ich mache den Menschen in meiner Umgebung immer ihre besten

Seiten bewußt.

Meine Persönlichkeit wird jeden Tag heiterer und stärker und drückt noch deutlicher meine positive Geisteshaltung aus.

19
Selbst-Gespräche für Familie und Beziehungen

Die Selbst-Gespräche in diesem Kapitel sind dazu geeignet, den Glauben an die Ehe zu stärken und ihr mehr Bedeutung zu geben, uns zu besseren Zuhörern zu machen, positiver und befriedigender mit Nähe umzugehen und Beziehungen zu verbessern.

In einem der vorhergehenden Kapitel sprachen wir über den Gebrauch von Selbst-Gesprächen zuhause. Wenn wir Selbst-Gespräche zur Gewohnheit machen und anderen Familienmitgliedern dabei behilflich sind, dies ebenfalls zu tun, können wir deutliche Veränderungen erzielen. Ihr Gefühl sich selbst und anderen gegenüber kann, und oft ist es auch so, darüber bestimmen, ob Ihr Familienleben glücklich ist oder nicht. Gleichgültig, wie die Qualität Ihres Familienlebens heute ist, können die folgenden Selbst-Gespräche es verbessern.

Eine glückliche Ehe

Nur wenige Lebensbereiche sind so direkt von unseren Einstellungen, Überzeugungen und Gefühlen beeinflußt wie eine intensive, dauerhafte Beziehung zu einer anderen Person.

Eine Ehe kann wirklich zu einer unserer größten Herausforderungen werden und gleichzeitig eine der größten Bereicherungen sein. Sie kann fast im gleichen Augenblick eine Mischung aus Einssein und Verschiedenheit hervorrufen. Sie verpflichtet beide Partner, ihr Bestes zu geben, damit diese Mischung funktioniert.

Wenn Ehen, wie man so schön sagt, „im Himmel geschlossen" werden, hat der „Himmel" es anscheinend uns überlassen, herauszufinden, wie wir ein besserer Partner werden können.

Die folgenden Worte verwandeln vielleicht nicht schlagartig Probleme in Lösungen oder Enttäuschungen in Glückseligkeit. Doch es sind Selbstanleitungen, die Ihnen helfen können, Ihre Beziehungen aufzubauen und zu fördern, wenn Sie sich die Worte zu *eigen* machen. Eine gute Ehe ist kein beiläufiges Ereignis, das dem Zufall überlassen ist. Eine gute dauerhafte Beziehung entsteht durch Liebe, Geduld, Hingabe, Ehrlichkeit, Verständnis, Fürsorge, Glauben, Bemühung und Unterstützung.

Die folgenden Selbstanleitungen beschreiben nicht ein Leben, das nur für „die anderen" funktioniert. Es sind Anleitungen, die Sie und der Mensch, den Sie lieben, in die Praxis umsetzen können.

Ich habe Freude an meiner Ehe und den vielen Vorteilen und schönen Erlebnissen, die ich durch sie in meinem Leben habe.

Mein Ehe läuft gut, weil ich an ihr arbeite. Ich halte eine gute Beziehung nicht für selbverständlich. Ich bin mir bewußt, welche Rolle ich dabei spiele, daß die Ehe klappt und sich weiterentwickelt.

Meine Ehe ist der Beweis, daß sich „Teamarbeit" bezahlt macht. Ich bin in meinem Leben niemals einsam. Ich bin immer Teil eines fürsorglichen, liebenden, erfolgreichen Teams.

Ich glaube an die Kraft, sich Ziele zu setzen, und daran, für unsere Ziele zu arbeiten und sie gemeinsam zu verwirklichen.

Ich bewundere meinen Partner aufrichtig. Das ist spürbar. Ich gebe meiner Bewunderung und Anerkennung oft in der Öffentlichkeit und zuhause Ausdruck.

Ich respektiere die Einzigartigkeit meines Partners als Person. Ich bewundere die vielen, besonderen Qualitäten, die dadurch in unserer Beziehung entstehen.

Es ist mir wichtig, zu wissen, wer ich bin. In meiner Ehe trage ich die Verantwortung dafür, ich selbst zu sein.

Ich bin meinem Partner und mir selbst gegenüber liebevoll, rücksichtsvoll, aufmerksam und fürsorglich.

Ich halte mich meinem Partner und mir selbst zuliebe gut in Form, seelisch und körperlich.

Ich mag mein Äußeres. Ich mag meine Gefühle. Ich möchte auch so bleiben.

Ich mag es, wie mein Partner mich ansieht. Ich weiß, daß es meine eigene Anerkennung und Wertschätzung widerspiegelt, die ich für ihn empfinde.

Jede Meinungsverschiedenheit klären wir auf persönliche, verständnisvolle und rücksichtsvolle Weise.

Ich respektiere meine Ehe und meinen Partner. Ich versuche, Meinungsverschiedenheiten immer auf konstruktive Art zu klären.

Ich drücke meine Gedanken und Meinungen offen, aufrichtig und ehrlich aus. Ich drücke mich deutlich aus und berücksichtige meine Ansichten und die meines Partners.

Ich bin stolz darauf, wie ich mich mit meinem Partner auseinandersetze, meinen Gedanken und Gefühlen Ausdruck gebe, und wie ich jeden Gedanken und jedes Gefühl wahrnehme und verstehe, das mir gegenüber ausgedrückt wird.

Für mich ist die Ehe kein Ort, an dem ich kontrolliere oder kontrolliert werde. Ich verlasse mich auf die Liebe, die Unterstützung und Vertrauen meines Partners, doch ich allein habe die Kontrolle über mich und mein Leben.

Je mehr Verantwortung ich für mich selbst übernehme, desto erfolgreicher wird meine Ehe.

Stellen Sie sich vor, Sie gebrauchen diese Art von Selbst-Gesprächen jeden Tag oder zumindest hin und wieder, entweder allein oder mit Ihrem Partner zusammen. Ich habe Ehepaare gekannt, die sich an dem Tag, als sich ihr Hochzeitstag jährte, gegenseitig ihr Eheversprechen wiederholten, um sich auf diese Weise erneut ihre Bindung zu bestätigen. Stellen Sie sich vor, Sie bewahren sich die Hoffnungen und Träume Ihrer Ehe nicht nur an Ihrem Hochzeitstag oder an einem anderen besonderen Tag sondern jeden Tag im Jahr.

Vielleicht möchten Sie und Ihr Partner in ihrer eigenen Beziehung eine Methode erproben, die weitreichende Auswirkungen haben kann: Lesen Sie sich den vorhergehenden Text gegenseitig an einem Abend im Monat vor. Sagen Sie diese Worte während des übrigen Monats hin und wieder oder sogar täglich zu sich selbst. Sie werden dazu nur ein paar Minuten benötigen. Doch die Resultate könnten Sie Ihr ganzes Leben lang genießen.

Positive Beziehung zu den Kindern

Sie sollten sich darüber im klaren sein, wie Sie zu Ihrer Verantwortung besonders in einem so wichtigen Bereich wie Kindererziehung stehen. Die Selbst-Gespräche dieses Textes vermitteln ein Bild von einer gesunden Einstellung zur Elternschaft. Sie enthalten derartige Selbstanleitungen, durch die Sie sich in der Elternrolle als „positiven Berater" Ihres Kinde sehen.

Uns allen sind auch *andere* Selbst-Gespräche zum Thema Elternschaft bekannt. Einige von uns haben sie auch benutzt. Sehen Sie sich einfach ein paar Beispiele davon an, was manche Menschen sich über eine der wichtigsten Verantwortungen und über einige der *schönsten Erlebnisse*, die Sie je haben werden, sagen: *„Ich war einfach nicht dafür geschaffen, Vater (oder Mutter) zu sein"; „Mein Kind bringt mich noch ins Grab"; „Ich kann einfach nichts mehr mit ihm (oder ihr) reden"; „Mir fehlt die Zeit dazu"; „Manchmal kann ich meine Kinder nicht ertragen"; „Mein Jüngstes bereitet mir nichts als Ärger"; „Sie gehen mir wirklich auf die Nerven"; „Womit habe ich solche Kinder verdient?"; „Mein Haus ist immer ein Chaos"; „Teenager sind einfach unmöglich"; „Ich komme einfach nicht weiter mit ihnen"; „Was habe ich bloß falsch gemacht?"*

Die folgenden Selbst-Gespräche sind anders. Sie zeigen Ihnen, daß es kaum ein wertvolleres Geschenk gibt, das Sie jemand anderem und sich selbst machen können, als ein guter Vater (oder eine gute Mutter) zu sein. Die Selbst-Gespräche bewirken eine innere Haltung, die liebevoll und fürsorglich ist, doch sie ermutigen Sie auch, Ihren Kindern zu gestatten, die besten Seiten von sich selbst kennenzulernen.

Ich bin ein außergewöhnlich guter Vater (oder eine gute Mutter). Ich bin gerne Vater (Mutter). Das ist in jedem Bereich meines Lebens zu erkennen.

Ich nehme die Verantwortung, die ich als Mutter (Vater) in meinem Leben habe, an. Ich bin für sie bereit, werde ihr gerecht und begrüße sie.

Es gelingt mir gut, meinen Kindern zu helfen, sich selbst so positiv wie möglich zu sehen.

Ich sorge für Harmonie und Fröhlichkeit in meinem Zuhause.

Ich kann gut zuhören. Ich höre immer interessiert, verständnisvoll und liebevoll zu. Ich lasse die Kinder wissen, daß sie mit mir reden können, und daß ich zuhöre.

Ich bin energisch und bestimmt, doch habe ich auch Verständnis für meine Kinder und unterstütze sie.

Bei der Erziehung meiner Kinder verwende ich keine leeren Drohungen und keine nicht ernst gemeinten Warnungen. Meine Kinder wissen, daß ich das, was ich sage, auch meine.

Ich verstehe den Unterschied zwischen Strafe, Disziplin und Erziehung. Ich bemühe mich immer, sie im richtigen Verhältnis zu halten.

Auf mich ist Verlaß. Durch meine Verläßlichkeit und Beständigkeit wird in unserem Zuhause das Vertrauen auf Liebe und Sicherheit immer tiefer.

Ich vermittle Wertvorstellungen, indem ich mit gutem Beispiel vorangehe.

Für mich ist jeder Tag eine Gelegenheit, um durch mein eigenes Beispiel zu zeigen, wie er am besten gelebt werden kann.

Ich kritisiere nie die Vorstellungen oder Bemühungen meines Kindes oder werte sie ab.

Ich erwarte nicht, daß mein Kind „perfekt" ist, sondern ich erwarte das Beste von ihm.

Ich gebe gerne jederzeit kleine oder große Belohnungen.

Ich achte darauf, daß ich jeden Tag zu jedem Familienmitglied etwas Besonderes und Gutes sage.

Ich sorge dafür, daß ich beschwingt, enthusiastisch und guter Laune bin.

Meine eigene positive Haltung zu mir als Vater (Mutter) ist in meinem gesamten Handeln zu erkennen.

Es macht mir Spaß, ein guter Vater (eine gute Mutter) zu sein und die vielen Freuden zu erleben, die durch mein positives Verhalten als Mutter (Vater) in meinem Leben und dem Leben derer, die ich liebe, entstehen.

Besser zuhören können

Wieviel mehr würden wir hören, wenn wir nur richtig zuhörten. Durch *oberflächliches* Zuhören entstehen Mißverständnisse, Fehlinformationen und zahllose Probleme. Aktives, verständnisvolles, *bewußtes Zuhören* kann Ihnen jedoch ganz neue Möglichkeiten erschließen, um mit Ihrem Leben in Verbindung zu bleiben.

Bis heute ist mir noch kein bewußt lebender, erfolgreicher und selbstbeherrschter Mensch begegnet, der nicht auch gut zuhören konnte. Wenn wir die Fähigkeit zum Zuhören entwickeln, entwickeln wir auch die Fähigkeit, uns zu konzentrieren, bewußt zu leben, Dinge aus verschiedenen Blickwinkeln sehen zu können, uns etwas vorstellen und mit anderen kommunizieren zu können. Ich habe Menschen gekannt, die anscheinend *niemals* zuhörten. Andere wiederum reden ständig, statt zuzuhören, nur weil ihre eigene Unsicherheit sie dazu zwingt.

Von den fünf Sinnesorganen, mit denen das menschliche Gehirn Informationen sammelt, benutzen wir hauptsächlich unser Gehör und unsere Augen. Nahezu alle von uns sind mit diesen Sinnen, die wir brauchen, ausgestattet. Jeder Mensch kann lernen, sie besser zu nutzen. Doch die Selbst-Gespräche in diesem Teil handeln von einem Zuhören, das über die körperliche Fähigkeit zum Zuhören hinausgeht. Sie programmieren Sie dazu, „richtig zuzuhören", wahrzunehmen, aufmerksam zu sein und Ihre Gedanken auf den gegenwärtigen Augenblick zu konzentrieren.

Ob Sie nun in der Schule sind, einem Kunden ein Produkt vorführen, mit Ihrem Kind oder Ihrem Partner sprechen, oder ob Sie einem Freund zuhören, Sie können jederzeit Ihren inneren Empfänger auf die entsprechende Frequenz einstellen, sich konzentrieren und mehr von dem aufnehmen, was wirklich gesagt wird.

Dieser Text, der davon handelt, die Fähigkeit zum Zuhören zu verbessern und zu vertiefen, hat bei jedem Menschen, der mit ihm arbeitete, fast unmittelbar positive Resultate erzielt. Probieren Sie ihn selbst aus. Lesen Sie diesen Text dreimal vor Ihrer nächsten Besprechung, bevor Sie morgen zur Arbeit gehen oder kurz vor einem wichtigen Gespräch. Die langfristigen Resultate könnten Ihnen einige deutliche Vorteile verschaffen. Sogar die *kurzfristigen* Ergebnisse werden Sie vielleicht überraschen.

Ich kann gut zuhören. Ich bin immer liebenswürdig, höflich, aufmerksam und positiv. Mein Interesse an anderen Menschen ist intensiv, lebendig und leidenschaftlich. Das ist auch zu erkennen.

Wenn jemand mit mir spricht, höre ich mir die Worte nicht nur an, sondern ich höre intensiv zu. Ich bin immer offen und positiv zugewandt, gleichgültig, wer mit mir spricht, oder worum es sich handelt.

Meiner Familie und den Personen, die mir am nächsten stehen, höre ich besonders gut zu. Ich höre immer zu, um zu verstehen. Mein Verständnis und die Teilnahme, die mein Zuhören vermittelt, tragen sehr dazu bei, daß meine Freunde und meine Familie herzlicher und fröhlicher sind.

Ich beschäftige mit nie damit, was ich als nächstes sagen möchte, wenn ich meine Aufmerksamkeit dem widmen sollte, was gerade gesagt wird.

Ich höre alles, was mir gesagt wird, nicht nur einen Teil. Zuhören bedeutet für mich nicht, darauf zu warten, endlich selbst wieder zu sprechen. Wenn ich zuhöre, höre ich zu.

Wenn jemand mit mir spricht, lasse ich diese Person wissen, daß ich ihr meine ganze Aufmerksamkeit widme. Mein Gesicht drückt immer mein Interesse und die Aufmerksamkeit aus, die ich der anderen Person und ihren Worten schenke.

Wenn jemand mit mir spricht, suche ich nach Übereinstimmung und Gemeinsamkeiten in unserer Denkweise. Ich versuche, gemeinsame Absichten und Ziele zu finden.

Bewußtes, positives Zuhören ist in meinem Gesicht und meiner Stimme zu erkennen.

Die Menschen sind automatisch kooperativer und freundlicher, wenn sie mit mir sprechen.

Ich vermittle den Menschen das Gefühl, daß ich ihnen zuhöre. Ich achte darauf, daß ich ihnen mein Verständnis zeige und auf ihre Gedanken eingehe, wenn es angebracht ist.

Ich höre sorgfältig zu. Ich höre nicht einfach des Zuhörens wegen zu. Ich höre zu, um zu verstehen.

Ich höre auch zu, wenn nichts gesprochen wird. Oft höre ich gerade dann am meisten.

Ich höre nicht nur den Gedanken anderer zu, sondern auch der Stimme, die aus meinem Innern spricht. Ich höre dieser inneren Stimme sorgfältig zu. Es ist die Stimme meines besten Freundes und Beraters. Ich beachte die Ratschläge, die er mir gibt.

Mit jedem Tag gelingt es mir besser, bewußt zuzuhören. Ich habe Freude daran, diese Fähigkeit zum Zuhören so oft wie möglich zu schulen und zu verbessern. Ich schule sie bei jeder Person, mit der ich spreche, oder der ich zuhöre, wo immer ich bin.

Persönliche Beziehungen verbessern

Diese Selbst-Gespräche vermitteln einen Eindruck davon, wie wichtig andere Menschen sind, und wie Sie sich selbst im Umgang mit anderen sehen. Wie Sie mit anderen Menschen umgehen, bestimmt zu einem hohen Grad, wie die anderen mit *Ihnen* umgehen. Wie Sie sich selbst sehen, beeinflußt oder bestimmt immer, wie die *anderen* Menschen *Sie* sehen.

Wenn Sie sich mit einer anderen Person beschäftigen, durchlaufen Sie automatisch (gewöhnlich unbewußt) im Verlauf der Beschäftigung mit der Person einen „Prozeß". Er beginnt mit dem Gefühl, das Sie sich selbst gegenüber haben. Dies bestimmt zum größten Teil, was Sie für die andere Person empfinden. Dieses Gefühl wiederum beeinflußt, wie Sie sich der anderen Person gegenüber verhalten. Und *Ihr* Verhalten beeinflußt das Verhalten der *anderen* Person Ihnen gegenüber. Natürlich wird die Art, wie andere Sie behandeln, fast immer bestimmen, wie Sie wiederum reagieren!

Um bei anderen Menschen die bestmöglichen Ergebnisse zu erzielen, ist es sinnvoll, daß Sie den ersten Schritt richtig setzen, indem Sie *sich selbst* mögen und nur das Beste von den

Beziehungen zu Ihren Mitmenschen erwarten.

Die Menschen sind mir wichtig. Ich mag die Menschen in meinem Leben und weiß, daß sie mich ebenfalls mögen.

Ich ziehe automatisch Menschen an, die ehrlich und aufrichtig sind und meine Überzeugung genauso schätzen wie ich ihre.

Meine persönlichen Beziehungen sind herzlich, bedeutungsvoll und eine große Bereicherung für mein Leben. Ich bin allen Menschen gegenüber jederzeit aufrichtig und ehrlich, unabhängig davon, um welche Situation es sich handelt, oder welches Verhältnis ich zu ihnen habe.

Obwohl ich nicht verlange, daß mich meine Umgebung gerecht behandelt, bin ich trotzdem immer gerecht im Umgang mit anderen.

Ich glaube an die Menschen. Ich beginne jede neue Beziehung vertrauensvoll und entgegenkommend. Ich versuche bewußt, jede neue Beziehung auf Vertrauen und Respekt aufzubauen.

Ich bin in der Lage, meinen Gefühlen anderen gegenüber Ausdruck zu verleihen. Ich habe Geduld und Verständnis für ihre Gefühle mir gegenüber.

Ich höre zu, wenn Menschen mit mir sprechen. Doch ich achte auf weit mehr als nur auf ihre Worte. Ich höre am stärksten auf die Botschaften, die aus meinem Innern kommen.

Ich kann an jedem Menschen etwas Gutes finden. Ich suche und finde in jeder Person wertvolle Qualitäten. Ich achte andere Menschen sehr.

Meine Freundlichkeit und meine Aufrichtigkeit sind echt. Weil ich andere Menschen mag, an ihnen Freude habe und sie akzeptiere, sind mir Freundlichkeit und Aufrichtigkeit zur Gewohnheit geworden.

Ich bin immer dazu bereit, im Zweifelsfalle in jeder Situation das Beste anzunehmen.

Es fällt mir leicht, Freundschaften zu schließen. Ich achte diese Freundschaften sehr. Auf mich ist Verlaß, gleichgültig, um welche Art von Beziehung es sich handelt.

Ich bin vertrauenswürdig und verantwortungsbewußt. Die Menschen wissen diese Qualitäten an mir sehr zu schätzen.

Ich möchte lieber geben, statt zu fordern. Ich ziehe es vor, zu akzeptieren, statt zu verurteilen.

Jeden Tag werde ich mir meiner Beziehungen zu anderen noch bewußter. Ich erkenne immer mehr, wie wichtig sie mir sind, und welche Bedeutung sie in meinem Leben haben.

Intimität herstellen

Jeder Mensch hat das Recht, in seinem Leben Erfüllung zu finden und zu erleben. Intimität und sexuelle Erfüllung sind mit größter Sicherheit zwei der wunderbarsten Geschenke, die Gott den Menschen zuteil werden ließ. Wenn sie es nicht wären, hätte er uns sicher nicht mit einer Psyche und einem chemischen Hormonsystem ausgestattet, die diesem Lebensbereich so viel Bedeutung geben!

Sie sollten wissen, daß jegliche Beschränkungen, die Sie daran hindern, sich auszudrücken - körperlich, intim und auf andere Art - so gut wie immer aufgrund Ihrer früheren Programmierung entstanden sind. *Was Sie in der Vergangenheit zu glauben, befürchten und akzeptieren lernten, hat nichts mit dem zu tun, was Sie in Zukunft erreichen können.*

Die Selbst-Gespräche im folgenden Text sind als Ausgangspunkt gedacht. Durch sie erkennen Sie Ihr eigenes natürliches Bedürfnis und Ihr Recht, Erfüllung zu geben und zu empfangen. Vielleicht möchten Sie ein paar eigene Worte hinzufügen, die Sie persönlich ansprechen. Vergegenwärtigen Sie sich, daß es Ihnen zusteht, jeden Teil von sich auszuleben und zu verwirklichen. Ihre Sexualität ist einer der besten, wichtigsten und wertvollsten Bereiche Ihres persönlichen Lebens.

Ich bin eins mit mir und finde Erfüllung in allen Bereichen meines Lebens.

Ich bin mir meiner selbst bewußt. Ich glaube an meine Fähigkeit, mich körperlich, geistig und gefühlsmäßig auszudrücken - ohne Bedenken und ohne mich zurückhalten zu müssen.

Meiner Intimität und Sexualität Ausdruck zu geben, ist eine der größten Freuden meines Lebens. Ich gebe mir die Freiheit, mich voll und ganz dieser Freude hinzugeben.

Ich bin herzlich, aufrichtig, liebevoll, rücksichtsvoll und fürsorglich. Dies sind Qualitäten, die ich besitze. Ich finde sie auch in anderen Menschen.

Ich berühre Menschen sehr gerne, und ich tue es auch. Ich kann mich leicht und ohne Probleme gegenüber der Person meiner Wahl körperlich entfalten.

Ich bin ein *phantastischer* Partner! Ich weiß, mich zu entspannen und uns *beiden* Erfüllung zu geben, einfach dadurch, daß ich ich selbst bin!

Ich gebe gerne, doch ich genieße es auch zu empfangen. Ich verdiene es, eine Menge Freude und Spaß in meinem Leben zu erfahren. Ich gebe mir die uneingeschränkte und unwiderrufliche Erlaubnis zu genießen!

Ich kenne meine intimsten Gefühle und Wünsche. Ich besitze einen reichen, leidenschaftlichen Schatz an wunderbarer Intimität.

Ich weiß, daß es gut ist, meine Sexualität auszudrücken. Sie ist ein positiver und wichtiger Teil meines gesamten Wohlbefindens.

Ich nehme mir die Zeit, meinem Partner meine Bedürfnisse mitzuteilen und ihn an ihrer Erfüllung teilhaben zu lassen.

Ich lasse meine Phantasien zu und lasse sie zu der Schönheit und der Freude meiner Beziehung beitragen.

Ich mag den Körper, den ich mir geschaffen habe. Er ist ein Teil dessen, was ich bin. Ich bin gerne ich selbst.

Ich erlebe vollständige Erfüllung. Meine intimen persönlichen Erfahrungen sind äußerst befriedigend und sehr beglückend.

Ich bin begeistert von mir und meiner Intimität und habe positive Erwartungen. Ich glaube an das Beste für mich. Ich habe das Beste verdient. Das Beste erhalte ich auch.

Ich schätze mich und weiß, daß ich in jedem Bereich meines Lebens mein Bestes ausleben kann.

Ich mag mich. Ich lebe jeden Tag in der Freiheit, mich selbst anzunehmen, an mich zu glauben und in der Freude, mich selbst vollkommen verwirklichen zu können.

Ich lebe mein Leben so gut wie möglich körperlich, geistig und in jedem anderen wichtigen Bereich meines Seins.

Ich erlöse mich von meinen Ängsten und lasse sie los.

20
Selbst-Gespräche für Fitness und Gesundheit

Selbst-Gespräche zur Verbesserung der körperlichen Verfassung gehören zu den Selbst-Gesprächen, um die man mich am häufigsten bat. Sie sind wichtig, denn die Veränderung jeder kleinsten körperlichen Gewohnheit (ganz zu schweigen von solch bedeutenden Zielen wie, das Rauchen aufzugeben oder schlanker zu werden) *muß* damit beginnen, *wie wir uns selbst innerlich sehen.*

Weil einige unserer früheren Versuche, körperliche Veränderungen zu erzielen, sich als nutzlos erwiesen haben, gelangten wir schließlich zu der Überzeugung, daß sie uns nie gelingen werden. Aus diesem Grund und weil unser Ziel nicht nur seelischer, sondern auch körperlicher Natur und oft auch genetisch bedingt ist, benötigen wir das bestmögliche Programm, das wir uns erstellen können, wenn wir anhaltende Veränderungen erzielen wollen.

Selbst-Gespräche allein werden keine Wunder bewirken. Dazu sind sie nicht vorgesehen. Doch sie könnten das ausschlaggebende Werkzeug sein. Wenn Sie augenblicklich eine bestimmte Methode oder Technik benutzen, um schlanker zu werden, das Rauchen aufzugeben, den Streß zu vermindern, oder um ein anderes körperliches Ziel zu erreichen, und wenn diese Methoden funktionieren, dann behalten Sie sie unbedingt bei. Doch fügen Sie jeden Tag noch eine kräftige Dosis der geistigen Nahrung hinzu, die Sie durch Selbst-Gespräche erhalten.

Mir ist kein anderer Bereich persönlicher Veränderung bekannt, in dem die *Wiederholung* der Selbst-Gespräche eine größere Bedeutung hat. Denn besonders, wenn wir mit unseren eigenen *körperlichen* Grenzen und Gewohnheiten konfrontiert werden, brauchen wir jede Ermutigung, die wir nur bekommen können.

Suchen Sie die Selbst-Gespräche heraus, die auf Sie zutreffen, oder schreiben Sie Ihre eigenen auf. *Benutzen* Sie sie unter allen Umständen. Benutzen Sie sie immer und immer wieder. Benutzen

Sie sie jeden Tag. Benutzen Sie sie, wenn Ihnen irgendein Hindernis im Weg zu stehen und Sie zum Stillstand zu bringen scheint. Benutzen Sie die Selbst-Gespräche, wenn die alten Versuchungen wieder hochkommen, oder wenn Sie Ihr Ziel aus den Augen zu verlieren beginnen.

Es gibt einen Grund, weshalb wir den Ausdruck „Übung macht den Meister" verwenden. Denn vieles von dem, was wir tun, ist das Resultat der stärksten Muster, die wir in unserem Bewußtsein entworfen haben. Das ist, wie wir wissen, die Grundlage, auf der die Selbst-Gespräche aufgebaut sind. Deshalb ist das ständige gewissenhafte und bewußte Wiederholen der Selbst-Gespräche eine sehr wichtige Hilfe für Sie, wenn Sie eine Gewohnheit verändern oder ein Ziel erreichen wollen. Wenn Sie die alte Gewohnheit, das alte körperliche *Muster* verändern wollen, müssen Sie zuerst das geistige Muster verändern.

Selbst mit Selbst-Gesprächen ist der Weg vielleicht nicht immer leicht. Doch wenn Sie sie lange genug und intensiv genug einsetzen, werden Ihre eigenen Selbst-Gespräche immer eine Veränderung bewirken.

Allgemeine Gesundheit und körperliche Fitness

Die folgenden Selbst-Gespräche und die anderen Texte, die eine Verbindung zwischen geistiger Haltung und körperlicher Gesundheit herstellen, sind Texte, die mit am meisten eingesetzt werden. Das ist kein Wunder. Der Zusammenhang zwischen körperlicher Gesundheit und geistiger Einstellung wird so langsam zu einem der beliebtesten Themen der heutigen Forschung.

Heute beginnen viele Ärzte, ihren Patienten beizubringen, daß ein gesunder Geist die Basis für einen gesunden Körper ist. Ich nehme an, daß innerhalb weniger Jahre der Geist selbst eines der wichtigsten Mittel zur Vorbeugung von Krankheiten sein wird.

Von den olympischen Wettkämpfen über professionelle Athleten bis hin zu individuellen Fitness-Programmen deutet inzwischen immer mehr darauf hin, daß Ihr Denken (sogar *während* Sie Sport treiben) Ihre Resultate beeinflußt.

Es besteht ein klarer Zusammenhang zwischen Ihrer Gesundheit und körperlichen Fitness, und wie Sie sich selbst programmieren. Die folgenden Selbst-Gespräche geben Ihnen ein paar Anhaltspunkte (und ein Grundschema, dem Sie folgen können), die Ihre besten geistigen Fähigkeiten mit Ihrer besten körperlichen Leistungsfähigkeit verbinden. Es ist ein Schnellkurs für *„Gesunde Ernährung für den Geist"*.

Ich fühle mich großartig! Mein Bewußtsein ist rege und klar. Ich bin körperlich fit und gesund. Ich besitze ein hohes Maß an Energie. Meine Einstellung ist hervorragend. Ich habe alles im Griff und unter Kontrolle.

Ich bin mir meines Körpers bewußt und weiß, wie wichtig er für mein allgemeines Wohlbefinden ist. Ich tue, was nötig ist, um mich körperlich in Top-Form zu halten.

Mein Körper ist die Heimat meines Geistes. Es ist wichtig für mich, sowohl meinen Körper als auch meinen Geist in gutem Zustand zu halten und für mich arbeiten zu lassen.

Gesundheit ist für mich etwas völlig Normales. Doch ich betrachte gute Gesundheit nicht als selbstverständlich. Ich bin gesund, fühle mich gut und bin stolz darauf, daß ich der Erhaltung meiner Gesundheit so viel positive Aufmerksamkeit schenke.

Ich ernähre mich auf eine Weise, die meiner körperlichen und seelischen Gesundheit und meinem Wohlbefinden zuträglich ist. Ich esse und trinke nie mehr, als ich sollte, und unternehme nichts, was mir in irgendeiner Weise schaden könnte.

Da ich immer auf mich achte, besitze ich eine Fülle an körperlicher Kraft und Durchhaltevermögen. Meine Ausdauer ist hervorragend. Ich bin voller Leben und Energie.

Meine Lunge ist rein und stark. Ich bin in der Lage, tief durchzuatmen.

Ich verschaffe mir jeden Tag Bewegung und habe Spaß daran. Ich freue mich auf das Hochgefühl und Wohlbehagen, das ich durch das Training erhalte.

Ich höre auf die Stimme in mir, die mir immer die Wahrheit über meine körperliche Verfassung sagt. Ich ignoriere nie ihre Warnungen. Ich beachte die Ratschläge immer.

Ich habe mein Idealgewicht. Da ich mich ausgewogen ernähre und mir Bewegung verschaffe, fällt es mir leicht, das richtige Gewicht zu halten.

Ich gönne mir immer so viel Ruhe und Entspannung, wie nötig ist. Ich achte darauf, daß ich immer so viel tiefen, entspannenden und erquickenden Schlaf bekomme, wie ich brauche.

Jeden Morgen sorge ich dafür, daß ich völlig ausgeruht, erfrischt und guter Stimmung aufwache.

Wenn ich mich im Spiegel ehrlich anschaue, mag ich, was ich sehe. Ich bin stolz darauf, daß ich so erfolgreich dafür sorge, gut auszusehen und mich gut zu fühlen.

Mein Bewußtsein sorgt gut für mich. Ich konditioniere mein Bewußtsein bewußt mit meinen eigenen Selbstanleitungen, um meinen Körper weiterhin fit, gesund, voller Kraft und Energie zu halten. Mein Bewußtsein ist dazu immer in der Lage.

Streß reduzieren

Nur wenige Themen auf dem Gebiet der Selbstvervollkommnung sind im Laufe der letzten Jahre auf so großes Interesse gestoßen wie die Auswirkungen von Streß auf unser tägliches Leben und seine Reduzierung. Die meisten von uns haben die Auswirkungen erkannt, die die falsche Art von Streß sowohl körperlich als auch seelisch auf uns hat.

Ärzte raten ihren Patienten immer wieder, langsam zu machen, sich freizunehmen, sich zu entspannen, einem Hobby nachzugehen oder den Arbeitsplatz zu wechseln. Während einer Radiotalkshow in Cleveland, Ohio, rief einmal eine Frau namens Elaine an. Elaine erzählte mir, daß sie davon überzeugt sei, die meisten ihrer Probleme lösen zu können, wenn sie nur ein wenig Freizeit für sich hätte. Sie arbeitete ganztags, hatte zwei kleine Kinder, kürzlich geheiratet und versuchte, alles gleichzeitig zu bewältigen. Sie schenkte ihre gesamte Aufmerksamkeit anderen, fand jedoch keine Zeit für sich selbst. Ihren eigenen Worten zufolge fühlte sie sich „völlig ausgelaugt, am Ende ihrer Kräfte und war kurz davor, aufzugeben."

Ich fragte Elaine: „Wie können Sie für andere das Beste geben, wenn Sie sich nicht die Zeit nehmen, für sich selbst das Beste zu tun?" Ich erzählte ihr eine Geschichte von einem High-School-Trainer, der einen Autounfall gehabt hatte. Weil er es ablehnte, sich erst einmal zu erholen, versuchte er, seinem Team Hürdenlauf beizubringen, während er selbst noch an Krücken ging.

Sie können anderen in Ihrem Leben nicht das Beste geben, wenn Sie nicht gut zu sich selbst sind. Das mag egoistisch klingen, doch es ist genau das Gegenteil. Wenn Sie nicht lernen, sich zu entspannen, sich ein wenig Seelenruhe zu gönnen und Ihre Batterien neu aufzuladen, wie können Sie dann überhaupt denken, reagieren, handeln oder Ihr Bestes geben? Nehmen Sie sich die Zeit, und reduzieren Sie erst einmal Ihren eigenen Streß. Dann werden Sie feststellen, daß Ihnen Ihre Umwelt ebenfalls weniger Streß bereitet.

Eine der besten aller bekannten Methoden zur Streß-Reduzierung ist die, den Streß da zu stoppen, wo er beginnt: im Geist.

Viele der Selbst-Gesprächs-Texte in diesem Buch werden Ihnen helfen, die Ursachen des Streß in Ihrem Leben zu reduzieren. Wenn Sie sich Ziele setzen, die entsprechenden Schritte unternehmen, Probleme bewältigen, sich körperlich in Form bringen und die Verantwortung für Ihre Rolle im Leben übernehmen, werden Sie langsam auf natürliche Weise viele Probleme lösen, die zu Streß führen.

Die tägliche Anwendung der Selbst-Gespräche in diesem Text hat jedoch vielen Menschen geholfen, die *Auswirkungen* des Streß zu überwinden, und zeigte ihnen Methoden, um zur Ruhe zu kommen, abzuschalten und sich darin zu üben, streßfreie

Entspannung zu einem normalen Bestandteil ihres Tages zu machen.

Vielleicht möchten Sie ein gelasseneres Selbstbewußtsein entwickeln, Ihre Energien sammeln und den Vorteil genießen, sich gut zu fühlen. Hier sind einige der Worte, die Ihnen helfen werden, den Streß und seine Auswirkungen zu kontrollieren, wenn Sie sie jeden Abend, oder wann immer Sie sich entspannen möchten, gebrauchen.

Ich bin ruhig und zuversichtlich. Ich besitze das gelassene Selbstvertrauen, in meinem Leben Erfolg zu haben.

Entspannung ist wichtig für mich. Ich habe immer genug davon. Ich achte darauf, daß ich mir nicht nur Zeit nehme, auf etwas hinzuarbeiten, sondern auch dafür, auf dem Weg zum Ziel hin die Schönheit des Lebens zu genießen.

Ich ziehe es vor, mein Leben nicht damit zu verbringen, die Erwartungen anderer erfüllen zu wollen. Ich gestatte es niemanden, mich mit seinen Erwartungen unter Druck zu setzen, wenn ich nicht ausdrücklich meine Einwilligung gebe.

Ich befreie mich bewußt und unbewußt von jeglichem schädlichen Streß in meinem Leben. Ich lasse nur die Energien in mir arbeiten, die sich positiv und gut auf mein gesamtes Wohlbefinden auswirken.

Ich betrachte mein Leben und alles in ihm aus der ruhigen, klaren Perspektive großer Bewußtheit und großen Verständnisses.

Ich besitze inneren Frieden. Ich lebe mein Leben auf positive und lohnenswerte Weise. Es ist sinnvoll und wertvoll. Ich mag die Person, die ich bin. Ich erfreue mich an ihr. Dies führt zu noch mehr innerem Frieden und Selbstvertrauen.

Ich lasse es nicht zu, daß sich Angst in meinem Leben breitmacht. Ich bin viel zu sehr damit beschäftigt, ein erfülltes Leben zu führen, als daß ich Zeit und Raum lassen wollte für Angst oder deren aufreibende Folgen, die sie in anderen auslöst.

Ich wehre bereits im voraus schädlichen Streß in meinem Leben ab. Ich übernehme begeistert meine Verantwortung. Ich stelle mich Konflikten und löse sie. Ich gehe nie zu viele Verpflichtungen ein und erledige die Dinge rechtzeitig.

Ich behalte meine langfristigen Ziele im Auge.

Ich weiß genau, welche Umgebung die positivste, beruhigendste und entspannendste Wirkung auf mich hat. Ich schaffe mir diese Umgebung in vielen Bereichen meines Lebens selbst.

Ich lasse es nie zu, daß sich schädliche Spannungen in mir aufbauen. Ich besiege den Streß, indem ich seine Ursachen besiege. Ich entledige mich bewußt des Streß und seiner Anspannung durch langfristige Planung, einfache Ziele, angemessenes Handeln und gute, gesunde Bewegung.

Ich habe meine Gefühle unter Kontrolle. Ich ärgere mich nie unnötig oder reagiere zu stark auf irgendeine Situation.

Ich trainiere häufig „Entspannung im Geist". Wenn ich mich völlig entspannen möchte, auch wenn es nur für einen Augenblick ist, gehe ich in meiner Vorstellung an den Ort, an dem ich sofort und immer ein Gefühl inneren Friedens finde.

Ich fühle die friedliche Stimmung vollständiger Entspannung und Zufriedenheit in mir. Jedesmal, wenn ich innerlich diese Worte wiederhole, merke ich, wie ich noch selbstsicherer werde, entspannt und frei von Streß in allen Bereichen meines Lebens bin.

Selbst-Gespräche zur körperlichen Bewegung

Niemand braucht mehr Motivation, als derjenige, der trainieren will, irgendein Programm beginnt und es auch durchhalten möchte. Wenn Sie daran arbeiten, *körperlich* fitter zu werden, brauchen Sie jegliche Motivierung, die Sie bekommen können.

Wie die meisten Menschen haben auch Sie sicherlich keinen persönlichen Trainer, der Ihnen gut zuspricht und Sie antreibt, der Sie dazu *auffordert*, mehr aus sich herauszuholen, und der nicht zuläßt, daß Sie aufgeben oder Ihre Übungen aufschieben - außer natürlich, Sie lernen, sich diesen „Trainer" selbst zu schaffen.

Lesen Sie, wie manche Menschen sich zu diesen Übungen „motivieren": *„Ich fange ein Programm an, doch ich kann es einfach nicht durchziehen"; „Ich würde mir gerne mehr Bewegung verschaffen, wenn ich nur mehr Zeit hätte"; „Ich habe einfach nicht mehr so viel Energie wie früher"; „Ich bin eben nicht mehr die Jüngste"; „Ich muß wirklich einmal anfangen"; „Ich weiß, daß ich sollte"; „Ich verschiebe es immer"; „Ich habe überhaupt keine Kondition mehr"; „Ich kann es einfach nicht"; „Körperliche Bewegung ist wirklich harte Arbeit"; „Mir tut alles weh"; „Das ist ganz schön hart"; „Ich weiß nicht, weshalb ich mich dazu zwinge"; „Ich weiß nicht, ob ich das noch einen Tag länger ertrage".*

Fitnessübungen stellen vielfach große Anforderungen an Sie. Doch bei *dieser* Art von Programmierung ist es kein Wunder, daß sie „hart" sind.

Es gibt eine bessere Methode. Der Muskelkater wird zwar nicht verschwinden, doch Sie werden sich wesentlich besser fühlen, Ihren Körper wieder in Schuß zu bringen. Die Selbst-Gespräche in diesem Text werden noch etwas bewirken: *Sie werden Ihnen dabei helfen, die Übungen auch beizubehalten.* Wie ich bereits sagte, Ihr *bester* Trainer sind *Sie selbst.*

Gebrauchen Sie diese Selbst-Gespräche bei Ihren nächsten Übungen. Wenn Sie eine Kassette benutzen, spielen Sie sie *während* der Übungen. Ich habe gelernt, Körperübungen zu *genießen*, indem ich diese Selbst-Gespräche auf einem Kassettenrekorder mit fröhlicher, flotter Musik im Hintergrund aufnahm und während der Übungen abspielte.

Ich kenne viele erfolgreiche und gesunde Menschen, die sich diese Selbst-Gespräche über Kopfhörer beim Joggen, Laufen, Radfahren oder bei der Gymnastik zuhause im Wohnzimmer anhörten. Sie werden dadurch sofort von einem „äußeren Trainer" motiviert. Gleichzeitig erhalten Sie eine permanente Langzeitprogrammierung, die sich auf Ihr körperliches *und* geistiges Befinden auswirkt.

Versuchen Sie es. Wenn Sie *körperlich* in Hochform sein möchten und gleichzeitig auch *Spaß* daran haben möchten, dann sind hier ein paar hilfreiche Selbst-Gespräche, um dies zu erreichen.

Ich genieße es wirklich, körperlich gut in Form zu sein. Ich achte auf meinen Körper. Ich halte mich fit.

Es macht mir Spaß, mir Bewegung zu verschaffen. Während der Übungen merke ich, daß ich stärker und gesünder werde und in Hochform komme!

Ich setze mir Fitness-Ziele. Ich arbeite auf sie zu. Ich folge einem regelmäßigen Übungs- und Ernährungsplan und achte darauf, daß ich auch genügend Ruhe habe. Ich halte mich in jeder Beziehung in Form.

Wenn ich mir ein Ziel setze, erreiche ich es auch. Ich verfolge es. Nichts kann mich aufhalten!

Ich genieße die positive Wirkung, die körperliche Bewegung auf mein Leben hat. Durch sie fühle ich mich motivierter, jeden Tag zu trainieren.

Wenn ich weiß, daß ich weiterüben sollte, jedoch das Gefühl habe, nicht dazu in der Lage zu sein, spreche ich mir mit den folgenden Worten Mut zu: „Du schaffst es, mach weiter, höre nicht auf! Erreiche dein Ziel! Du verdienst es, es zu erreichen, und du wirst es erreichen!"

Ich mag mich. Ich freue mich darüber, daß ich mir die Zeit nehme, auf mich zu achten.

Ich bin ein phantastischer Trainer! Ich bringe mich dazu,

weiterzumachen, motiviert und begeistert zu sein und am Ball zu bleiben.

Fitnessübungen tun mir gut. Sie helfen mir, in Hochform und gesund zu bleiben. Sie helfen mir, wachsam zu sein, mich gut zu fühlen und das Beste aus mir herauszuholen.

Ich sehe bereits gut aus, doch ich sehe jeden Tag noch besser aus. Ich bin stolz auf mein Aussehen, meine Gefühle, meine Denkweise und meinen Lebensstil.

Ich genieße das „Hochgefühl", gesund zu sein, die Hochstimmung, die mich überkommt, wenn ich trainiere. Das Gefühl, das durch meine Fitnessübungen entsteht, ist mir die Mühe wert.

Mir gefällt die Herausforderung, in Form zu kommen und auch in Form zu bleiben. Ich bin der Herausforderung gewachsen. Nichts wird meinem Erfolg im Weg stehen.

Ich stelle mir im Geiste bildlich vor, wie ich sein möchte. Ich setze mir ein Ziel, sehe es klar vor mir, arbeite darauf zu und erreiche es.

Ich tue alles, was notwendig ist, um gesund und fit zu bleiben und mich gut zu fühlen.

Ich übe so lange wie nötig und höre nicht auf, bis ich mein Ziel erreiche - jeden Tag und jedesmal, wenn ich trainiere.

Ich übertreibe nie oder schade mir körperlich oder in irgendeiner anderen Weise. Ich verschaffe mir genau die richtige Menge an gesunder Bewegung.

Ich habe gelernt, meine Übungen zu genießen. Doch ich stelle mir die Vorteile auch bildlich vor, die durch die Übungen in meinem weiteren Leben entstehen. Ich sehe gut aus, fühle mich großartig. Das zeigt sich bei allem, was ich tue.

Ich genieße es mehr denn je, mir Bewegung zu verschaffen. Ich bin voller Entschlossenheit und lasse mich durch nichts beirren. Ich mache meine Übungen und sie machen mir Spaß.

Jedesmal, wenn ich meine Übungen mache, habe ich ein besseres Gefühl mir gegenüber. Ich bin wirklich stolz auf die gute Arbeit, die ich leiste.

Wenn Sie je Schwierigkeiten hatten, die Hindernisse zu überwinden, die sich Ihnen in den Weg zu stellen versuchen, wenn Sie körperlich in Hochform kommen möchten, dann sind *dies* die Selbst-Gespräche, die Sie einsetzen sollten.

Sie erinnern Sie daran, daß Sie gesund bleiben. Sie fordern eindringlich, daß Sie das tun, was Sie sich vorgenommen haben. Sie motivieren Sie und zeigen Ihnen die Vorteile, die *Sie* selbst durch diese Übungen herbeiführen können. Was für einen Unterschied können diese Selbst-Gespräche machen! Genießen Sie die Selbst-Gespräche, doch noch wichtiger, *genießen* Sie Ihre Übungen!

Selbst-Gespräche zur Raucherentwöhnung

Die meisten Menschen sind der Meinung, daß es viele gute Gründe gibt, nicht zu rauchen. Diejenigen, die überhaupt nicht rauchen, hält der gesunde Menschenverstand davon ab, mit dem Rauchen zu beginnen. Doch wenn Sie einmal damit anfangen und das Rauchen zur Gewohnheit wird, bedarf es mehr als nur „guter" Gründen, um wieder aufzuhören.

Wenn jemand weiterraucht, dann ist dies das Ergebnis mehrerer Faktoren, die in der Vergangenheit zusammenwirkten, um das Rauchen zu einer solch hartnäckigen Gewohnheit zu machen, die so schwer zu durchbrechen ist. Die beste Methode, die Gewohnheit zu durchbrechen, ist die, „aufzuhören und zu siegen". Die Hauptfaktoren, die diese Gewohnheit fördern und sich auf sie auswirken sind:

1. Das innere Bild - Sie sehen sich selbst als Raucher

2. Psychische Abhängigkeit - wiederholende Verhaltensmuster
3. Körperliche Abhängigkeit - die chemische Abhängigkeit vom Nikotin

Viele Menschen, die das Rauchen eine Zeitlang aufgeben und dann wieder anfangen, tun dies häufig, weil sie *einen* oder sogar zwei dieser Faktoren überwunden haben, jedoch nicht erkannten, daß es alle drei zu besiegen gilt. Einige Raucher erzählen, daß sie monate- oder sogar jahrelang das Rauchen aufgegeben hatten und dann wieder anfingen - lange nachdem die körperliche Abhängigkeit überwunden ist. Die *eigentliche* körperliche Abhängigkeit vom Nikotin dauert normalerweise nur wenige Wochen an, nachdem Sie mit dem Rauchen aufgehört haben. Dies bedeutet, daß danach Ihr Bedürfnis zu rauchen, kein körperliches Bedürfnis mehr ist, sondern ein psychisches. Es ist ein gewohnheitsbedingtes Verhalten, ein *Bild*, das Sie von sich haben, und in dem Sie sich weiterhin als Raucher sehen.

Sich selbst als gesunden Nichtraucher sehen

Ob Sie eine Gewohnheit verändern können, hängt letztendlich davon ab, wie Sie sich sehen, und was Sie von sich selbst am meisten glauben - bewußt und unbewußt.

Wenn Sie sich weiterhin als Raucher sehen, werden Sie sich wahrscheinlich entsprechend diesem Glauben verhalten. Wenn Sie beginnen, sich als Nichtraucher zu sehen, wird Ihr Unterbewußtsein Sie dazu veranlassen, die Rolle eines Nichtrauchers oder einer Nichtraucherin zu leben.

Falls Sie rauchen, klangen Ihre früheren Selbst-Gespräche vielleicht ähnlich wie einige der Behauptungen, die Raucher oft aufstellen: „Ich habe es versucht, doch ich scheine einfach nicht aufhören zu können."; „Wenn ich das Rauchen aufgebe, nehme ich zu."; „Ich rauche, um mich zu entspannen."; „Wenn ich mit Leuten zusammmen bin, die rauchen, muß ich einfach auch rauchen."; „Ich rauche gerne."

Drehen Sie diese Behauptungen ins Gegenteil um. Zusammen mit einer guten Ernährung, viel körperlicher Bewegung und anderen wirkungsvollen Methoden zum Aufhören können Ihnen

Ihre neuen Selbst-Gespräche dabei helfen, das Rauchen aufzugeben. Es wird Ihnen auch leichter fallen, die alte Gewohnheit aufzugeben, wenn Sie die *neue* Gewohnheit schaffen, sich selbst als Nichtraucher zu sehen.

Ich rauche nicht.

Meine Lungen sind stark und gesund. Ich bin in der Lage, tief und voll durchzuatmen.

Es ist wichtig für mich, mich um meinen Körper zu kümmern. Ich halte mich fit und fühle mich gut.

Ich bin Nichtraucher. Darauf bin ich stolz.

Ich habe mehr Energie und mehr Durchhaltevermögen denn je. Ich genieße das Leben und bin froh, hier zu sein.

Wenn ich eine Zigarette sehe oder daran denke, höre ich automatisch die Worte „Ich rauche nicht". Dann rauche ich auch nicht.

Ich habe keine Gewohnheiten, die mich in irgendeiner schädlichen Weise beeinflussen oder beherrschen. Ich habe mich selbst und alles, was ich tue, im Griff. Ich tue immer das, was am besten für mich und meine Zukunft ist.

Ich genieße es ganz besonders, saubere und frische Luft einzuatmen, gesund zu sein und meinen Körper und meine Seele im Griff zu haben.

Ich bin in der Lage, jedes Ziel zu erreichen, das ich mir setze. Ich habe in meinem Geist ein klares Bild davon, wie ich dieses Ziel bereits erreicht habe. Ich rufe dieses Bild hervor, sehe es oft und verwirkliche es.

Ich verschaffe mir regelmäßig Bewegung, halte mich fit und

gesund. Ich erfreue mich ein Leben lang an meiner Energie und Vitalität.

Alle meine Sinne sind klar und wach. Mein Sehvermögen, mein Geruchssinn, mein Gehör, mein Geschmackssinn und sogar mein Tastsinn sind wacher als je zuvor.

Rauchen ist für mich kein Zeichen von Stärke, Intelligenz oder Prestige. Ich sehe es als das, was es wirklich ist. Es hat keinen Platz in meinem Leben.

Ich gebe mir die Erlaubnis, mich jederzeit und in allen Situationen zu entspannen, gut zu fühlen, tief durchzuatmen, und mich daran zu erfreuen, gesund zu sein und nicht zu rauchen.

Andere Menschen sind gern mit mir zusammen. Ich habe Selbstvertrauen und Selbstachtung. Ich mag mich. Das ist sichtbar.

Es fällt mir leicht, Nichtraucher zu sein. Schließlich wurde ich so geboren. Es ist etwas Natürliches für mich.

Ich bin Nichtraucher. Ich rauche nicht.

Energie und Begeisterung

Wir wissen manchmal, daß es uns besser gehen würde, und daß wir wesentlich mehr erledigen würden, wenn wir nur mehr Energie und Begeisterung besäßen. Ob wir zusätzliche Energie und Begeisterung haben, hängt jedoch von uns ab.

Wenn Sie lernen, sich mehr Begeisterung in Ihrem Geist zu schaffen, können Sie mehr körperliche und geistige Energie bekommen. Wenn Sie einen ausreichend gewichtigen *Grund* finden, weshalb Sie mehr Energie haben möchten, wenn Sie also ein neues Energieprogramm schaffen, wird sich die zusätzliche Energie bald einstellen.

Ich fühle mich heute großartig. Ich habe mehr Energie und Lebenskraft als je zuvor.

Ich bin in der Lage, viel Großartiges zu leisten. Mit jeder Leistung erhalte ich noch mehr Energie.

Ich habe ein hohes Maß an Energie. Mein Interesse und meine Begeisterung erhalten sie mir.

Mein Energieniveau wird täglich höher. Ich bin voller Leben, in jeder Hinsicht fit und außergewöhnlich guter Stimmung.

Ich besitze die Fähigkeit, jedes Ziel zu erreichen, das ich mir setze. Für jedes Ziel, das ich setze, entwickle ich die nötige Energie und Begeisterung, es zu erreichen.

Je mehr ich mich auf meine Ziele konzentriere und mir vorstelle, daß ich sie erreiche, desto mehr Begeisterung und Energie entwickle ich in mir.

Herausforderungen spornen mich an und beleben mich. Ich stehe jeder Herausforderung entschlossen und voller Energie gegenüber und bin mir völlig sicher, das Bestmögliche zu erreichen.

Ich bin wach, aufnahmefähig und einsatzbereit. Ich habe eine Menge Schwung und Ehrgeiz. Ich begrüße jede Chance mit Schwung und Begeisterung.

Ich halte meinen Körper in hervorragender Form. Ich sorge für mehr Energie, indem ich regelmäßig jeden Tag trainiere.

Wenn ich etwas tue, was zusätzliche Energie erfordert, bin ich immer in der Lage, eine Reserve aufzubringen. Ich habe immer mehr Energie, als ich benötige, um die Arbeit zu erledigen.

Ich bekomme die Ruhe, die ich für meinen Körper und meinen

Geist benötige. Doch ich verlasse mich nie darauf, allein durch diese Ruhe Energie sammeln zu können.

Ich sorge für Begeisterung, indem ich mich für vieles interessiere. Je mehr ich mich für das interessiere, was ich tue, desto mehr Begeisterung entwickle ich. Je mehr Begeisterung ich habe, desto mehr Energie verspüre ich.

Ich stelle mir bei allem, was ich mache, vor, daß es positiv ausgehen wird. Die Bilder von meinen Zielen, die ich deutlich in meinem Geiste vor mir sehe, bewirken in mir eine Energie, die stark und unversiegbar ist.

Ich programmiere meinen Geist regelmäßig mit positiven Instruktionen, um fit zu bleiben und meine Energie und meine jugendliche Begeisterung zu erhalten.

Jeden Tag werden mir meine Energie und meine Vitalität bewußter. Ich schaffe mir eine unbegrenzte Fülle an Energie.

Gut schlafen können

Wenn Sie nicht leicht einschlafen oder nicht durchschlafen, nachdem Sie eingeschlafen sind, kann dies viele verschiedene Ursachen haben. Manchmal handelt es sich um ein körperliches Problem, das vom Arzt behandelt werden sollte. Doch häufig sind Schlafstörungen darauf zurückzuführen, daß Ihnen irgend etwas Sorgen bereitet.

Wir alle haben schon einmal erlebt, daß wir nicht schlafen konnten, weil wir ein Beziehungsproblem, Schwierigkeiten am Arbeitsplatz oder irgendwelche anderen Sorgen hatten. Ich habe Menschen gekannt, die ihre Schlafstörungen dadurch beseitigten, daß sie eine Aufgabe erledigten, die sie die ganze Zeit vor sich hergeschoben hatten. Sobald sie die Aufgabe abgeschlossen hatten, konnten sie wieder schlafen. Andere kurierten Schlaflosigkeit durch eine bessere Ernährung. Wieder andere, indem sie sich gesunde Bewegung verschafften.

Da Schlafstörungen sehr oft mit anderen „Problemen" zusammenhängen, mit denen wir konfrontiert sind, wurden die folgenden Selbst-Gespräche sowohl für den Umgang mit diesen Problemen, als auch für den Umgang mit dem Schlaf geschrieben.

Ich möchte Sie darauf hinweisen, daß dieser Text *keine „Hypnose"* ist, sondern eine äußerst beruhigende und entspannende Form von Selbst-Gesprächen. Doch ich möchte Ihnen raten, diesen Text nur dann zu lesen oder die Kassette nur dann anzuhören, wenn Sie schlafen möchten. Es handelt sich um Selbst-Gespräche, durch die Sie sich und Ihr Leben auf ruhige, zuversichtliche, gesunde und selbstsichere Weise sehen.

Ich war überrascht, wie viele Menschen mich im Laufe der Jahre um einen vollständigen Text, der sich mit Schlafstörungen befaßt, baten. Die meisten wünschten sich eine Kassette, die sie sich anhören konnten, wenn sie sich beruhigen, entspannen und einschlafen wollten.

So nahm ich eine meiner ungewöhnlichsten Kassetten mit Selbst-Gesprächen auf. Sie „inspiriert" nicht wirklich. Sie überredet und überzeugt leise. Es ist eine Kassette Ihres sanftesten Selbst, das Sie zudeckt und Ihnen eine gute Nacht wünscht. Nachdem ich schließlich davon überzeugt war, die Kassette aufzunehmen, hörte ich mir die Kassette selbst oft an, wenn der Schlaf sich einfach nicht einstellen wollte.

Wenn Sie Schwierigkeiten haben einzuschlafen, lesen Sie diese Selbst-Gespräche, die teilweise der Kassette entnommen sind.

Es ist Zeit für mich zu schlafen. Ich muß jetzt ausruhen.

Ich bin bereit, mich zu entspannen. Der heutige Tag war schön. Doch nun brauche ich den Schlaf.

Ich bin innerlich ruhig. Ich bin zuversichtlich, entspannt und lebe mit mir und meinem Leben in Frieden.

Ich genieße den ruhigen, erholsamen Frieden, den ich mir in

meinem Geiste schaffe.

Meine Lebensanschauung ermöglicht mir, die Dinge aus der richtigen Perspektive zu sehen. Ich sehe die Dinge so, wie sie wirklich sind, und weiß, welche Bedeutung sie in meinem Leben haben.

Ich habe gelernt, mich zu entspannen. Ich entspanne mich nun, indem ich mir erlaube, jeden Gedanken, der in meinem Innern Spannungen oder Sorgen bewirken könnte, ruhen zu lassen.

Ich entspanne mich körperlich und geistig. Ich lasse mich treiben in dem sicheren Gefühl des Friedens und der vollkommenen Zufriedenheit.

Wenn ich einschlafen möchte, stelle ich mir bildlich einen ruhigen Ort in vollkommenem Frieden vor. Ich sehe ihn, fühle ihn und ruhe mich in der völligen Sicherheit aus, die er mir gibt.

Kurz bevor ich einschlafe, spanne und entspanne ich jeden Muskel in meinem Körper. Ich beginne bei den Füßen und arbeite mich langsam durch den ganzen Körper. Ich befreie jeden Muskel von all seiner Spannung und dem Streß.

Ich bin ruhig, entspannt und bereit einzuschlafen.

Mein Leben ist gut. Ich verdiene es, auszuruhen und zu schlafen, frei von Sorgen und Kummer und voller ruhiger, entspannter Zuversicht zu sein, daß der morgige Tag noch besser wird.

Ich lebe in Frieden mit mir selbst. Ich bin dabei, nur die Gedanken zu denken, die mir noch mehr Ruhe und friedliche Entspannung vermitteln.

Ich fühle mich sehr zufrieden. Ich genieße den Frieden, den ich in meinem Geist und meinem Körper fühle.

Ich bin glücklich mit mir. Mein Leben ist geregelt und unter

Kontrolle. Ich bin in der Lage, leicht und natürlich einzuschlafen. Ich schlafe gut.

Ich bin entspannt. Das Leben ist gut. Das Leben funktioniert gut.

Schlaf vermittelt mir ein gutes Gefühl. Er kommt zu mir und läßt mich alles vergessen.

Ich entledige mich bewußt aller unnötigen Gedanken in meinem Geist und lasse sie leise davonschweben. Wenn sie wichtig für mich sind, werde ich zu einer anderen Zeit über sie nachdenken. Doch vorerst lasse ich meine Gedanken ruhen.

Ich werde jetzt einschlafen.

Gute Nacht, mein Freund. Schlafe gut.

Selbst-Gespräche zum Abnehmen

Da ich oft um Selbst-Gespräche gebeten wurde, die sich mit Themen wie Abnehmen, der Kontrolle oder der Veränderung von Eßgewohnheiten und dem Halten des Gewichts befassen, habe ich diesem Buch eine erweiterte Sammlung von Selbst-Gesprächen zu diesem Thema beigefügt.

Eine Gruppe von Selbst-Gesprächen ist in der Öffentlichkeit auf besonders großes Interesse gestoßen, und zwar Selbst-Gespräche als Methode zur Gewichtsabnahme. Aufgrund meiner eigenen Fernsehsendungen zu diesem Thema erhielt ich Tausende von Briefen und Telefonanrufen von Menschen, die mehr darüber erfahren wollten.

Gewichtskontrolle ist auch einer der Bereiche, in denen die Resultate der Selbst-Gespräche am offensichtlichsten sind. Die Ergebnisse sind sichtbar, wenn Sie in den Spiegel sehen, und meßbar, wenn Sie auf der Waage stehen. Doch trotz der vielen Erfolge, die Menschen dadurch erzielen, daß sie bewußt ihre Selbstanleitungen verändern, um abzunehmen und dieses neue

Gewicht auch zu halten, werden sich diese Resultate nur einstellen, wenn Sie üben, üben und nochmals üben.

Ich nahm eine vollständige Serie von acht verschiedenen Selbst-Gesprächs-Kassetten zu den Themen Abnehmen und das neue Gewicht halten auf. Der folgende Text enthält ein paar Formeln von einigen dieser Kassetten. Das ist eines der vielen Gebiete der Selbst-Gespräche, in denen ich gute Gründe hatte, diese in der Vergangenheit auf mich selbst anzuwenden. Auch ich war erfreut - „begeistert" wäre sicher ein treffenderes Wort - als ich feststellte, daß diese Selbst-Gespräche mir halfen, ein Gewichtsproblem zu lösen, das ich mir über Jahre selbst geschaffen hatte.

Ich habe nun die Wirkung gesehen, die dieselben Selbst-Gespräche auf unzählige andere Menschen, die sie benutzten, hatten. Ich bin überzeugt, daß sie, wenn Sie sie richtig einsetzen, Geduld haben und zum Erfolg entschlossen sind, dasselbe bei Ihnen bewirken werden.

Ich sehe großartig aus und fühle mich auch so. Gut auszusehen und mich gut zu fühlen, ist eine der vielen Belohnungen, die ich dafür erhalte, daß ich mich fit und schlank halte. Ich werde es auch bleiben.

Ich übernehme die Verantwortung für mich. Ich alleine bestimme, wie ich aussehe, wieviel ich wiege, und wie ich mich fühle.

Ich esse und trinke nur das, was meiner Gesundheit zuträglich ist.

Ich esse nie mehr, als ich sollte. Ich weiß, wieviel gut für mich ist. Ich bin stolz darauf, daß ich mich richtig ernähre, richtig denke und besser aussehe als je zuvor.

Es macht mir Spaß, weniger zu essen. Obwohl ich immer genügend Nährstoffe zu mir nehme, freue ich mich, daß ich kleinere Portionen esse und einen „kleinen Appetit" habe.

Wenn ich mich an den Tisch setze, sage ich mir bei jeder Mahlzeit:

„Es geht mir am besten, wenn ich weniger esse."

Ich esse nur das, was mir gut tut, und halte mein Gewicht auf dem Stand, den ich halten möchte.

Ich entscheide mich dafür, gesund, voller Energie und attraktiv zu sein. Ich achte darauf, daß mir die Kleidungsstücke, die ich gerne trage, gut passen.

Ich weiß, daß es allein an mir liegt, wie ich aussehe, was ich wiege, und wie ich mich fühle. Ich tue alles, was nötig ist, jeden Tag und in jedem Augenblick, um das Ich zu gestalten, das ich wirklich sein möchte.

Den richtigen Anfang finden, um abzunehmen

Ich habe den Entschluß gefaßt, die Kontrolle über mich zu übernehmen. Das schließt auch mein Äußeres und mein Gewicht ein.

Ich weiß, daß der beste Einstieg der ist, an mich selbst zu glauben, mein Leben selbst in die Hand zu nehmen, und mich so zu sehen, wie ich wirklich sein möchte.

Ich weiß, daß mein Gewicht vollkommen davon abhängt, wie ich mich selbst sehe, und was ich sage, wenn ich mit mir spreche. Ich habe gelernt, mir vorzustellen, wie ich schlank, gepflegt, gesund und glücklich werde.

Ich beginne jeden Tag damit, mich darauf zu konzentrieren, mein neues Selbst zu werden. Ich setze mir Ziele, überprüfe sie jeden Tag. Ich sehe, wie ich mich jedem einzelnen nähere. Ich erreiche sie!

Es fällt mir nun leicht, den richtigen Anfang zu finden. Ich tue alles, was nötig ist, um mein Wunschgewicht zu erreichen und zu halten.

Ich bin bereit, den nötigen Preis zu zahlen, um so gesund auszusehen und mich so gesund zu fühlen, wie ich es mir wünsche. Schließlich bin ich es wert!

Ich gefalle mir bereits. Dadurch, daß ich mein Selbst verändere, verändert sich mein Leben auf positive und lohnenswerte Weise.

Je öfter ich meinem neuen Selbst zuhöre, desto mehr erkenne ich, daß dieses Selbst schon die ganze Zeit existiert hat.

Das Naschen zwischen den Mahlzeiten in den Griff bekommen

Ich besitze Willensstärke, Selbstvertrauen und Selbstbeherrschung. Ich bestimme, was ich esse, und wann ich esse - während der Mahlzeiten und dazwischen.

Wenn es angebracht ist, eine Kleinigkeit zu essen, wähle ich Lebensmittel, die leicht, nahrhaft und gesund sind.

Ich habe es mir inzwischen abgewöhnt, statt einer richtigen Mahlzeit oder aus reiner Gewohnheit irgendwelche Kleinigkeiten zu essen. Ich nehme nun regelmäßige Mahlzeiten ein, esse die richtigen Lebensmittel und genau die richtige, gesunde Menge.

Ich nasche nie, um Angst, Nervosität, Spannungen oder Einsamkeit zu überwinden. Statt zu essen, löse ich meine Probleme, indem ich sie erkenne und an ihnen arbeite.

Ich nasche inzwischen nicht mehr, um mir die Zeit zu vertreiben, oder um mich zu beschäftigen, während ich lese, arbeite, erzähle, mich entspanne oder fernsehe.

Mit jedem Tag gelingt es mir besser, das Naschen zwischen den Mahlzeiten zu kontrollieren. Ich habe jetzt die gesunde, neue Gewohnheit entwickelt, beim Abnehmen Erfolg zu haben. Ich habe Erfolg. Ich beweise es jeden Tag!

Bessere Eßgewohnheiten

Ob ich zuhause oder woanders esse, ich genieße es wirklich, weniger zu essen.

Ich habe nie das Bedürfnis, alles zu essen, was auf meinem Teller liegt. Ich esse nur die Menge, die ich essen sollte, und keinen Bissen mehr.

Eine Methode zum Abnehmen, die mir leicht fällt und die funktioniert, ist: weniger Essen auf meinem Teller und weniger auf meiner Gabel.

Indem ich im Restaurant weniger bestelle und mir zuhause kleinere Portionen nehme, mache ich mir die Wichtigkeit bewußt, mein Ziel im Auge zu behalten.

Wenn ich mich zum Essen setze, achte ich immer darauf, daß niemand mich zu irgendeinem Zeitpunkt in irgendeiner negativen Weise beeinflußt, mich in Versuchung führt oder entmutigt. Ich habe gelernt, nein zum Essen zu sagen und ja zu meinem Erfolg.

Das Wunschgewicht halten

Ich habe so viel abgenommen, wie ich wollte. Ich achte darauf, daß ich nicht wieder zunehme.

Es fällt mir inzwischen leicht, mein Gewicht zu halten. Ich habe gelernt, richtig zu essen, mir mehr Bewegung zu verschaffen, und meinen Geist und meinen Körper fit und gesund zu halten.

Mein Bewußtsein sorgt automatisch dafür, daß ich mein Gewicht halte. Mein Bewußtsein kann das mit Leichtigkeit und zu jederzeit.

Ich habe mir angewöhnt, gesünder zu denken, zu handeln und zu leben. Ich habe nicht mehr das Bedürfnis, mehr zu essen, als ich sollte, oder Dinge zu tun, die mir schaden oder die Freiheit nehmen, die ich mir geschaffen habe, indem ich mein Ziel erreichte.

Ich denke, handle, fühle und lebe jetzt anders. Ich sehe mich jetzt und für alle Zeiten als eine ganz neue, gepflegte, attraktive Person.

Wenn ich mich jetzt in einer Situation befinde, in der ich früher unnötigerweise gegessen hätte, sage ich mir: „Ich brauche es nicht. Ich ziehe es vor, nichts zu essen. Ich bin das Gewicht losgeworden. Dabei wird es auch bleiben!"

Statt zuzunehmen nimmt nun meine Selbstachtung jeden Tag zu.

Es gibt noch andere Selbst-Gespräche, die zwar nicht speziell zu dem Thema Abnehmen geschrieben wurden, die Ihnen aber auch helfen können. Sie können sich z.B. mit den Texten zu „Selbstachtung aufbauen", „Entschlossenheit und Willenskraft" oder „Sich Ziele setzen und sie auch erreichen" befassen.

Wenn Sie diese zusätzlichen Texte einsetzen, haben Sie die Mittel, nicht nur mit dem Problem selbst umzugehen, sondern Sie arbeiten auch daran, einige der Faktoren zu verändern, *durch die* es vielleicht überhaupt erst zu dem Problem kam.

21
Selbst-Gespräche für Arbeit, Karriere und Management

Während der ersten sechzig Jahre unseres Lebens verbringen wir ungefähr zwanzig Jahre mit Erwachsenwerden, zwanzig Jahre mit Schlafen (das sind umgerechnet sechzig Jahre lang acht Stunden Schlaf pro Nacht) und zwanzig Jahre mit Arbeiten. Vermutlich sind unsere zwanzig „Arbeitsjahre" wahrscheinlich die produktivsten - oder die frustrierendsten - zwanzig Jahre von allen.

Was wir in unserem Beruf tun, spielt überall hinein und beeinflußt alles, was wir mit den verbleibenden Stunden unseres Lebens anfangen. Unsere Arbeit wirkt sich auf unsere Ehe oder unsere persönlichen Beziehungen aus, auf unsere Familie, unsere Freunde, sie bestimmt, was wir für ein Zuhause haben, wieviel Freizeit wir haben, und wie wir sie gestalten, und schließlich, wie wir die Jahre „im Ruhestand" verbringen, in denen von uns erwartet wird, daß wir uns zurücklehnen und die Früchte genießen können, die die vorhergehenden Jahre harter Arbeit uns beschert haben.

Bis dahin, solange wir berufstätig sind, wird es zu einem hohen Grad von unserer Arbeit, unserer Karriere abhängen, wie erfüllt wir uns als Individuen fühlen, in welcher Stimmung wir sind, wenn wir uns darauf vorbereiten, an den Ort zu gehen, an dem wir ein Drittel unseres Tages verbringen, und wie wir uns fühlen, wenn wir am Abend nach Hause kommen.

Bei jeder Gelegenheit, bei der ich neue Menschen treffen und mit ihnen sprechen kann, frage ich danach, was sie tun. Ich bin immer wieder überrascht, wie viele Menschen mir zuerst von ihrem Beruf erzählen und dann dazu übergehen, mir zu sagen, was sie *lieber* täten, wenn sie nur *könnten.* Besonders bemerkenswert finde ich allerdings, daß die Mehrzahl der Menschen genau das tun könnte, was sie wirklich gerne *täte, wenn sie nur die entsprechende Entscheidung treffen würde.*

Selbst-Gespräche für persönlichen, beruflichen und finanziellen Erfolg

Wenn Sie mit Ihrer Arbeit oder Ihrer beruflichen Laufbahn unzufrieden sind, werden Sie sie wahrscheinlich verändern. Deshalb führe ich Selbst-Gespräche an, die Ihnen bei dieser Entscheidung helfen werden. Doch die anderen Selbst-Gespräche in diesem Kapitel sind Werkzeuge, um jede berufliche Laufbahn zu verbessern. Die folgenden Texte behandeln Themen wie finanzielle Unabhängigkeit und den richtigen Umgang mit Ihrem Einkommen, Risiken, Selbst-Gespräche für Menschen im Verkauf, Selbst-Gespräche zur Personalführung, zur Entscheidungsfindung und zur Verbesserung Ihres Geschäftsgebarens.

Ihre Karriere verbessern

Ich kann mir keine Situation vorstellen, die mehr Selbstvertrauen erfordert als ein Wechsel des Arbeitsplatzes oder eine Richtungsänderung der beruflichen Laufbahn.

Oft sind dies Zeiten der Unentschlossenheit und der Unsicherheit. Die Zukunft birgt keine Versprechungen, außer vielleicht Ihren eigenen. Nur Ihre eigene Einstellung und Entschlossenheit können Ihnen über diese Zeit hinweghelfen, und nur durch sie kann Ihr Vorhaben gelingen.

Es macht mir Spaß, nach neuen Möglichkeiten in meinem Leben zu suchen und sie auch zu finden.

Ich betrachte jede Veränderung in meiner Arbeit oder Karriere als eine Gelegenheit, meine Ziele zu erreichen. Ich habe ein positives Selbstbild und ein gutes Gefühl mir gegenüber. Ich habe einen klaren Kopf, bin ruhig, zuversichtlich und beherrscht.

Ich bin wertvoll. Ich weiß, daß ich es verdiene, bei allem, was ich tue, auch Erfolg zu haben. Ich verdiene die Belohnungen, die sich durch meine Leistungen ergeben.

Ich bin mir meiner Talente, Fertigkeiten und Fähigkeiten bewußt.

Eine zutreffende Beschreibung meiner Person enthielte die Begriffe „stark", „kompetent", „qualifiziert", „gebildet", „selbstsicher" und „fähig".

Ich weiß, daß ich in meinem Leben alles erreichen kann, was ich will. Doch ich weiß auch, daß das vollkommen von mir abhängt. Ich verlasse mich nie darauf, daß andere diese Ziele für mich verwirklichen. Ich bestimme den Weg, der für mich am geeignetsten ist. Ich setze meine Ziele, und ich strebe sie an!

Ich allein habe die Kontrolle über mein Leben, mich selbst, meine Gedanken und mein Handeln. Mein Leben gehört mir. Ich übernehme die Verantwortung für meinen Erfolg.

Ich erhalte mir immer eine positive Einstellung. Ich denke nur die Gedanken, die positiv, produktiv, ermutigend und motivierend sind.

Ich lasse mich von dem Wort „nein" nie aufhalten oder gar behindern. Ich sage ja zu mir selbst. Nur das zählt.

Ich würdige meine Fähigkeiten oft. Ich vergewissere mich immer, daß ich die nötigen neuen Fähigkeiten habe, um den beruflichen Möglichkeiten, die vor mir liegen, gewachsen zu sein.

Ich sorge dafür, mich nur an solche Arbeit oder berufliche Laufbahn zu binden, die mir wirklich Nutzen bringt.

Ich lasse mein Leben nicht von den Vorschriften, den Forderungen oder Überzeugungen anderer Menschen bestimmen. Ich treffe meine eigene Wahl. Ich weiß, was ich will. Der Weg, dem ich folge, ist immer mein eigener.

Ich achte darauf, daß die Menschen, die ich liebe, immer meinen Weg, meine Ziele, meine Bedürfnisse und meine Verpflichtungen verstehen. Ihr Verständnis und ihre Unterstützung geben mir zusätzlich Auftrieb und Begeisterung.

Ich habe Entschlußkraft. Ich weiß, daß mich nichts bremsen kann, wenn ich es nicht selbst tue. Deshalb strebe ich immer nach vorne.

Ich schaue nach vorne und nie zurück. Ich bin damit beschäftigt, mir eine schöne, positive und erfolgreiche Zukunft zu gestalten. Ich weiß, wohin ich gehe. Ich bin auf dem besten Weg dahin.

Wenn Sie eine Veränderung in Ihrer Arbeit oder beruflichen Laufbahn erwägen, möchte ich Ihnen ebenfalls raten, noch ein paar andere Selbst-Gesprächs-Texte zu verwenden, die Ihnen helfen können: „Glauben Sie an sich", „Auf positive Weise Risiken eingehen", „Persönliche Leistungen", „Sorgenfrei leben".

Vieles von dem, was *Ihnen* in der Zukunft widerfährt, wird das direkte Ergebnis der Vorstellung sein, die Sie von sich selbst in Ihrem Unterbewußtsein schaffen. Die Gestaltung der Vorstellung vom Erfolg, den Sie erreichen möchten, ist *immer* Ihnen überlassen. Wenn Sie sich beruflich verändern wollen, ist heute der richtige Zeitpunkt, um einige der positivsten, überzeugendsten Selbst-Gespräche, die Sie je benutzt haben, einzusetzen.

Auf positive Weise Risiken eingehen

Interessanterweise gibt es in unserer Sprache keine „positive" Beschreibung für das Wort „Risiko". Es gäbe jedoch ohne Risiken kein Vorwärtskommen, keinen Fortschritt und kein inneres Wachstum.

Die folgenden Selbst-Gespräche sehen positive Risiken als etwas Gutes an, als eine Gelegenheit, vorwärtszukommen, neue Gebiete zu erschließen, und neue Belohnungsmöglichkeiten zu schaffen.

Ich habe den Mut, das Nötige zu tun, um meine Ziele zu erreichen.

Wenn ich Riskien eingehe, reduziere ich deren Unberechenbarkeit, indem ich so viel wie möglich im voraus in Erfahrung bringe. Wenn ich erst einmal beschlossen habe, das Risiko in Kauf zu nehmen, bin ich bei allen weiteren Schritten davon überzeugt, daß ich auch Erfolg haben werde.

Der Weg, den ich eingeschlagen habe, ist sonnig und vielversprechend. Ich gehe ihn voll freudiger Erwartung. Wenn ich weiß, daß ich ein bestimmtes Risiko eingehen muß, sehe ich nach vorne, erwarte das Beste und sehe nie zurück.

Ich vertraue auf mich und glaube an meine Träume. Ich besitze die Fähigkeit, jedes Ziel, das ich mir setze, zu erreichen.

Ich mache aus Risiken und Möglichkeiten wohldurchdachte Strategien, die meinen Erfolg begünstigen.

Für mich ist ein gutes Risiko die erste Stufe zum Erfolgserlebnis. Es ist die Brücke zu meinem Erfolg und erschließt mir größere Möglichkeiten.

Ich habe zu Risiken eine positive Einstellung. Sie sind für mich ein positiver Bestandteil jeder Leistung. Ich gehe sie ein mit der vollkommenen Sicherheit, daß ich sie auch meistern kann und meistern werde.

Ich mindere jedes Risiko, das ich eingehe, durch einen wohldurchdachten Plan. Ich reduziere jedes Risiko auf kleine Schritte in einem Handlungsplan und versichere mich des bestmöglichen Ausgangs.

Ich sehe Risiken als Teil des Preises an, den ich für die vielen Vorteile und Belohnungen, die ich als Gegenleistung bekomme, zu zahlen bereit bin.

Da ich weiß, daß Risiken oft auch neue Möglichkeiten für mich bieten, habe ich eine behutsame, positive und konstruktive Einstellung ihnen gegenüber.

Ich bin immer bereit, die Risiken einzugehen, die für die Verwirklichung meiner Ziele nötig sind.

Die Risiken, die ich eingehe, sind gute Risiken. Durch sie erhalte ich immer die Belohnungen, nach denen ich strebe. Sie bringen stetige Gesundheit und Wohlbefinden mit sich.

Jedes Risiko, das ich eingehe, stellt eine gesunde neue Kraft in meinem Leben dar. Es ist eine Herausforderung und ein lohnendes Ziel und ein weiterer potentieller Erfolg.

Ich gehe nur die Risiken ein, die mir noch mehr positive Energie geben und mein eigenes Leben und das Leben derer, die mir wichtig sind, noch erfüllter machen.

Jedesmal, wenn ich diese Worte lese oder höre, werde ich mir meiner Möglichkeiten noch mehr bewußt und noch entschlossener, das Beste aus ihnen zu machen.

Finanzielle Unabhängigkeit

Es scheint ein ungeschriebenes Gesetz zu geben, daß wir nur das verdienen oder besitzen, was wir zu verdienen *glauben*. Ihr Verdienst wird ungefähr so hoch oder so gering sein wie Ihr Selbstwertgefühl.

Wenn Sie den Wert erhöhen, den Sie sich selbst beimessen, werden Sie das Potential Ihres Einkommens erhöhen. Zwischen Ihrer Denkweise und dem, was Sie erhalten, besteht ein unmittelbarer Ursache-Wirkungs-Zusammenhang.

Wenn jemand glaubt, er sei dazu bestimmt, ein Leben lang wenig Geld zu haben, wird er meistens tatsächlich nur begrenzten finanziellen Erfolg haben. Derjenige, der jedoch *weiß*, daß er mehr von dem verdient, was das Leben zu bieten hat, wird nahezu immer auch mehr Geld verdienen.

Der Prozeß der Erhöhung Ihrer Einnahmen und der Aufbau Ihrer finanziellen Unabhängigkeit beginnt mit mehreren

„Bedingungen":

1. Gestehen Sie sich zu, daß es völlig in Ordnung ist, das zu verdienen, was Sie wirklich verdienen möchten, und akzeptieren Sie die Tatsache, daß Sie auch ein Recht darauf haben.
2. Gestehen Sie sich zu, daß Geld oder die Vorteile, die es mit sich bringt, gut, nützlich und ein natürliches Ergebnis Ihrer Bemühungen sind.
3. Stimmen Sie mit sich überein, daß Sie bereit sind, für das, was Sie bekommen, zu arbeiten. Es gibt fast nie langfristige finanzielle Belohnungen ohne langfristiges Engagement und harte Arbeit.
4. Erklären Sie sich bereit, Ihr Geld, das Sie verdienen werden, einzuteilen.

Die meisten von uns *können* sehr wohl mehr finanzielle Freiheit haben, als Sie sich möglicherweise in der Vergangenheit zugestanden haben. Wenn Sie finanzielle Sorgen in innere Ruhe verwandeln möchten, steht Ihnen wahrscheinlich nichts im Weg außer Ihrer eigenen Überzeugung.

Ich bin erfolgreich. Ich bin auf dem besten Weg zu größerem finanziellen Erfolg und Unabhängigkeit.

Es fällt mir leicht, Geld zu verdienen. Es ist eine Belohnung, die ich für gute Arbeit erhalte. Ich verrichte jede Arbeit gut.

Für mich ist Geld ein mächtiges und positives Mittel, das mir und anderen viele gute und nützliche Dinge ermöglicht.

Finanzielle Unabhängigkeit ist nur einer der Maßstäbe, durch die ich beurteilen kann, ob ich vielen meiner wichtigen beruflichen Zielen näherkomme. Sie ist eine der „Noten", die ich mir in meinem „Erfolgszeugnis" gebe. Ich erhalte immer gute Noten.

Geld ermöglicht mir alles, was ich möchte. Geld ist der Diener, und ich bin sein Herr. Ich arbeite nicht für das Geld. Das Geld arbeitet für mich.

Ich mache immer unverzüglich alles, was nötig ist, um meine finanziellen Ziele, die ich mir gesetzt habe, zu erreichen.

Ich genieße die finanzielle Unabhängigkeit, die ich dadurch erreiche, daß ich meine finanziellen Ziele verwirkliche. Je spezifischer und detaillierter mein Plan ist, desto schneller gelange ich an jedes Ziel, und desto unabhängiger werde ich finanziell.

Jeden Tag werde ich sicherer und habe weniger Sorgen und Selbstzweifel. Jeden Tag fällt es mir leichter, meine finanziellen Ziele zu erreichen.

Ich bin überzeugt, daß mein Erfolg als „ganzheitliche Person" in geistiger und körperlicher Hinsicht der wirkliche Maßstab meines Erfolgs ist. Wohlstand und materieller Gewinn sind für mich wichtig, weil sie mir die Freiheit geben, meine entferntesten Leistungen anzustreben.

Ich messe Geld und materiellem Wohlstand nicht mehr Bedeutung bei, als sie tatsächlich haben. Ich weiß, welche Rolle sie in meinem Leben spielen. Ich sehe diese Rolle aus der richtigen Perspektive.

Ich bin dafür verantwortlich, mit meinem Geld richtig umzugehen. Ich gestalte mein Leben so, daß mir immer eine Reserve für unerwartete Probleme und Gelegenheiten zur Verfügung steht.

Ich bin davon überzeugt, daß finanzielle Unabhängigkeit und die dadurch entstehende Freiheit positiv sind.

Ich glaube nicht, daß Wohlstand und Reichtum nur einigen wenigen Auserwählten zustehen, sondern ich glaube, daß der Reichtum, den das Leben zu bieten hat, jedem zur Verfügung steht, der sich darum bemüht.

Wohlstand ergibt sich in meinem Leben nicht durch Zufall, sondern dadurch, daß ich bewußt darauf hinarbeite. Ich verdiene meine Erfolge und Belohnungen. Ich wähle sie aus, stelle sie mir bildlich vor, setze meinen Energie dafür ein, und nehme sie bereitwillig an.

Ich schaffe finanzielle Unabhängigkeit für mich auf vielerlei Weise. Ich setze mir spezifische Ziele, aus denen ich genau ersehen kann, wieviel ich verdienen kann, wie ich es verdiene, und wann ich es erhalten werde.

Ich stelle mir jedes meiner finanziellen Ziele jeden Tag genau vor. Ich sehe, wie ich es erreiche, und daß ich es verdiene.

Ich genieße das Leben, seinen großen Reichtum und seine Belohnungen. Ich bin gut zum Leben, und das Leben ist gut zu mir.

Mit Geld umgehen können

Das Ziel der vorangegangenen Selbst-Gespräche ist, Ihnen die finanzielle Unabhängigkeit, die Sie in Ihrem Leben erreichen können, bewußter zu machen, und Sie darauf vorzubereiten, diese Freiheit auch zu erlangen. Doch es genügt nicht zu wissen, daß Sie diese finanzielle Unabhängigkeit - in diesem Fall das Geld - *verdienen*, Sie müssen auch mit ihr *umgehen* können.

Die Selbst-Gespräche im folgenden Text handeln vom Umgang mit Geld. Es ist gleichgültig, ob Sie jetzt viel oder wenig Geld besitzen, denn was letztendlich von Ihrem Einkommen übrigbleiben wird, und was Sie damit anfangen, hängt davon ab, wie Sie damit umgehen.

Wir alle müssen mit Geld umgehen. Geld zu verdienen ist einer der Gründe, weshalb wir so hart im Beruf oder an unserer Laufbahn arbeiten. Es ist ein Mittel, das unser Leben und das unserer Familie verbessert. Es kann äußerst nützlich sein, wenn wir lernen, richtig damit umzugehen. Ob Sie Geld haben, oder ob Sie keines haben, hängt wesentlich stärker davon ab, wie Sie damit umgehen, als davon, wieviel Sie tatsächlich verdienen.

Unsere alten Selbst-Gespräche zu dem Thema Geld lauteten oft folgendermaßen: *„Ich scheine einfach nicht weiterzukommen"*; *„Ich gebe mehr aus, als ich einnehme"*; *„Am Ende des Monats bleibt nie etwas übrig"*; *„Das Geld zerrinnt mir förmlich zwischen den Fingern"*; *„Ich scheine nicht fähig zu sein, meine Rechnungen pünktlich zu zahlen"*; *„Ich versuche mir mein Geld einzuteilen, doch ich halte den Plan nie ein"*; *„Ich bin immer einen Tag zu spät und habe immer eine Mark zu wenig"*; *„Ich habe das Gefühl, ständig abgebrannt zu sein"*; *„Ich kann mir nie die Dinge leisten, die ich gerne hätte"*; *„Ich weiß einfach nicht, wo mein Geld hinkommt"*. Diese Art von Selbst-Gesprächen bewirkt garantiert einen falschen Umgang mit Geld.

Hier sind einige bessere Selbst-Gespräche. Sie zeigen Ihnen, wie Sie besser mit Ihrem Geld umgehen können, und bewirken, daß Sie sich als einen Menschen sehen, der sein Geld einzuteilen weiß.

Ich kann gut mit Geld umgehen. Ich weiß mein Einkommen und meinen Besitz zu schätzen und mache das Beste daraus.

Ich bin mir jeder Mark, die ich ausgebe, bewußt und weiß, wofür ich sie ausgebe.

Ich habe meine Finanzen im Griff, weil ich auch mich selbst im Griff habe. Dadurch, daß ich mich selbst gut im Griff habe, bin ich in der Lage, meine Mittel, auch mein Geld gut zu nutzen.

Weil ich auf mein Geld aufpasse, sorgt es auch gut für mich.

Ich nehme den Umgang mit Geld ernst. Da ich es gut einteile, schaffe ich mir die Sicherheit und die Möglichkeiten, die ich mir wünsche.

Ich habe einen guten Plan, wie ich jede Mark verwende. Ich führe einen Haushaltsplan und halte ihn ein. Ich nehme immer mehr ein, als ich ausgebe. Ich gebe nie mehr Geld aus, als ich vorhabe.

Ich gehe mit meinem Guthaben gut um. Ich nutze es richtig. Ich bin bereit, auf die Dinge, die ich haben möchte, zu warten. Ich habe nie das Gefühl, etwas sofort haben zu müssen.

Ich gebe nie unsinnig Geld aus. Ich habe gelernt, wie wichtig es ist, es gut zu nutzen. Ich bin bei allen finanziellen Entscheidungen sparsam und maßvoll.

Ich bin nie impulsiv oder glaube, etwas kaufen zu müssen, nur weil ich es gerne hätte.

Ich habe nie das Bedürfnis, Geld nur deshalb auszugeben, weil ich es habe. Jede Mark, die ich heute besitze, hat einen Sinn und ist mir wichtig.

Ich genieße die persönliche Befriedigung, die mir meine Fähigkeit, mit Geld umgehen zu können, verschafft.

Ich arbeite täglich bewußt daran, die finanzielle Zukunft für mich und die Personen, die mir nahestehen, noch mehr zu verbessern.

Weil ich gut mit Geld umgehe, bin ich immer in der Lage, einen Teil meines Einkommens zu sparen. Ich setze mir monatliche und jährliche Ziele, wieviel Geld ich sparen möchte. Ich erreiche die Ziele auch.

Wenn ich Geld investiere, investiere ich es klug. Ich vergewissere mich, daß mein Geld so gut wie möglich für mich arbeitet.

Jeden Tag gelingt mir der Umgang mit Geld besser. Ich habe die Kontrolle über mich, meine Gewohnheiten, meine Entscheidungen und darüber, was ich mit meinem Einkommen mache.

Ich kann mit Geld gut umgehen.

Es gibt viele andere Selbst-Gesprächs-Texte, die Ihnen helfen werden, auf Ihr Geld zu achten. Manchmal geben Menschen unnötig Geld aus, weil sie irgendein *anderes* Problem haben. Manche geben es aus, weil sie Depressionen haben und sich besser fühlen möchten. Andere geben mehr aus, als sie sollten, um ihre Umgebung zu beeindrucken. Doch viele Menschen geben es aus reiner *Gewohnheit* aus. Natürlich wird Geld oft einfach deshalb verschwendet, weil es der betreffenden Person an einem guten soliden finanziellen Ziel mangelt.

Wenn Sie darauf achten möchten, wie Sie Ihr Geld ausgeben, sollten Sie lernen, auch andere Bereiche unter Kontrolle zu bringen, die vielleicht das Problem, zu viel auszugeben, hervorrufen. Die Erkenntnis ist sehr ermutigend, daß der richtige Umgang mit Geld eine Gewohnheit und eine Fähigkeit ist, die sich *jeder Mensch* mit der entsprechenden Übung und Entschlossenheit aneignen kann.

Selbst-Gespräche für Verkäufer

Ich habe ein Dutzend Kassetten speziell für die Anforderungen des „Schlachtfeldes" zusammengestellt, auf dem der Verkauf stattfindet. Verkäufer müssen viel Zurückweisung erdulden, an manchen Tagen hören sie hauptsächlich das Wort nein.

Verkäufer können sich jedoch darauf vorbereiten, mit diesem Druck umzugehen, indem sie ganz besonders auf ihre eigenen Selbst-Gespräche achten. Es gibt Selbst-Gespräche für „Verkaufspräsentationen"; „Richtig mit Einwänden umgehen", „Erfolglose Vertreterbesuche", „Kunden gewinnen", „Eine positive Einstellung beibehalten" und für viele andere Bereiche, für die in diesem Buch gar kein Platz ist.

Die folgenden Selbst-Gespräche werden Ihnen einen Eindruck davon vermitteln. Sie werden dazu beitragen, daß Sie die richtigen Selbst-Gespräche einzusetzen beginnen, wenn Sie etwas verkaufen.

Ich bin ein erfolgreicher Verkäufer. Das Verkaufen macht mir Spaß. Ich genieße die vielen Belohnungen, die durch meinen Erfolg in meinem Leben entstehen.

Meine Verkaufsfähigkeiten sind Spitze. Ich bin ein professioneller Verkäufer. Das kann man sehen.

Ich beginne jeden Tag mit einem klaren Kopf und einem genauen Plan, wie ich meine Zeit und meine Mühe am besten nutzen kann. Ich folge diesem Plan täglich. Deshalb erreiche ich meine Ziele.

Ich beherrsche die Kunst, mehr in weniger Zeit zu bewältigen. Ich habe immer den Überblick und alles im Griff.

Ich bin immer pünktlich. Dadurch, daß ich mein Vorgehen immer bereits im voraus festlege und unerwartete Verzögerungen einplane, spare ich immer Zeit.

Ich bringe immer das richtige Maß an Zeit auf, um bessere Umsätze zu erreichen. Es fällt mir leicht, neue Geschäftsverbindungen herzustellen.

Eine zutreffende Beschreibung meiner Person enthielte Begriffe wie „professionell", „hart arbeitend", „qualifiziert", „fähig", „voller Energie", „begeistert", „systematisch vorgehend", „entschlossen" und „äußerst erfolgreich".

Als professioneller Verkäufer bin ich immer gut vorbereitet. Ich nehme mir die Zeit, gute Arbeit zu leisten. Bei allem, was ich tue, ist zu erkennen, daß ich vorbereitet, zuversichtlich, selbstsicher und erfolgreich bin.

Ich messe allen Einzelheiten bei meiner Arbeit Bedeutung zu. Ich habe Spaß am Verkaufen und nehme jeden Punkt meiner Arbeit wichtig.

Ich bleibe stets guten Mutes. Ich weiß, daß es bei der guten Präsentation eines Produktes wichtig ist, daß ich selbst voller Energie bin und mich unter Kontrolle habe.

Meine Verkaufsgespräche sind immer professionell und erfolgreich.

Ich bin immer gewissenhaft und ehrlich. Ich glaube, daß jeglicher Erfolg im Verkauf auf Vertrauen, Offenheit, Fähigkeit und Zielstrebigkeit beruht.

Ich drücke mich nie davor, Kunden anzurufen. Ich arbeite beständig und deshalb habe ich immer Erfolg.

Wenn jemand nein zu mir sagt, ärgere ich mich nie. Das Wort nein macht mich nur umso entschlossener und trägt zu meiner positiven Begeisterung bei.

Ich nehme das Verkaufen ernst, doch ich genieße es auch und habe Spaß daran. Ich genieße wirklich die Freiheit und die Belohnungen, die durch das Verkaufen entstehen. Ich bin einer der besten Verkäufer.

Andere Menschen führen

Die Selbst-Gespräche in diesem Text sprechen mit Ihnen über Ihre Fähigkeiten als Führungsperson. Sie behandeln auch Ihr Interesse an den Menschen, deren Vorgesetzter Sie sind, und Ihre Fähigkeit, sie zu unterstützen. Je besser *diese Menschen* sind, desto besser sind *Sie* - und umgekehrt.

Im Laufe der Jahre habe ich Führungspersonen in den verschiedensten Positionen und mit den unterschiedlichsten Fähigkeiten und Verantwortlichkeiten getroffen und kennengelernt. Jedesmal waren die *besten* diejenigen, die sich selbst als professionelle *Führungskräfte* sahen - die nicht nur ihre Arbeit verrichteten, sondern wirklich ihre Mitarbeiter gewissenhaft führten.

Es spielte dabei keine Rolle, wieviele Menschen Sie unter sich hatten, oder wie ihre Arbeit genau aussah. Sie übernahmen die *Verantwortung*, diejenigen, die sie führten, zu betreuen, zu unterstützen, zu fördern, das Beste aus ihnen herauszuholen und zu belohnen. Für sie war „Management" kein „Job" sondern Teil ihrer Person.

Es gibt kein einzelnes Merkmal, das eine gute Führungsperson auszeichnet. Management erfordert das Beste von vielen Fähigkeiten. Um ein guter Manager zu sein, benötigen Sie genaue Kenntnisse von Ihrem Produkt, der Dienstleistung oder der Verkaufsstrategie. Sie müssen fähig sein, zu organisieren, sich einzufühlen, die Zeit einzuteilen, auszubilden, Ausdauer zu haben, wirkungsvoll aufzutreten, und müssen motiviert sein und Geduld, Überzeugung und Stärke besitzen.

Um jedoch eine gute Führungsperson sein zu können, müssen Sie sich zuerst als einen Menschen sehen, der mit all dem umgehen kann. Wenn Sie Menschen führen, gleichgültig, ob Sie nun ein Kind erziehen, eine Gruppe koordinieren, ein Team leiten oder im Geschäftsleben oder irgendeinem anderen Bereich tätig sind, haben Sie meinen Respekt.

Die Verantwortung auf sich zu nehmen, andere Menschen zu lenken, zu motivieren, von ihnen abhängig zu sein und deren Aktivitäten auch zu belohnen, ist manchmal eine selbstlose Aufgabe, die allein schon eine Belohnung verdient.

Lassen Sie sich durch diese Selbst-Gespräche etwas zusätzliche Sicherheit vermitteln. Ich habe oft über die Frage nachgedacht: „Wer motiviert diejenigen, die andere motivieren?" Wer erkennt die Arbeit an, die richtige Manager leisten? Neben ihrer erfolgreichen Führungstätigkeit müssen Sie sich vielleicht von Zeit zu Zeit selbst motivieren. Hier sind ein paar Worte, die Sie sich unbedingt sagen sollten.

Ich bin ein guter Manager. Ich führe andere gut, weil ich mich selbst gut führe.

In meinem Leben herrscht Ordnung und ich habe den Überblick über mein gesamtes Leben.

Ich bin immer und in jeder Situation beherrscht.

Ich übernehme die volle Verantwortung für mich. Bei meiner Führungstätigkeit erlaube ich anderen, für sich selbst ebenfalls verantwortlich zu sein.

Ich unterstütze, bin verständnisvoll und ermutige. Ich motiviere andere Menschen, ihr Bestes zu tun und sich in ihrem Beruf so gut wie möglich zu verwirklichen.

Ich helfe anderen, sich selbst und ihre Arbeit so positiv wie möglich zu sehen. Ich nehme mir Zeit, sie auf ihre Qualitäten und Fähigkeiten hinzuweisen.

Ich kann mich hervorragend mitteilen. Ich habe gelernt, gut zuzuhören. Ich höre immer mit einem klaren, aufnahmefähigen Bewußtsein zu.

Ich begegne denen, deren Vorgesetzter ich bin, mit Respekt und Verständnis. Ich teile mich immer klar und deutlich mit.

Ich suche in jeder Person, die für mich arbeitet, immer das Beste und finde es auch. Ich lasse sie das auch wissen. Weil ich das Beste von anderen erwarte, erhalte ich es auch immer.

Die Menschen wissen, daß sie Fairness von mir erwarten können. Ich kümmere mich um sie. Das ist spürbar.

Die Menschen, die unter meiner Leitung arbeiten, wissen immer, woran sie bei mir sind. Ich bin offen, ehrlich und aufrichtig mir selbst und ihnen gegenüber.

Ich habe eine gute Einstellung zu mir selbst und den Menschen, mit denen ich arbeite. Sie arbeiten gerne mit mir. Ich arbeite gerne mit ihnen.

Ich erkenne meine Arbeit an. Ich nehme mir auch die Zeit, mich für gute Arbeit zu belohnen!

Ich habe gelernt, daß die Art, wie ich andere anleite, ein Spiegel meiner eigenen Anleitungen ist. Ein guter Manager zu sein, ist einer der vielen lohnenswerten Erfolge in meinem Leben.

Ich arbeite jeden Tag daran, meine Führungsfähigkeiten zu

verbessern und noch bessere Arbeit als je zuvor zu leisten.

Ich bin ein guter Manager.

Entscheidungen treffen

Jeder von uns trifft im Leben, ob es ihm gefällt oder nicht, ständig Entscheidungen. Das ist auch richtig so; die Alternative wäre ein Leben, in dem andere die Entscheidungen treffen. Die meisten von uns möchten zumindest einige ihrer Entscheidungen lieber selbst treffen, auch wenn es manchmal schwierig ist.

Dieses Kapitel behandelt weit mehr, als nur wichtige Entscheidungen im Leben treffen zu müssen. Es handelt von der *Wahl*, die wir für uns in den größten und kleinsten Bereichen unseres Lebens treffen.

Jeder Schritt, den Sie morgen - oder jeden nachfolgenden Tag - machen, wird von Entscheidungen gelenkt, die Sie heute treffen. Die wenigsten sind schwerwiegend. Die meisten geschehen eher zufällig. Doch alle erfordern, entweder bewußt oder unbewußt, eine gewisse Entscheidung Ihrerseits.

Das Recht auf eigene Entscheidungen ist eines der wichtigsten Rechte, die Sie je haben werden. Doch wie so viele Punkte, die wir besprochen haben, und die mit dem Thema „Selbstvervollkommnung" zu tun haben, gehört auch die Fähigkeit, Entscheidungen zu treffen, zu den Dingen, die die meisten von uns nie in der Schule vermittelt bekommen haben.

Ich spreche nicht nur von den Entscheidungen, die Geschäftsleute treffen lernen. Ich meine auch die alltäglichen Entscheidungen im Leben. Wir lernen, sie zu treffen - oder zu vermeiden - fast zufällig aufgrund der Konditionierung, die wir von anderen erfahren.

Die Entscheidungen, die Sie treffen, sind Ihre Wahlmöglichkeiten im Leben

Alles, was Sie tun, ist das Resultat von Entscheidungen, die Sie treffen. Wir alle treffen täglich Dutzende von Entscheidungen, und die meisten sind uns nicht einmal bewußt. Und doch hat jede gewisse Auswirkungen. Wenn Sie sich ihrer bewußt sind, haben Sie eher die Möglichkeit, eine *Wahl* zu treffen. Indem Sie erkennen, daß Ihre Entscheidungen die Richtlinien sind, die den Verlauf Ihres Lebens abstecken, haben Sie die Möglichkeit, selbst zu bestimmen, wie diese Entscheidungen aussehen sollen.

Einer der Schätze, die Sie bei Ihrer Geburt erhielten, war das *Recht* und die *Verantwortung*, Entscheidungen für sich zu treffen. Wenn Sie dieses Recht abgeben, werden Sie immer mit den Ergebnissen daraus leben müssen, daß Sie den Rest der Welt Entscheidungen für Sie treffen ließen.

Manchmal bekommen wir leicht den Eindruck, daß das Leben ein Zuschauersport ist: Wir sehen einem Spiel zu, das von anderen gespielt wird, denen wir erlauben, *unsere* Entscheidungen zu treffen, und die wir aus irgendwelchen Gründen unser Leben bestimmen und kontrollieren lassen. Währenddessen beginnen wir zu glauben, daß unser eigenes Leben - unser „Selbst" - nicht in Gefahr ist. Wir sehen dem Spiel zu, doch jemand anders spielt es für uns.

Ihr Leben muß jedoch *kein* Zuschauersport sein. *Sie* sind der Spieler. Es ist Ihnen überlassen, ob Sie das Spiel spielen. Wenn Sie Ihre eigenen Enscheidungen treffen, werden Sie Ihr Leben wahrscheinlich so gestalten, daß es Ihnen mehr Glück und Erfüllung bringt.

Ihre Entscheidungen müssen nicht immer richtig sein. Jeder Mensch macht manchmal Fehler. Doch es wird Ihnen in Ihrem Leben besser gehen, wenn Sie die Entscheidung treffen, Ihre eigenen Entscheidungen zu treffen. Sie können sich deshalb trotzdem bei anderen einen guten Rat holen oder einen intelligenten Vorschlag von anderen annehmen. Doch im Endeffekt ist die Welt lebenswerter, wenn Sie selbst über sich bestimmen und die Freiheit genießen, Ihre eigenen Entscheidungen zu treffen.

Ich treffe gute Entscheidungen. Ich vertraue meinem Urteilsvermögen und glaube an mich und meine Fähigkeiten.

Ich nehme mir die Zeit, jede Entscheidung sorgfältig zu durchdenken. Doch, wenn etwas getan werden muß, tue ich es. Deshalb treffe ich Entscheidungen auch schnell und rechtzeitig.

Ich schiebe notwendige Entscheidungen nie vor mir her. Ich setze mir Prioritäten. Ich treffe die Entscheidungen, durch die mein Plan in die Tat umgesetzt wird.

Ich genieße die Befriedigung, wenn ich gute Entscheidungen treffe und meine Aufgaben erledige.

Ich ordne meine Gedanken. Ich bin in der Lage, Alternativlösungen klar und genau zu erkennen. Ich schätze die Situation ein, überlege mir die richtige Vorgehensweise und treffe die richtige Entscheidung.

Ich bin offen und objektiv. Ich bin in der Lage, die nötigen Informationen zu sammeln und daraufhin die bestmögliche Entscheidung zu treffen.

Ich verschwende keine Zeit damit, mir unnötige Sorgen über das Ergebnis meiner Entscheidungen zu machen. Stattdessen kümmere ich mich darum, daß sich meine Entscheidungen so positiv und produktiv wie möglich auswirken.

Ich lasse mich nicht durch Angst vor Mißerfolgen von meinen Entscheidungen abhalten. Stattdessen konzentriere ich mich auf den positiven erfolgreichen Ausgang jeder Entscheidung, die ich treffe.

Wenn ich einen Fehler mache, kann ich ihn immer von der positivsten Seite sehen, ihn korrigieren und zum nächsten Schritt übergehen.

Ich habe Vertrauen zu mir. Ich suche und höre auf den Rat von anderen, doch ich höre auch auf mich selbst.

Ich weiß, daß meine Erfolge sowohl in meinem Privatleben als auch in meinem Beruf das positive Resultat meiner Entscheidungen sind.

Ich verlasse mich vielleicht auf die Hilfe und Unterstützung anderer, doch ich erwarte und gestatte nie, daß andere Menschen für mich entscheiden.

Ich weiß, daß ich allein für jede Wahl, jede meiner Entscheidungen und mein Handeln verantwortlich bin - in jedem Bereich meines Lebens. Ich übernehme die volle Verantwortung für jede meiner Entscheidungen.

Ich freue mich täglich auf jede Gelegenheit, bei der ich meine Fähigkeit, gute Entscheidungen zu treffen, beweisen kann. Ich habe mich und meine Entscheidungen gut im Griff.

Den professionellen „Stil" verbessern

Professioneller „Stil" bedeutet die Art und Weise, wie wir uns am Arbeitsplatz (und außerhalb) täglich und unsere ganze Laufbahn hindurch verhalten. Es gibt nur wenige Schulen, in denen wir lernen, wie wir uns am Arbeitsplatz verhalten sollen, wie wir denken sollen, was wir sagen oder nicht sagen sollen, wie wir uns kleiden sollen, oder wie wir einen *inneren* Stil finden können, der schließlich zu unserem beruflichen „Erfolg" führt.

Diejenigen, die sich großen Erfolg wünschen, werden aus den meisten Selbst-Gesprächs-Texten dieses Buchs einen Nutzen ziehen. Die Selbst-Gespräche zu dem Thema Erfolg schließen eine Vielzahl von persönlichen Zielen ein. Erfolgreich zu sein heißt Ziele haben, persönliche Verantwortung übernehmen, sich mit Problemen auseinandersetzen, eine hohe Selbstachtung besitzen, klar denken, wachsam und bewußt sein, handeln und lernen, sich auch um die kleinste Kleinigkeit zu kümmern und gleichzeitig das Ganze mit Weitblick und Perspektive im Auge zu behalten.

Alle diese Fähigkeiten sind wichtig und werden Sie weiterbringen. Doch sie werden Ihnen auch helfen, den gewünschten

Erfolg zu erzielen, indem Sie Ihnen Selbstanleitungen geben, die Ihnen ganz genau sagen, wie Sie Ihre Fähigkeiten zur Selbstbestimmung einsetzen können. Sie können dieselben Fähigkeiten *direkt* für Ihr Ziel einsetzen, jeden Tag professioneller zu werden.

Ich sehe mich immer als einen Menschen, der in jedem Bereich seines beruflichen Lebens in Hochform ist.

Ich bin im Beruf erfolgreich. Das kann man sehen. Meine Fähigkeiten, mein Auftreten, mein Denken, Handeln und meine Leistungen sind wirklich professionell.

Ich lege Wert auf meine Kleidung und sehe gut aus. Die Menschen, denen ich begegne, sehen mich automatisch als die gepflegte, erfolgreiche professionelle Person, die ich bin.

Ich achte selbst auf das kleinste Detail meines Äußeren, meiner Umgangsform, meines Verhaltens und meiner „Ausstrahlung". Ich gebe immer mein Bestes.

Ich weiß, daß die Präsentation meines „Selbst" immer die wichtigste Präsentation ist, die ich geben kann. Deswegen vergewissere ich mich, daß ich ordentlich und beherrscht bin, gut aussehe und unverkennbar zuversichtlich bin.

Ich übertreibe nie bei meinem Äußeren oder meinem Stil. Ich bin immer passend gekleidet und stelle mich immer voll auf die Gegebenheiten jeder Situation ein.

Meine Körperhaltung ist positiv und aufrecht. Ob ich nun sitze, stehe oder gehe, meine Haltung drückt immer meine persönliche Stärke und Zuversicht aus.

Sogar meine Gesten drücken mein starkes Selbstvertrauen und meine Fähigkeiten aus.

Ich weiß immer, wann der günstigste Augenblick zum Sprechen ist, wieviel ich sagen sollte, oder wann ich lieber schweigen sollte.

Wenn ich etwas sage, spreche ich immer mit Überzeugung. Ich wähle meine Worte sorgfältig: Ich kann mich gut, präzise und treffend ausdrücken. Die Menschen schätzen diese Qualität an mir. Deshalb hören sie mir zu.

Ich beschönige nie die Wahrheit oder verdrehe die Tatsachen. Ich sehe die Dinge so, wie sie wirklich sind, und stelle sie auch so dar.

Ich bin praktisch und realistisch, doch ich habe auch gelernt, mich positiv auszudrücken. Die Menschen in meiner Umgebung wissen immer, daß sie sich auf meine fundierten, praktischen Vorstellungen und Lösungen verlassen können.

Ich versuche nie, die Anerkennung einer anderen Person zu gewinnen, indem ich ja sage, wenn ich eigentlich nein sagen sollte. Ich stehe immer und in jeder Situation voll zu meiner Überzeugung.

Ich lasse mich nie von anderen einschüchtern, gleichgültig, welchen Rang oder welche Position sie haben. Stattdessen sehe ich sie als Individuen, die sich auf meine Fähigkeiten verlassen und auf meine Unterstützung vertrauen.

Ich bin in der Lage, das Gesamtbild zu erkennen, doch ich kümmere mich auch um die kleinsten Details meiner Arbeit.

Ich verbessere ständig meine beruflichen Fähigkeiten und meinen Wert als professionelle Person.

Ich versuche nie, Entschuldigungen für mich oder mein Handeln zu finden. Ich arbeite immer daran, mein Bestes zu tun. Mein Bestes ist sehr gut.

Ich arbeite gut im Team, doch ich komme auch alleine sehr gut zurecht. Auf mich ist Verlaß, gleichgültig, ob ich nun selbständig oder mit anderen arbeite.

Aufgrund meiner Entscheidung, täglich bei allem, was ich tue, wirklich professionell vorzugehen, funktioniert auch mein Leben außerhalb des Berufs umso besser.

Ich erfreue mich an den Resultaten meines soliden, professionellen Stils. Ich beherrsche nun die Fähigkeiten, die sich positiv auf meine Laufbahn auswirken.

Ich bin verläßlich, fähig, habe den Überblick, arbeite hart, bin produktiv, unterstütze andere Menschen und bin erfolgreich. Ich habe meine Arbeit im Griff, stehe in Verbindung mit mir selbst und arbeite äußerst professionell.

Ich habe viele erfolgreiche Menschen in verantwortungsvollen Positionen kennengelernt. Die „Einstellung" zur Professionalität ist genau die Fähigkeit, die jeder von ihnen gelernt hatte, einzusetzen, ob sie nun in einem Unternehmen oder irgendeiner anderen Organisation tätig waren. Mit großer Sicherheit spielte diese Fähigkeit bei dem Erfolg, den jeder hatte, eine sehr wichtige Rolle.

Nach einem Vortrag, den ich auf einer nationalen Verkaufskonferenz einer großen Ladenkette gehalten hatte, sagte der Vorsitzende zu mir: „Wenn jeder unserer Angestellten und Manager eine oder zwei seiner alten Einstellungen gegen *diese* Selbst-Gespräche, diese Art von Einstellung eintauschen würde, bräuchten wir uns keine Sorgen mehr um unsere Konkurrenz machen. Die würde sich dann über *uns* den Kopf zerbrechen."

Ihr professionelles Vorgehen - Ihre Fähigkeiten, Ihre Einstellungen, Ihre Methoden und Ihr Stil - wird sich *immer* direkt auf Ihren Erfolg auswirken. Wenn irgend jemand dazu beitragen kann, Ihre berufliche Laufbahn zu verbessern, sind *Sie* es.

Persönliche Leistungen

Dieser besondere Selbst-Gesprächs-Text war schon immer einer meiner Lieblingstexte. Er besteht aus Selbst-Gesprächen, die uns an unser höheres Potential erinnern. Sie erinnern uns daran, wie leistungsfähig jeder von uns sein *kann*, wenn wir uns nur die Möglichkeit dazu geben.

Wenn ich ein schwierige, neue Aufgabe in Angriff nehme oder mein Ziel aus den Augen zu verlieren beginne, höre ich mir die Kassette mit diesem Text ein paar Mal an, um mich wieder auf den richtigen Weg zurückzubringen. Jedesmal gibt sie mir Anregung und stärkt meinen Glauben an das Beste, was wir als Menschen zu bieten haben.

Dieser einfache Text lehrt uns die Art von Selbst-Vertrauen, von dem ich wünschte, daß er jedem Kind oder jedem Erwachsenen gegeben werden könnte, der je mit den Problemen des Lebens kämpfte oder sich fragte, ob er es zu etwas bringen würde.

Ein Geschäftsführer aus Kalifornien schrieb mir einmal von den Auswirkungen, die seine Selbst-Gespräche auf sein Unternehmen hatten. Er schrieb: „Jedesmal, wenn ich niedergeschlagen oder mutlos bin, höre ich mir die Kassetten *„Glauben Sie an sich"* und dann *„Persönliche Leistungen"* an. Die eine Kassette motiviert mich, doch die Kassette „Persönliche Leistungen" vergegenwärtigt mir mehr als jede andere, wofür ich mir diese ganze Mühe überhaupt mache."

Ich glaube der Grund, weshalb so viele Menschen immer wieder über mehrere Jahre mit diesem Text arbeiten, ist, daß er einen Teil der „universellen Wahrheit", die ein Teil von jedem von uns ist, enthüllt. Ich schätze, daß diese Worte für viele weitere Jahre ein Bestandteil meines Lebens sein werden. Ich hoffe, daß Sie sie zu einem Bestandteil Ihres eigenen Lebens machen.

Ich bin jemand, der es zu etwas bringt - ein Gewinner in jeder Hinsicht.

Ich setze mir meine Ziele und ich erreiche sie. Erfolg ist für mich ein Motto im Leben.

In mir lebt ein ausgezeichneter Geist, ein unzerstörbarer Wille und eine unerschöpfliche Entschlossenheit, erfolgreich zu sein. Ich weiß, daß nichts diese ungeheure Macht aufhalten oder meine Träume dämpfen kann.

Ich weiß, daß mein Erfolg ebenso im Tun als auch im Gewinnen liegt, und daß ich jeden Tag belohnt werde, auch wenn ich mein Ziel noch suche, und lange bevor ich es erreicht habe.

Es ist mir nicht wichtig, der Beste von allen zu sein. Mir kommt es nur darauf an, mein Bestes zu geben. Mein Ziel ist nicht, andere zu übertreffen, sondern mein Bestes zu geben.

Es ist lohnend und auch aufregend, die Dinge zu erreichen, die mir wichtig sind. Doch ich weiß, daß alles seinen Preis hat. Ich bin bereit, für jede Leistung, die mir wirklich etwas bedeutet, auch den Preis zu zahlen.

Ich weiß, daß meine Ziele mir würdig sind, und daß ich ihrer würdig bin.

Mein Erfolg steht nicht nur am Ende meiner Reise. Ich erlebe ihn jeden Tag bei allem, was ich tue. Ich genieße es, ebenso Tag für Tag auf meine Ziele hinzuarbeiten, wie ich es genieße, sie schließlich zu erreichen.

Ich ermutige andere zu guten Leistungen, doch ich fordere nie Ermutigung von anderen.

Ich weiß, daß es meine persönliche Entscheidung war, meine Ziele zu erreichen, und daß es an mir liegt, sie zu erreichen. Ich erwarte nie, daß andere diese Arbeit für mich tun, meine Risiken übernehmen oder den Preis bezahlen, mit dem ich einverstanden war.

Ich übernehme die volle Verantwortung dafür, jedes Ziel zu erreichen, das ich mir gesetzt habe.

Ich bin nicht bereit, mich zurückzulehnen, mich durchzuschlängeln und wenig zu erreichen. Ich nutze das Talent, die Stärke und das

Potential voll aus, das ich sogar in diesem Augenblick in mir zum Leben erwecke.

Ich erreiche meine Ziele und erfülle mir meine Träume, indem ich jeden einzelnen Punkt des Plans, den ich aufgeschrieben habe, einhalte. Ich überlasse Erfolge nie dem Zufall.

Ich habe keine Angst davor, neue Wege zu gehen oder zu neuen Gebieten aufzubrechen. Da ich immer sehr hohe Erwartungen habe, gehe ich nicht die ausgetretenen Wege der Gleichgültigkeit oder Mittelmäßigkeit. Stattdessen folge ich den Wegen meiner eigenen Wahl.

Ich besitze alle Eigenschaften, die nötig sind, um mein Leben so gut wie möglich zu leben. Ich lasse sie für mich arbeiten. Ich habe das Ziel klar vor Augen. Ich habe den Plan und ich folge ihm. Ich habe die Energie, so hart wie nötig zu arbeiten, um ans Ziel zu kommen.

Ich weigere mich, jegliche möglicherweise von anderen auferlegten Einschränkungen, die mich an der Verwirklichung meiner Ziele hindern, zu akzeptieren. Mein Leben wird von mir bestimmt, nicht von der Ungläubigkeit oder den Einschränkungen anderer.

Ich habe den Entschluß gefaßt, das Beste aus mir zu machen. So möchte ich sein. So möchte ich leben.

22
Selbst-Gespräche zur geistigen „Einstimmung"

Die Selbst-Gespräche in diesem Kapitel helfen Ihnen, Ihren Geist genau „einzustellen", damit er richtig arbeitet und in der Lage ist, sich zu konzentrieren, wenn Sie in *Hochform* sein müssen.

Gebrauchen Sie diese Selbst-Gespräche, wenn Sie eine wichtige Arbeit (oder ein Hindernis) vor sich haben, oder wenn Ihre Gedanken vollständig klar sein müssen und Sie ein hohes Maß an Zuversicht brauchen. Ob Sie nun ein Produkt verkaufen, studieren, vor einem Publikum sprechen müssen oder zu einem Vorstellungsgespräch gehen, Sie können sich im voraus in Hochform bringen.

Denken Sie daran, daß viele Ihrer neuen Anweisungen alte Programme, die Ihnen in der Vergangenheit die *falschen* Dinge über Sie sagten, ersetzen oder aufheben. Ob Sie nun kreativer sein möchten, Ihre Aufmerksamkeit konzentrieren oder mehr von dem behalten möchten, was Sie lernen, die richtigen Selbstanleitungen werden *immer* Ihre Chancen erhöhen.

Viele Menschen verwenden diese Selbst-Gespräche, um sich geistig „aufzuwärmen", wenn sie sich mit einer wichtigen Angelegenheit auseinandersetzen müssen. Vielleicht kann der folgende Text nicht über Nacht Ihre gesamte Einstellung verändern. Das braucht länger. Doch wird er Ihnen *vorübergehend* helfen, sich auf die bevorstehenden Herausforderungen einzustellen, und gleichzeitig beginnen, dauerhafte Veränderungen zu bewirken.

Klares Denken und Wachsamkeit

Sie waren sicherlich schon in Situationen, in denen Sie geistig in Hochform sein mußten und Schwierigkeiten hatten, einen klaren Gedanken zu fassen. Mir ist das schon passiert. Doch ich habe festgestellt, daß es Methoden gibt, mit denen Sie innerhalb weniger

Minuten Ihren Verstand „schärfen" können

Die folgenden Selbst-Gesprächs-Texte gehören zu jenen, die sofort - heute - eine Wirkung zeigen. Es bedarf nicht wochenlanger Wiederholung und Übung, um Resultate zu erzielen.

Jedesmal, wenn Sie besonders aufmerksam und wachsam sein müssen, schärfen Sie Ihre Aufmerksamkeit, geben sich sofort den energischen Befehl, sich zu konzentrieren, hören auf Ihre Selbst-Gespräche und folgen den Anweisungen, die Ihre Selbst-Gespräche Ihnen geben.

Ich bin aufmerksam und wachsam. Meine Sinne sind klar und aufnahmefähig. Mein Verstand ist klar. Ich nehme alles wahr, was um mich herum vorgeht, und habe mein Leben im Griff.

Ich kann heute besonders klar denken. Ich sehe alles mit großer Klarheit. Heute verstehe ich alles sehr schnell und leicht.

Sogar meine Intuition ist ausgeprägter denn je zuvor. Mein Bewußtsein und mein Unterbewußtsein sind vollkommen auf meine Umwelt eingestellt. Ich bin voller Zuversicht und im Einklang mit meinem Leben.

Mein Geist ist klar und wachsam. Er ist in der Lage, jeder Herausforderung, mit der ich ihn konfrontiere, gerecht zu werden.

Meine Vorstellungskraft ist besonders nützlich für mich. Die Bilder in meinem Geist sind lebendig und klar. Ich kann die Einzelheiten klar erkennen. Ich bin in der Lage, mir alles, was ich möchte, vorzustellen.

Meine Konzentration ist gut und auf einen Punkt ausgerichtet. Ich habe die vollständige Kontrolle über meine Gedanken. Ich brauche meine Zeit nicht dafür zu verschwenden, einen klaren Kopf zu bekommen oder meine Sinne zu wecken. Ich bin sofort wachsam und aufmerksam, wann immer es nötig ist.

Ich bin bereit für jede Herausforderung, die meine geistige Wachsamkeit auf die Probe stellt und verbessert, und begrüße sie mit positiver Begeisterung. Statt Probleme als Schwierigkeiten zu betrachten, die es zu vermeiden gilt, sehe ich sie als eine Herausforderung, meine geistigen Fähigkeiten und meine Flexibilität zu verbessern.

Ich weiß meinen Geist gut zu nutzen. Ich halte ihn gut in Form. Ich trainiere ihn täglich und halte nach Gelegenheiten Ausschau, um meinen Geist bei allem, was ich tue, zu stärken und zu verbessern.

Ich hege nur solche Gedanken, die mir von Nutzen sind und dazu dienen, das Bestmögliche zu bewirken. Mein Geist ist ein gut eingestimmtes Instrument, das in bestmöglicher Weise für mich arbeitet.

Ich weiß, daß mein Geist für mich arbeitet, weil ich ihm sage, was zu tun ist. Ich überlasse die Programmierung oder Anleitung meines Geistes nie dem Zufall. Ich übernehme die Verantwortung dafür, meinen Geist täglich bewußt mit speziellen, positiven Anweisungen zu programmieren.

Jeden Tag verbessere und schule ich meinen Geist. Ich lese, um das Wissen zu vertiefen, das ich brauche. Ich höre zu, um mein Verständnis für die Gedanken anderer Menschen zu verbessern.

Jedesmal, wenn ich etwas sage, übe ich mich darin, meine Vorstellungen immer klarer und wirkungsvoller auszudrücken.

Ich werde täglich aufmerksamer, setze meinen Geist immer wirkungsvoller ein und habe mich immer besser im Griff.

Jeden Tag wird mein Geist zu einem wirkungsvolleren Instrument, das für mich daran arbeitet, meine Ziele zu verwirklichen.

Ich möchte Ihnen auch empfehlen, daß Sie, wenn Sie diese

Selbst-Gespräche einsetzen, anschließend die Selbst-Gespräche zu „Verbessern Sie Ihre Konzentrationsfähigkeit" und außerdem noch die Selbst-Gespräche zu „Das Gedächtnis verbessern" gebrauchen, wenn die Situation es erfordert. Irgend jemand sagte einmal: „Ein klarer, scharfer und organisierter Verstand ist das Produkt klaren, scharfen und organisierten Denkens". Nichts eignet sich besser dazu, einen klaren, scharfen, wohlgeordneten Verstand zu entwickeln, als Ihre eigenen Selbst-Gespräche.

Überzeugend sprechen und schreiben

Wie effektiv Sie bei Ihrer Arbeit oder anderswo sind, wird oft davon abhängen, wie gut Sie sich ausdrücken. Wie gut Sie dies können, wird nicht nur von den Fähigkeiten, die Sie sich aneignen, abhängen, sonden auch von der inneren Einstellung, die Sie zu Ihrer Ausdrucksweise haben.

Wenn Sie Ihre Fähigkeiten, klar und überzeugend zu sprechen, zu schreiben oder etwas darzustellen, verbessern möchten, sollten Sie auch die entsprechende *Einstellung* dazu entwickeln.

Ich habe gute Gedanken und gute Ideen. Ich kann anderen meine Gedanken und Ideen auf klare und interessante Weise ausdrücken.

Ich drücke mich klar aus, weil ich klar denke. Ich kann klar denken, weil ich mich immer nur auf eine Sache konzentriere.

Weil ich weiß, wie man denkt, weiß ich auch, was ich denken soll. Da ich weiß, wie man denkt und seine Gedanken steuert, weiß ich auch immer, was ich sagen soll.

Wenn ich spreche oder schreibe, drücke ich mich einfach und direkt aus.

Die Menschen mögen die Art, wie ich mich ausdrücke. Sie hören gerne meinen Gedanken und Vorstellungen zu.

Mein Geist gibt mir genau im richtigen Augenblick die Worte, die ich brauche.

Ich bin ein interessanter Sprecher, weil ich gute, positive, hilfreiche, interessante Gedanken denke. Ich bin kreativ. Ich habe viele gute Ideen. Ich genieße es, anderen meine Ideen mitzuteilen.

Ich spreche oder schreibe nie, um andere zu beeindrucken. Es liegt mir nichts daran zu „beeindrucken", sondern nur daran, mich gut „auszudrücken".

Wenn ich spreche oder schreibe, vermittle ich mit meinen Worten ein klares, einfaches Bild.

Jeden Tag gelingt es mir besser, meine Vorstellungen zu vermitteln. Meine Gedanken sind geordnet. Ich weiß, was ich denke. Ich bin offen und drücke mich klar und einfach aus.

Jeden Tag wird mein Vertrauen in meine Fähigkeit, mich mitzuteilen, größer und sogar noch positiver. Ich kann mich problemlos ausdrücken, ohne ängstlich und unsicher zu sein.

Immer, wenn ich mit anderen unterhalten muß, bin ich bestimmt, direkt, aufnahmebereit und eindrucksvoll.

Verbessern Sie Ihre Konzentrationsfähigkeit

Wie die Selbst-Gespräche zu dem Thema „Klares Denken und Wachsamkeit" werden auch die folgenden Selbst-Gespräche sofort, nachdem Sie sie anzuwenden beginnen, an die Arbeit gehen.

Menschen in Berufen mit größten Anforderungen bauen auf diese Selbst-Gespräche, um sofortige Konzentration und Wachsamkeit zu erzielen. Wenige von uns wissen beispielsweise, daß der Pilot des Flugzeugs, in dem wir fliegen, höchtswahrscheinlich gelernt hat, genau diese Art von Selbst-Gesprächen zu verwenden. Während der letzten kritischen Minuten der Landung eines Linienflugzeuges ist das laute Wiederholen spezifischer Selbst-Gesprächs-Formeln oft ein normaler Bestandteil des Landemanövers.

Ein Brief, den ich von einem Fluglehrer erhielt, in dem er mir von seinen eigenen Erfolgen mit Selbst-Gesprächen berichtete, bewies, wie spezifisch Selbst-Gespräche oft sein können. Er schrieb: „Wir benutzen sie, damit die Piloten besser fliegen lernen. Statt zu sagen: <Ich fliege auf einer Höhe von ...>, sagen sie <Ich bin auf der Höhe>. Statt zu sagen <Ein Motor hat ausgesetzt>, sagen sie <Ich habe alles unter Kontrolle. Ich behalte meinen Kurs und meine Höhe bei. Ich werde den Fehler schnell finden>. Wenn sie mit Schwierigkeiten an den Instrumenten umgehen müssen, sagen sie <Da ist eine Kleinigkeit. Ich bin dabei, den Fehler zu lokalisieren. Ich fliege im Gleitflug. Ich fliege mit Eigengeschwindigkeit.>" Er beendete den Brief mit den Worten „Es funktioniert".

Vielleicht sind Sie nicht dafür verantwortlich, eine Boeing 747 voller Passagiere sicher auf dem Flughafen zu landen, doch es gibt Situationen, in denen es auch Ihnen nützlich sein kann, sich so gut konzentrieren zu können. Ob Sie nun an Ihrem Arbeitsplatz eine schwierige Aufgabe bewältigen, sich auf eine Prüfung vorbereiten, oder ob Sie nur jemandem aufmerksam zuhören, Sie können dieselben Selbstanleitungen benutzen.

Verwenden Sie, wenn Sie sich konzentrieren müssen, die folgenden Selbst-Gespräche. Benutzen Sie anschließend einige eigene spezifische und auf das Thema bezogene Selbst-Gespräche.

Ich habe ein hervorragendes Konzentrationsvermögen. Ich kann in meiner Vorstellung ein Teil dessen werden, worauf ich mich konzentriere.

Wenn ich mich konzentriere, stelle ich alle meine Sinne auf die betreffende Sache ein. Es fällt mir immer leichter, meine Aufmerksamkeit auf etwas zu konzentrieren.

Ich übe mich in der Kunst, mich auf das, worauf ich mich

konzentriere, einzustellen. Wenn ich einer Sache meine Aufmerksamkeit widme, bin ich in der Lage, ihr meine gesamte Aufmerksamkeit zu schenken.

Jeden Tag arbeite ich bewußt daran, die Fähigkeit, meine Konzentration zu steuern und aufrechtzuerhalten, zu verbessern und zu vervollkommnen.

Ich bin in der Lage, durch meine eigenen Selbstanleitungen meine Sinne zu vereinen, mein Bewußtsein auf einen Punkt zu konzentrieren und die Energie meiner Aufmerksamkeit so lange auf eine Sache zu richten, wie es nötig ist.

Wenn ich mich konzentriere oder etwas lerne, lasse ich meine Gedanken nicht umherschweifen. Sie bleiben beim Thema. Meine Gedanken sind klar und auf die Sache, mit der ich mich befassen möchte, gerichtet und konzentriert.

Ich habe mein Konzentrationsvermögen völlig im Griff. Ich steuere meine Aufmerksamkeit und bestimme meine Gedanken.

Mein Geist verhindert automatisch jede innere und äußere Ablenkung, die nicht wirklich wichtig für mich ist.

Ich habe Geduld. Es ist für mich ganz normal, meine Konzentration auch über lange Zeitspannen aufrechtzuerhalten.

Mit jedem Tag wird meine Fähigkeit zu denken noch besser. Ich freue mich auf Gelegenheiten, bei denen ich meine Denk- und Konzentrationsfähigkeit entwickeln kann. Ich übe mich darin, meine Aufmerksamkeit auf ein Ziel zu richten, meine Gedanken zu konzentrieren und meinen Geist zu beherrschen.

Mein Geist reagiert positiv und begeistert auf die Vorstellung, etwas zu lernen. Er begrüßt jede Gelegenheit, zu lernen oder zu studieren.

Wenn ich mich schnell und vollständig konzentrieren möchte, gebe ich meinem Geist drei Schlüsselwörter, durch die sich meine geistige Energie sofort konzentriert. Die Schlüsselwörter sind „Bild", „Ziel" und „Konzentration". Immer, wenn ich mich konzentrieren muß, spreche ich diese Wörter laut aus oder denke sie mir.

Ich konzentriere mich gerne. Je mehr ich diese wichtige Fähigkeit, meine Konzentration bewußt auf einen Punkt zu richten, gebrauche, umso leichter fällt mir das.

Wissensaneignung und Lernen

Wieviel besser ginge es uns doch, wenn uns das Lernen keine Probleme bereiten würde. Ich weiß, daß mir meine eigene Schulzeit und viele spätere Situationen hätten wesentlich leichter fallen können.

Das Lernen ist eine Gewohnheit. Wir lernen zu lernen. Es ist eine Gewohnheit, die von unseren *Einstellungen* beeinflußt wird. Die folgenden Beispiele sind kein kurzer Kurs über Lerngewohnheiten, sondern ein kurzer Kurs über das Lernen allgemein. Je begeisterter Sie mit Situationen, in denen Sie etwas lernen können, umgehen, desto besser werden die Resultate sein.

Ich lerne immer etwas Neues. Ich bin froh über die Fähigkeiten, die ich bereits besitze. Ich arbeite daran, bei allem, was ich tue, noch kompetenter zu werden.

Ich bin wachsam und aufmerksam. Ich freue mich jeden Tag darauf, etwas Neues zu lernen.

Ich besitze viele Talente. Ich weiß, wie ich sie einsetzen kann. Ich entwickle sie und nutze sie dazu, um mir und anderen Gutes zu tun.

Ich versuche ständig, neue Interessen zu entdecken, die neue und noch unerschlossene Talente in sich schließen. Ich suche und finde neue Talente in mir, weil ich weiß, daß sie Wachstum und weitere Möglichkeiten für meine Zukunft mit sich bringen.

Das Lernen ist das Gold, das ich auf die Bank meines Geistes bringe. Ich investiere täglich in mich.

Ich stehe der Vorstellung, Neues zu lernen, völlig offen gegenüber. Ich lerne automatisch. Ich höre nie auf zu lernen. Ich genieße die Befriedigung, die es mir gibt. Je mehr ich lerne, desto mehr lebe ich.

Andere Menschen sind der Meinung, daß ich interessant, aufmerksam und einfallsreich bin. Das Lernen neuer Dinge trägt dazu bei, daß ich es auch bleibe.

Immer, wenn ich mir Ziele für mich und meine Zukunft aufschreibe, achte ich darauf, daß sie spezifische neue Fähigkeiten und Talente enthalten, die ich in mir entwickeln möchte.

Ich bin in der Lage, alles zu lernen, was ich möchte.

Wenn ich mit einem Hindernis, das zwischen mir und meinem Lernen steht, konfrontiert bin, stelle ich mich der Herausforderung, überwinde sie und lerne gerade deshalb etwas dazu.

Ich lerne gerne. Es ist interessant, etwas zu lernen. Es macht Spaß und macht mich zu einem bewußten Menschen, der auf dem laufenden ist. Das Lernen vermittelt mir ein gutes Gefühl mir gegenüber.

Ich setze gute Lernstrategien ein. Da ich die richtigen Methoden anwende, fällt das Lernen mir jetzt leichter.

Wenn ich lerne, dann lerne ich! Ich konzentriere meine Gedanken und meine Energien und richte meine Aufmerksamkeit auf das, was ich gerade lerne.

Wenn ich etwas lernen muß, schiebe ich es nicht auf oder gehe Dingen aus dem Weg, für die ich verantwortlich bin. Ich erledige meine Arbeit rechtzeitig und richtig.

Je mehr ich lerne, zu lernen, umso mehr Freude bereitet es mir. Die Vorteile, die dadurch in meinem Leben entstehen, machen mir ganz besonders Freude.

Das Gedächtnis verbessern

Haben Sie schon einmal jemanden sagen hören „Ich habe ein schlechtes Gedächtnis" oder „Ich habe das *schlechteste* Gedächtnis, das man sich nur vorstellen kann"? *Das* sind typische Beispiele für eine recht mächtige Programmierung. Sie geben der betreffenden Person die Anweisung, genau das *Gegenteil* dessen zu sein, was sie gerne wäre!

Ein geübtes, verläßliches Gedächtnis kann in so gut wie jedem Lebensbereich wahre Wunder bewirken. Wenn Sie Ihr Gedächtnis verbessern möchten, können Sie z.B. an einem Kurs teilnehmen, in dem Sie lernen, Ihr Gedächtnis zu schulen. Doch als erstes sollten Sie mit neuen Selbstanleitungen über Ihr eigenes Gedächtnis und die natürlichen Fähigkeiten, die Sie bereits besitzen, beginnen.

Ich habe ein gutes Gedächtnis.

Da mein Geist wachsam und aufmerksam ist, ist mein Gedächtnis klar und mein Erinnerungsvermögen hervorragend.

Ich kann mich problemlos an Namen und Gesichter erinnern. Ich interessiere mich für Menschen, die ich kennenlerne, und das sieht man.

Ich nutze die Bücher, die es über die Verbesserung des

Gedächtnisses gibt. Ich lese sie, übe die Methoden und wende sie täglich an.

Ich habe ein lebenslanges Programm für geistige Fitness begonnen. Dies trägt zu meinem Selbstvertrauen bei und bestärkt meinen Entschluß, mein Erinnerungsvermögen noch mehr zu schulen.

Ich sage mir täglich und bei jeder passenden Gelegenheit, daß ich ein phantastisches Gedächtnis habe. Ich sage mir häufig die Worte „Ich kann mich immer an Namen erinnern" und „Ich kann mich an alles erinnern, woran ich mich erinnern möchte".

Ich gebe mir oft die Selbstanleitungen „Merk dir das", wenn ich Einzelheiten, Tatsachen oder Namen höre, an die ich mich später deutlich erinnern möchte. Wenn mein Geist die Worte „Merk dir das" hört, verleihe ich der Programmierung meines Gedächtnisses automatisch mehr Kraft und Nachdruck. Es funktioniert - ich merke es mir!

Ich wende ständig neue Techniken an, um mein Gedächtnis zu verbessern und dadurch meine geistigen Fähigkeiten zu vertiefen.

Ich merke mir im Laufe des Tages immer irgendwelche Dinge, an die ich mich später zu erinnern versuche - und übe, mich jederzeit an diese Dinge zu erinnern und sie problemlos und klar in mein Gedächtnis zurückzuholen.

Ich setze die Methode ein, mir von bestimmten Situationen einen Schnappschuß zu machen und im Geiste einen „Abzug" davon herzustellen.

Ich erinnere mich immer deutlich an meine Gespräche mit anderen Menschen. Ich bin in der Lage, mich Wort für Wort an wichtige Kommentare zu erinnern. Dies hilft mir bei meiner Arbeit und in allen Lebensbereichen.

Ein Grund, weshalb ich mich an Unterhaltungen so vollständig und genau erinnern kann, ist, daß ich immer genau zuhöre.

Ein gutes Gedächtnis ist die Folge eines systematisch arbeitenden und geübten Geistes. Genau das ist mein Geist.

Mein eigenes Gedächtnis zu beherrschen, ist mir sehr wichtig. Jeden Tag fällt es mir leichter, meine Wachsamkeit, meine Aufmerksamkeit und mein Gedächtnis zu verbessern.

Kreativität

In all den Jahren, in denen ich versucht habe, das menschliche Verhalten zu verstehen, sind mir nur wenige menschliche Eigenschaften begegnet, die so mißverstanden wurden wie die persönliche „Kreativität".

Die meisten Wissenschaftler und Verhaltensforscher stimmen darin überein, daß Kreativität *etwas Natürliches* ist. Wir werden kreativ *geboren*! Und doch begegne ich ständig Menschen, die mir erzählen „Ich bin einfach nicht kreativ" oder „Das könnte ich nicht, ich bin einfach nicht kreativ genug".

Kreativität scheint ein Teil von uns zu sein, der uns allzuhäufig irgendwie *abgewöhnt* wird, gewöhnlich während der Kindheit. Sie besitzen, in diesem Augenblick und zu jeder Zeit, mehr natürliche Kreativität, als Sie je nutzen könnten. Es ist völlig gleichgültig, welchen Beruf Sie ausüben, welche Bildung Sie haben, oder aus welchen Verhältnissen Sie kommen, Ihre eigene Kreativität ist, wenn Sie es zulassen, ein natürlicher, alltäglicher Bestandteil von Ihnen.

Die Frage ist nicht, ob Sie kreativer werden können, sondern lediglich, ob Sie sich *erlauben*, die Kreativität zu nutzen, die Sie bereits besitzen.

Kreativität ist nicht auf das Produzieren imposanter Kunstwerke oder Bücher beschränkt. Kreativität ist eine der wenigen, äußerst wichtigen treibenden Kräfte, die jedes Ziel und jede Leistung steuern und entstehen lassen. Sie können in dem Augenblick damit beginnen, sie besser zu nutzen, in dem Sie erkennen, daß Sie sie bereits besitzen.

Ich bin kreativ. Ich entwickle gerne neue und interessante Denk- und Vorgehensweisen in meinem Leben.

Neue Ideen gefallen mir. Es macht mir Spaß, erfinderisch zu sein. Ich entwickle gerne neue und bessere Methoden, um mit Problemen und Lebenssituationen umzugehen.

Ich glaube nicht, daß Kreativität für andere reserviert ist. Für mich ist sie keine Gabe, die einzig und allein nur den sogenannten kreativen Menschen vorbehalten ist. Ich sehe Kreativität als einen natürlichen Teil von jedem von uns an, der von jedem entwickelt und vertieft werden kann.

Ich sehe meine eigene Kreativität als den Schlüssel, der mir Zugang zu meinem wirklichen Potential verschafft.

Eine treffende Beschreibung meines wirklichen Selbst enthielte Wörter wie „einfallsreich", „erfinderisch", „nach neuen Ideen suchend", „bereit ,neue Ideen auszuprobieren", „phantasievoll", und „sehr kreativ".

Ich werde mit jedem neuen Tag kreativer. Ich erkenne, daß die einzigen Grenzen meiner Kreativität die waren, die ich mir in der Vergangenheit selbst auferlegt habe. Ich ziehe es nun vor, meiner Kreativität zu keiner Zeit und aus keinem Grund Grenzen aufzuerlegen.

Ich bewundere und achte Menschen, die ihre Kreativität so einsetzen, daß sie selbst und andere einen Nutzen davon haben. Ich weiß, daß andere mich als einen sehr kreativen und einfallsreichen Menschen betrachten und respektieren.

Ich habe keine Angst davor, Unversuchtes zu versuchen, neue Wege zu gehen, oder nach neuen und besseren Alternativen in jedem Bereich meines Lebens zu suchen.

Ich versuche nie, anders zu sein, nur um des Anders-Seins willen. Doch ich habe keine Angst davor, anders zu sein, wenn mir meine eigene kreative Vorstellungskraft einen besseren Weg zeigt.

Ich bin heute ein neuer Mensch. Ich akzeptiere keine der Einschränkungen, die ich meiner eigenen Phantasie noch gestern auferlegte. Heute bin ich kreativer als je zuvor.

Meine eigene Kreativität ermöglicht mir, die Quelle zu erschließen, aus der alle Ideen fließen. Ich stelle die Frage und die Antworten ergeben sich. Ich nenne das Problem und mein kreativer Geist führt mich auf den Pfad zu seiner Lösung.

Da meiner Phantasie keine Grenzen gesetzt sind, ist meine Kreativität nicht eingeschränkt.

Je mehr ich lerne, meine Kreativität zu nutzen, desto kreativer werde ich. Je kreativer ich bin, desto mehr Erfolg habe ich bei allem, was ich tue.

Visualisierung

Kürzlich interviewte mich eine Autorin, die für eine bekannte Zeitschrift einen Artikel vorbereitete, der Menschen ansprechen sollte, die Probleme mit ihrer Figur haben. Sie fragte mich nach mehreren Selbst-Gesprächs-Formeln zum Abnehmen, die sie ihrem Artikel beifügen wollte. Ich war erstaunt, als sie mir sagte, daß die Herausgeber der Zeitschrift nicht wollten, daß ich Selbst-Gespräche über Visualisierung erwähnte - Selbst-Gespräche, die dem Leser helfen würden, ein geistiges Bild davon, schlank zu *sein*, zu entwickeln.

Visualisieren, sich etwas bildlich vorstellen, ist bei den Selbst-Gesprächen so wichtig wie die Kulissen in einem Theaterstück. Denn gerade dadurch, daß Sie sich selbst auf eine neue Art sehen, in einem neuen Rahmen, mit allen Details an der richtigen Stelle, zeigen Sie Ihrem Unterbewußtsein, was es für Sie tun soll. Visualisierung ist die beste Methode, wie wir unserem Unterbewußtsein sagen können: „Siehst du dieses Bild? *So* möchte ich aussehen?"

Während Radio-Talkshows erhalte ich öfter Anrufe von Menschen, die mir sagen, daß es ihnen schwer fällt, sich Dinge bildlich vorzustellen. Während manche Menschen mit einem inneren Filmprojektor, der regelrecht dreidimensionale Bilder erzeugt, gesegnet sind, haben andere Schwierigkeiten, sich Bilder klar und deutlich vorzustellen.

Trainer, die Kurse über Motivation anbieten, raten oft, daß wir Bilder von unseren „Zielen" aus Zeitungen ausschneiden und im Badezimmer auf den Spiegel kleben sollen, damit wir uns unser Ziel bildlich *vorstellen* können.

Die Forschung der letzten Jahre, die sich mit der Geist-Gehirn-Funktion befaßt, hat bewiesen, daß unsere geistigen Bilder eine wichtige Rolle für die Zukunft spielen, die wir uns schaffen wollen. Zu lernen, sich etwas bildlich vorzustellen, erweist sich als eine der wichtigsten Fähigkeiten zur Entwicklung dessen, was wir sind, was wir tun, und wie gut wir es tun.

Beispielsweise wird ein gut geschulter Vertreter seine Präsentation wiederholt in der Vorstellung einstudieren. Er tut dies nicht nur, um seine Verkaufsstrategien zu vervollkommnen, sondern auch um sich im voraus jeden Schritt einer *erfolgreichen* Vorführung deutlich in seinem Geiste *auszumalen*, damit die eigentliche Vorführung ein Duplikat seiner Vorstellung ist.

Die Selbst-Gespräche in dem folgenden Text werden Ihnen helfen, falls die Visualisierung Ihnen Schwierigkeiten bereitet hat. Sie werden Ihnen auch helfen, sich mehr Situationen bildlich vorzustellen - öfter, klarer und wirkungsvoller - auch wenn Sie bereits fähig sind, Ihre zukünftigen Erfolge im voraus in Ihrem Geist zu erschaffen und zu *sehen.*

Ich habe gelernt, mir meine Erfolge *im voraus* im Geiste bildlich vorzustellen.

Ich bin in der Lage, mir Bilder und Ereignisse deutlich in meinem Geiste vorzustellen. Mit jedem Mal fällt es mir leichter.

Ich verbessere mein bildliches Vorstellungsvermögen, indem ich übe, in meinem Geiste einfache, alltägliche Dinge zu sehen. Ich trainiere mich darin, sie klar und deutlich zu sehen.

Ich habe gelernt, mir ein einzelnes Objekt bildlich in meinem Geiste vorzustellen. Ich versuche, seine Form, seine Größe und seine Farbe und auch die kleinsten Einzelheiten zu „sehen".

Ich übe täglich mehrere Male, meine Aufmerksamkeit für einen Augenblick auf ein einzelnes Bild in meinem Geiste zu konzentrieren. Dadurch bin ich fähig, mir Dinge, so oft ich will, mühelos und automatisch vorzustellen.

Ich übe mich darin, mich selbst in meinem Geiste zu sehen. Ich achte darauf, daß ich in meiner Vorstellung immer so aussehe, handle und bin, wie ich wirklich sein möchte.

Ich male mir in meiner Vorstellung Bilder mit vielen Einzelheiten aus, in denen ich erfolgreich bin. Ich sehe diese Szenen immer wieder vor mir. Sie werden mit jedem Mal deutlicher. Ich beginne, zukünftige Ereignisse in meiner Vorstellung zu gestalten.

Wenn ich mich selbst in erfolgreichen Situationen vorstelle, bin ich nicht nur in der Lage, mich zu sehen, ich fühle mich auch - sogar meine Kleidung, meine Emotionen und den Raum, in dem ich mich aufhalte.

Ich weiß, daß ich anfange, die Situationen, die ich mir am häufigsten vorstelle, in die Realität umzusetzen. Deswegen stelle ich mir die Bilder und Szenen vor, die die Zukunft schaffen, die ich mir wünsche.

Wann immer ich das Ergebnis irgendeiner zukünftigen Situation verbessern möchte, spiele ich meinen Erfolg im voraus wiederholt durch.

Wenn ich mir ein zukünftiges Ereignis vorstelle, sehe ich immer meine Bewegungen, höre, was ich sage, und spüre meinen Erfolg deutlich und bewußt.

Ich schaffe Situationen in meinem Geiste, in denen Probleme zu Lösungen werden. Ich stelle mir vor, wie ich dafür sorge, daß diese Lösungen funktionieren.

Ich verwandle Tagträume in unterhaltsame und aufregende Zukunftssituationen, die ich im voraus durchspiele. Indem ich lerne, mich selbst so vorzustellen, forme und schaffe ich mir regelrecht eine gute Zukunft.

Da ich für jeden meiner Gedanken verantwortlich bin, bedeutet das auch, daß ich dafür verantwortlich bin, mir die zukünftigen Ereignisse so positiv wie möglich vorzustellen.

Ich habe Spaß daran, mir Dinge bildlich vorzustellen. Ich übe diese positive Visualisierung oft, wenn ich mich entspanne oder sogar kurz vor dem Einschlafen.

Ich stelle mir nicht nur vor, Erfolg zu haben, sondern sehe mich auch immer als einen gesunden, glücklichen und ausgeglichenen Menschen.

Jeden Tag gelingt es mir besser, mir in meinem Geiste deutlich das Beste von mir und meiner Zukunft vorzustellen. Ich stelle es mir vor, handle entsprechend und mache es wahr.

23
Selbst-Gespräche für das Lösen von Problemen

Wenn Sie dieses Buch von Anfang an gelesen haben, wissen Sie bereits, daß fast alles, was wir als „Problem" bezeichnen, in der Vergangenheit lediglich deshalb ein Problem war, weil wir es als solches sahen. Probleme waren oft das Resultat unserer eigenen Programmierung und unserer eigenen Selbst-Gespräche.

Die Selbst-Gespräche in diesem Kapitel behandeln Probleme auf eine andere Art. Sorgen, Depressionen und die sogenannten persönlichen Grenzen werden als natürliche Herausforderung des täglichen Lebens dargestellt. Wir *alle* haben sie. Doch wie Sie die Probleme in Ihrem eigenen Leben sehen, hängt immer von Ihrer eigenen Programmierung ab. Deshalb werden zwei Personen, auch wenn sie sich sonst sehr ähnlich sind, ihre Probleme ganz verschieden betrachten.

Ich hoffe, Sie finden die Selbst-Gespräche in diesem Kapitel so ermutigend und erbaulich wie ich. Der erste Teil, „Persönliche Grenzen überwinden", ist einer meiner Lieblingstexte. Viele Menschen teilten mir mit, daß diese Gruppe von Selbst-Gesprächs-Formeln besonders inspirierend für sie war - ganz gleich, wie groß und welcher Art das Problem war.

Ich empfehle Ihnen auch, einige Texte aus den anderen Kapiteln zu benutzen. Viele davon sollen Sie dazu bewegen, etwas Bestimmtes *zu tun - zu handeln,* denn dies ist eine der besten Methoden, um mit Problemen umzugehen.

Wenn wir aufgrund eines unabänderlichen Problems ein Leben voller Anspannung verbringen, dann besteht das eigentliche Problem darin, wie wir das *äußere* Problem *innerlich wahrnehmen.*

Persönliche Grenzen überwinden

Manchmal stehen Sie vor Problemen, die nicht von außen, sondern von *innen* kommen. Das sind die Zeiten, wenn Sie durch selbstauferlegte Beschränkungen behindert werden.

Vielleicht können Sie die frühere Programmierung nicht über Nacht verändern, doch Sie können sich mit der Zeit vieler selbstauferlegter Beschränkungen entledigen, die in Ihrem inneren Computer keinen Platz haben.

Nehmen Sie sich ins Gebet! Sagen Sie sich, daß Sie nicht mehr länger bereit sind, die Beschränkungen zu akzeptieren, mit denen Sie bisher gelebt haben.

Nichts kann meinem unbesiegbaren Willen im Weg stehen. Nichts kann die Gewißheit meiner Träume schmälern. Ich habe meinen Gedanken Freiheit geschenkt und meiner Phantasie Flügel verliehen. Ich habe das unbegrenzte Potential in mir befreit.

Ich bin alles, was existiert - meine Gedanken, mein Leben, meine Träume werden wahr. Ich bin alles, was ich sein möchte. Ich bin so grenzenlos wie das unendliche Universum.

Ich akzeptiere keine der Beschränkungen, die andere mir auferlegen wollen. Es sind ihre Beschränkungen, nicht die meinen. Sie spielen in meiner Zukunft keine Rolle.

Jeden Tag befreie ich mich bewußt von den inneren imaginären Fesseln der Selbstzweifel und den überflüssigen Beschränkungen der Unsicherheit und Angst.

Ich befreie täglich meine Gedanken und Energien, damit ich meine positivsten Erwartungen verfolgen und meine Träume realisieren und erfüllen kann.

Ich glaube an mich. Ich weiß, daß ich die Macht habe, jedes mir gesteckte Ziel zu erreichen und jede Aufgabe zu bewältigen, die mir bevorsteht.

Es gibt absolut nichts, was meinem wahren Erfolg im Weg stehen könnte. Ich selbst habe mir diese Begrenzungen geschaffen. Ich kann sie auch wieder loswerden.

In meiner Welt gibt es aufregende Zukunftsaussichten und unbegrenzte Möglichkeiten. Ich sehe sie, glaube an sie und habe wirklich Freude daran, sie zu schaffen.

Wenn ich vor einer Aufgabe stehe, suche ich nach Wegen, sie zu bewältigen, und bewältige sie auch, statt nach Gründen zu suchen, weshalb ich sie nicht bewältigen kann.

Meine Regel heißt: „Denke nicht darüber nach, warum du es nicht schaffen kannst, sondern denke darüber nach, wie du es schaffen kannst."

Ich bin überzeugt, daß alles möglich ist - solange ich nicht das Gegenteil glaube.

Ich besiege meine Ängste. Sie besiegen nicht mich. Ich stelle mich ihnen, untersuche sie, verstehe sie, setze mich mit ihnen auseinander und überwinde sie.

Indem ich mich weigere, meinen Ängsten Glauben zu schenken, nehme ich ihnen ihre Kraft. Sie lösen sich vor meinen Augen wie Wolkenfetzen in einem klaren, blauen Himmel auf.

Ich ersetze Angst durch Liebe und Selbstsicherheit. Ich ersetze Begrenzungen durch Überzeugung und Entschlossenheit. Mit einer solchen Kombination kann ich nicht verlieren.

Das Leben ist voller unbegrenzter, positiver Möglichkeiten für mich. Ich bin bereit, mich mit jeder sich ergebenden Herausforderung und Möglichkeit auseinanderzusetzen.

Dadurch, daß ich meine Gedanken so positiv konditioniert und mich auf meinen Erfolg gut vorbereitet habe, ist mein Horizont weiter und mein Himmel strahlender als je zuvor.

Mit Problemen umgehen

Wir haben festgestellt, daß sogenannte „erfolgreiche" Menschen anders mit ihren Problemen umgehen als weniger erfolgreiche. Was für die eine Person ein Problem ist, kann für die andere ein Sprungbrett sein, einfach deshalb, weil die Dinge verschieden bewertet und wahrgenommen werden.

Wenn mir jemand begegnet, der behauptet, sein Leben sei „voller Probleme", stelle ich gewöhnlich fest, daß er nicht mehr Probleme hat als andere Menschen auch. Doch aufgrund früherer Konditionierung hat sich diese Person einfach daran gewöhnt, ihr Leben so zu *sehen*, als sei es „voller Probleme".

Jede schwierige Situation, in die Sie kommen, kann entweder als normaler Bestandteil des Lebens oder als „Problem" betrachtet werden. Die Entscheidung, wie Sie diese Situationen sehen möchten, bleibt Ihnen überlassen. Wenn Sie die normalen Lebensumstände als Probleme betrachten, werden Sie eine ganze Menge davon finden. Wenn Sie sich stattdessen entscheiden, die gleichen Umstände als Wegweiser zu sehen, die Ihnen sagen, daß Sie leben und es Ihnen gut geht - und Sie mitten in Ihrer Reise sind - werden Sie eher die Möglichkeit haben, das *Beste* daraus zu machen.

Ich kann Probleme gut lösen. Ich mag Herausforderungen. Ich biete ihnen die Stirn.

Probleme sind meine Lehrer. Sie helfen mir, zu lernen und zu wachsen. Ohne sie würde ich nichts erreichen. Mit ihnen gehe ich vorwärts auf mein Ziel zu.

Es gibt kein Problem, das ich nicht lösen kann. Ich bin geistig und körperlich stark. Mein Wille, meine Kräfte und meine Entschlossenheit sind immer größer als jedes Problem, das sich mir in den Weg stellt.

Wenn ich vor einem neuen Problem stehe, sehe ich es nicht als meinen Feind an. Ich weiß, daß das Finden einer Lösung zu meinem persönlichen Wachstum beiträgt.

Da mir klar ist, daß Probleme bedeutend zu meiner geistigen Entwicklung und Reifung beitragen, erkenne ich, daß alle Probleme wichtig für mich sind.

Probleme ängstigen mich nicht, ich löse sie. Ich ignoriere Probleme nicht, sondern stelle mich ihnen. Ich gehe Problemen nie aus dem Weg, sondern besiege sie!

Ich weiß, daß jedes Problem den Schlüssel zu seiner Lösung in sich birgt. Je besser ich also ein Problem verstehe, desto deutlicher kann ich die Lösung erkennen.

Probleme zu haben, ist kein Problem für mich. Ich bin zuversichtlich, selbstsicher, positiv und entschlossen. Ich weiß immer, daß ich jedes Problem überwinden werde - und ich tue es auch immer.

Es fällt mir leicht, große Probleme in Teilprobleme zu zerlegen, die ich leichter handhaben kann. Und ich stelle ein Problem nie als größer dar, als es tatsächlich ist.

Ich mache mir nie Sorgen. Ich verwandle Sorgen in positive, konstruktive Lösungen. Ich nutze die Zeit „für Sorgen" als Zeit „für positive, konstruktive Lösungen".

Ich halte meine Augen immer nach Lösungen offen. Die Lösungen ergeben sich schnell und mühelos.

Ich habe vor keinem Problem Angst. Ich ziehe es vor, mich direkt mit einem Problem auseinanderzusetzen. Ich bringe so viel wie möglich über das Problem in Erfahrung, verstehe es, definiere es und entwerfe einen detaillierten Plan von Lösungsmöglichkeiten. Ich ordne diese Lösungen nach ihrer Wichtigkeit und beginne sofort, entsprechend des ersten Schritts auf der Lösungsliste zu handeln.

Ich habe erkennen gelernt, daß viele Probleme Vorteile und potentielle Möglichkeiten mit sich bringen, die sich nicht ergeben hätten, wenn das Problem erst gar nicht aufgetaucht wäre.

Ich strebe nicht nach einem problemlosen Leben, sondern ziehe es vor, ein Leben zu leben, in dem ich Lösungen finde und die Vorteile genieße, die sich durch diese Lösungen ergeben.

„Herausforderung", „Sieg", „Lösung" und „Erfolg" sind Wörter, nach denen ich täglich lebe. „Herausforderungen" sind Gelegenheiten. „Sie zu meistern" ist selbstverständlich für mich. „Lösungen" sind Sprungbretter zu meinem Erfolg, und „Erfolg haben" ist mein Lebensstil.

Depressionen überwinden

Sogar leichte Depressionen können uns behindern, uns auslaugen und dazu führen, daß wir den positiven Aspekt des Lebens aus den Augen verlieren.

Einige Formen von Depressionen haben eine körperliche Ursache und sollten ärztlich behandelt werden. Doch die meisten Depressionen entstehen aufgrund von Erlebnissen in der Vergangenheit oder im Augenblick, die uns bedrücken, hoffnungslos machen oder zur Verzweiflung bringen.

Diese Depressionen können wir gewöhnlich in den Griff bekommen durch eine bessere Ernährung, regelmäßige körperliche Bewegung, konstruktive Aktivität, und indem wir uns wirklich bemühen, uns mit den Problemen auseinanderzusetzen, durch die diese Depressionen entstanden sind. Ein Programm, in dem jede dieser „Therapien" enthalten ist, wird die Depressionen fast immer lindern. Die wahre Ursache dieser Depressionen liegt jedoch meistens im *Innern* - und nicht *außen,* und Sie können etwas gegen sie unternehmen.

Bevor Sie zu der Überzeugung gelangen, völlig hilflos zu sein, sollten Sie sich die Chance geben, ein paar der Gedanken und Gefühle, durch die die Depression überhaupt entstand, zu verändern versuchen.

Ich glaube an mich! Ich bin überzeugt, daß ich alles erreichen kann, was ich möchte. Und ich entscheide mich dafür, mich großartig zu fühlen!

Ich genieße es, aktiv zu sein. Ich bin produktiv und erledige, was zu tun ist. Jeden Tag entwerfe ich einen Plan, in dem ich meine Aktivitäten aufführe, und halte ihn ein.

Ich esse genau das, was ich brauche, um körperlich gesund und geistig rege zu bleiben und mich gut zu fühlen.

Ich weiß, daß meine Ernährung wichtig ist. Ich habe Freude daran, für diese gesunde Ernährung zu sorgen und mich dadurch täglich gesünder und besser zu fühlen.

Es bereitet mir täglich Freude, mich für etwas Besonderes zu interessieren.

Ich beginne und beende jeden Tag mit einem Lächeln. Den ganzen Tag über übe ich bewußt, öfter zu lächeln und ein gutes Gefühl mir gegenüber zu haben.

Ich lege Wert auf mein Äußeres. Ich achte darauf, daß ich gut aussehe, und so fühle ich mich auch.

Ich setze mir Ziele, die ich täglich erreichen kann. Dadurch schaffe ich mir Erfolgserlebnisse. Indem ich täglich Erfolge verzeichne, bestätige ich meine Fähigkeit, bei allem, was ich möchte, Erfolg zu haben.

Ich nehme mir die Zeit, jeden Tag meine Aktivitäten zu planen. Ich plane meinen Tag und halte den Plan ein.

Ich bekomme immer so viel Ruhe und Schlaf, wie ich brauche,

doch ich ruhe oder schlafe nie mehr, als ich sollte. Ich freue mich ganz besonders darauf, aufzustehen und loszulegen!

Ich denke nur die Gedanken, die zu der Verwirklichung meiner wichtigsten Ziele dienen. Meine Gedanken sind immer klar, klug, stark, positiv und produktiv.

Von diesem Augenblick an und für alle Zeiten gebe ich mir die Erlaubnis, positive Veränderungen in meinem Leben zu bewirken. Ich sehe in allem, was mich umgibt, die guten Seiten. Ich nehme mir jeden Tag die Zeit, mir die Möglichkeiten und Belohnungen zu vergegenwärtigen, die vor mir liegen.

Ich weigere mich, mich von irgend etwas lange aufhalten zu lassen. Ich richte mich auf, schüttle den Staub von mir ab, halte den Kopf hoch, lächle und gehe los.

Ich habe zwei magische Worte gelernt, die Depressionen besiegen und den vor mir liegenden Tag sonniger machen. Sie heißen „Tu was!"... und das mache ich auch!

Sorgenfrei leben

Wenn Sie sich Sorgen machen, dann nicht, weil das in der menschlichen Natur liegt. Sich Sorgen machen ist *kein* Bestandteil der menschlichen Natur und *kein* angeborener Instinkt oder eine angeborene Eigenschaft. Sich Sorgen machen ist eine Gewohnheit; sie ist erlernt.

Sich Sorgen machen ist etwas anderes als „besorgt sein". Es ist *natürlich*, über Dinge besorgt zu sein, die Sie, eine nahestehende Person oder etwas für Sie Wichtiges bedrohen. Wenn Sie besorgt sind, versucht Ihr Bewußtsein, Sie auf etwas aufmerksam zu machen, und Sie, falls nötig, zum Handeln zu veranlassen.

Gesunde Besorgnis verwandelt sich jedoch oft in ungesunde Sorgen, eine Form von Angst und Zweifeln, die ein Problem oft größer darstellen, als es tatsächlich ist. Sie führen dazu, daß Sie sich ständig mit dem Problem befassen und immer wieder darüber nachdenken, *ohne* eine Lösung finden zu können.

Wie schon gesagt, wir könnten die meisten Probleme, die uns plagen, überwinden, wenn wir jeden Augenblick der Sorge durch eine Lösung ersetzten, oder, wenn es keine Lösung gibt, durch die Annahme des Problems. Tatsächlich ist es so, daß manches, was uns plagt, einfach *nicht* gelöst werden *kann*, anderes jedoch sehr wohl. Die Lösung für die Sorgen, so wurde uns oft gesagt, ist, daß wir bei den Dingen ansetzen sollten, die wir verändern *können*, und daß wir lernen sollten, die Dinge zu akzeptieren, die wir nicht verändern können.

Wenn wir lernen wollen, uns keine Sorgen zu machen, heißt das nicht, daß wir Problemen „aus dem Weg gehen" sollen. Wenn wir uns selbst bestimmen, müssen wir uns auch mit den Umständen in unserem Leben auseinandersetzen. Doch es nützt niemanden etwas, wenn Sie Ihre Zeit und wertvolle geistige Energien damit verschwenden, sich über Dinge zu *sorgen*, an denen Sie nichts ändern können. Außerdem können diese Sorgen nach einer gewissen Zeit ernsthafte körperliche Folgen haben.

Mir gefällt der eine Satz der Selbst-Gespräche: „*Ich verwandle Sorgen in Handeln*". Diese scheinbar einfache Entscheidung zu treffen kann sich auf Ihre gesamte Einstellung zu Problemen und Lösungen auswirken.

Mein Bewußtsein ist ständig auf Positives eingestellt. Es ist aufgeweckt, fröhlich, begeistert - und voller guter, positiver Gedanken und Ideen.

Ich kann mich jederzeit mit Leichtigkeit wohltuend körperlich und geistig entspannen. Ich bin ruhig, zuversichtlich und selbstsicher.

Meine Gedanken sind klar und geordnet. Ich entscheide bewußt, was ich denke. Ich wähle immer die Gedanken, die am positivsten und nützlichsten für mich sind.

Alle meine Gedanken tragen dazu bei, daß ich mich seelisch gesund fühle. Mein Bewußtsein beschäftigt sich nur mit denjenigen Gedanken länger, die zu noch mehr Harmonie, Ausgeglichenheit und Wohlbehagen in mir und der Welt um mich herum führen.

Meine Gedanken sind automatisch immer zielstrebig und bestimmt. Ich bin voller Überzeugung und Entschlossenheit. Ich bin mir absolut sicher, daß sich alles, was ich tue, bestmöglich entwickeln wird.

Ich ziehe es vor, meine Umgebung aus einer gesunden, optimistischen Sicht und voller Selbstsicherheit zu sehen.

Ich bin heute zufrieden mit mir. Ich halte viel von mir und bin zufrieden mit meinem Leben.

Ich tue nur das, was für mich am besten ist. Ich fördere das Beste in mir, spreche das Beste in anderen an, und finde das Beste in meiner Umgebung.

Ich erfülle bereitwillig und ganz gewiß die Pflichten und Verpflichtungen, die ich angenommen habe. Ich gehe nur die Verpflichtungen ein, von denen ich weiß, daß ich sie erfüllen kann, und die dazu beitragen, daß es mir und anderen gut geht.

Ich schenke nur den Problemen meine Aufmerksamkeit, gegen die ich auch etwas tun kann. Wenn dies nicht möglich ist, akzeptiere ich sie.

Ich beschäftige meinen Geist viel zu sehr damit, gute, gesunde, positive, konstruktive und produktive Gedanken zu denken, als daß er Zeit für Sorgen, Zweifel und Unsicherheit hätte.

Eine Methode, die ich einsetze, um Sorgen aus meinem Leben zu verbannen, ist, die Dinge *heute* anzugehen, die heute meiner Aufmerksamkeit bedürfen. Ich sehe immer die vielen Möglichkeiten der Zukunft vor mir.

Ich habe meine Gedanken unter Kontrolle. Kein einziger Gedanke kann sich je in meinem Kopf einnisten, ohne daß ich meine Zustimmung oder Erlaubnis gebe.

Jeden Tag festige ich meinen Beschluß noch mehr, ein angst- und sorgenfreies Leben zu führen - und meinem Geist und meinem Körper die Vorteile zu ermöglichen, die sich durch meine Zuversicht und meinen Glauben ergeben.

Gefühle beherrschen

Stehen Ihnen manchmal Ihre eigenen Gefühle im Weg? Wenn ja, können Sie sicher sein, daß es nicht nur Ihnen so geht. Wir wurden zwar mit der Fähigkeit zu tiefen Empfindungen geboren - die zum größten Teil gesund sind - doch wir erhielten nicht automatisch das Wissen, wie wir mit manchen Gefühlen umgehen sollen. Das mußten wir uns selbst aneignen.

Manche Leute lassen ihren Gefühlen freien Lauf. Die meisten von uns kennen Menschen, die sich ständig ohne jeden Grund aufregen, grundlos aus der Fassung geraten, übertrieben ängstlich reagieren, auch wenn diese Ängste unbegründet sind, oder irgendein anderes Verhalten an den Tag legen, das zu Problemen führt - nur weil sie nie gelernt haben, ihre eigenen Gefühle zu beherrschen.

Sicher *wissen* Sie manchmal ganz genau, daß es besser wäre, ruhig zu bleiben oder sich zu beherrschen, und dann werden Sie doch von Ihren eigenen Gefühlen überwältigt. Dafür gibt es einen Grund, und es gibt auch ein Mittel dagegen.

Jeden Tag findet in jedem Menschen unzählige Male ein bestimmter „Kreislauf" statt, und meistens sind wir uns dessen nicht bewußt. Er besteht aus *Situation, Gedanke, chemischer Reaktion* und *emotionaler Reaktion* und funktioniert folgendermaßen:

1. Eine Situation tritt ein, die Sie aus der Fassung bringen könnte.
2. Die Situation ruft Gedanken in Ihnen hervor.
3. Aufgrund dieser Gedanken entsteht eine physiologisch-chemi-

sche Reaktion in Ihrem Gehirn.
4. Die chemische Reaktion, die aufgrund Ihrer Gedanken entstand, ruft Ihre Gefühle hervor - wie Sie diese Situation empfinden.
5. Ihre Gefühle rufen daraufhin weitere Gedanken ähnlicher Art hervor, die eine wiederum weitere chemisch-emotionale Reaktion bewirken, und so weiter.

Dieser ganze Prozeß dauert nur ein paar Sekunden, oder sogar noch weniger! Wenn Sie Ihre erste Reaktion - also Ihre *Gedanken über die Situation* - nicht im Griff haben, werden Ihre *Gefühle* den weiteren Verlauf der Situation bestimmen, und damit verlieren Sie die Kontrolle, die Sie hätten haben können.

Deshalb verlieren Menschen die Geistesgegenwart in Situationen, in denen es für alle Betroffenen weit besser gewesen wäre, wenn die Betreffenden fähig gewesen wären, sich zu beherrschen. Sie hatten jedoch noch nicht gelernt, daß die Beherrschung der Gefühle ein Bestandteil des Lebens ist.

Es gibt keine „schlechten" Gefühle. Auch solche scheinbar unnötigen Gefühle wie Angst oder Ärger sind manchmal angebracht, genau wie z.B. die positiveren Gefühle der Freude und Liebe.

Doch jedes unkontrollierte Gefühl kann unnötige psychische und *körperliche* Anspannung hervorrufen - in uns und in den Menschen, auf die sich unser Verhalten auswirkt.

Lassen Sie sich nicht zu der alten Form von Selbst-Gesprächen hinreißen, die vielleicht folgendermaßen lauteten: *„Das macht mich so ärgerlich!"* ; *„Warum verletzt du meine Gefühle?"* ; *„Jedesmal, wenn ich daran denke, könnte ich vor Wut platzen"* ; *„Das hat mich wirklich getroffen"* ; *„Ich kann das nicht aushalten"* ; *„Ich kann mich nicht beherrschen"* ; *„Ich kann mit meinen Gefühlen nicht umgehen"* ; *„Du weißt genau, wie mich das trifft"* ; *„Ich weiß nicht mehr, was ich denken soll"* ; *„Jedesmal, wenn ich daran denke, ärgere ich mich"* ; *„Ich kann nicht anders"* ; *„So bin ich eben"* ; *„Du mußt dich eben mit meinem Benehmen abfinden"* ; *„Du bringst mich auf die Palme"* oder *„Es tut mir leid, daß ich so reagiere."*

Es gibt einen besseren Weg zu leben, einen besseren Weg zu reagieren, und einen besseren Weg, mit den Dingen, die „passieren", umzugehen, und das wissen wir auch.

Warum setzen wir uns so sehr dafür ein, uns einzureden, daß wir verärgert, verletzt oder unglücklich sind, wenn wir uns genausogut sagen könnten, daß wir „die Situation im Griff haben"? Wieviel besser wäre es doch, wenn wir unsere Reaktion - die Gedanken, die die Gefühle erst hervorriefen - unter Kontrolle hätten. Die meisten der anderen Selbst-Gesprächs-Texte in diesem Buch werden sich positiv auf Ihre Gedanken auswirken und damit auch auf Ihre Gefühle. Die Selbst-Gespräche im folgenden Text können Ihnen helfen, Ihre Gefühle zu beherrschen.

Ich habe meine Gedanken und meine Gefühle unter Kontrolle. Ich beherrsche sie - nicht sie mich.

Ich schätze mich. Ich glaube, daß ich das Beste von mir verdiene.

Auch wenn ich darauf achte, daß ich nur Dinge tue, die mein Bestes verlangen, brauche ich mein Leben nicht so zu leben, daß sich mir schädliche Gefühle in den Weg stellen können.

Ich genieße die tiefen, starken Gefühle, die ich in mir habe. Doch ich verwandle diese Gefühle zu guten Kräften, die sich günstig auf mein Leben auswirken.

Ich habe Verständnis für andere und nehme Rücksicht auf sie. Ich lasse nicht zu, daß meine eigenen Gefühle meinen Beziehungen zu anderen im Weg stehen.

Es macht mir Freude, mich mit anderen auf eine ruhige und gelassene Art zu befassen, von der alle profitieren.

Ich habe einen guten Charakter. Ich mag die Person, die ich bin. Ich habe die Beherrschung über mich.

Ich bin gegenüber anderen Menschen und der Realität des Lebens geduldig.

Wenn eine Situation Geduld erfordert, bleibe ich immer ruhig, gefaßt und beherrscht.

Meine Art zu denken, zu handeln und zu leben führt zu Ruhe und Zufriedenheit bei mir und den Menschen in meiner Umgebung.

Ich bin gesund. Ich tue die Dinge, die unnötigen Streß aus jedem Bereich meines Lebens beseitigen.

Ich habe es mir zur Gewohnheit gemacht, positiv zu fühlen. Von dieser Gewohnheit habe ich immer und in jeder Situation einen Nutzen.

Es ist leicht und natürlich für mich, meine Gefühle zu beherrschen.

Ich habe eine gute Einstellung anderen und mir selbst gegenüber.

Immer, wenn ich mich in einer Situation befinde, die in der Vergangenheit zu einer unangebrachten Reaktion geführt hätte, genieße ich nun das großartige Gefühl, mich erfolgreich zu beherrschen.

Ich bin in der Lage, anderen Menschen gegenüber einfühlsam, herzlich und offen zu sein. Ich kann meine Gefühle auf gesunde und positive Weise ausdrücken.

Weil ich eine gute Einstellung zu mir und meinem Leben habe, bin ich zu starken, positiven Gefühlen fähig.

Jeden Tag erkenne ich klar meine Fähigkeit, mich, mein Denken und meine Gefühle zu beherrschen.

Ich habe die Fähigkeit gelernt, jederzeit und in jeder Lage solche Gefühle in mir zu erzeugen, die mir innere Ruhe geben, meine körperliche Gesundheit und die Beziehungen zu meinen Mitmenschen verbessern.

Ich bin in jedem wichtigen Bereich meines Lebens erfolgreich -

und sogar meine Gefühle spiegeln diesen Erfolg wider.

Hindernisse überwinden

Ich schlug Ihnen bereits früher einige Selbst-Gespräche vor, die Ihre Sichtweise von Problemen betreffen. Die Selbst-Gespräche im folgenden Text werden noch spezifischer. Sie sagen Ihnen, wie Sie persönlich die Hindernisse überwinden können, mit denen Sie in Ihrem Leben konfrontiert sind.

„Hindernisse" sind die Barrieren, die zwischen Ihnen und Ihren Zielen stehen. Sie können Sperren sein, die Sie aufhalten, oder sie können nichts weiter als irgendwelche Dinge sein, an denen Sie vorbei müssen, um Ihrem Ziel näherzukommen. Wie unüberwindbar oder überwindbar diese Hindernisse sind, hängt gewöhnlich von Ihnen ab.

Sie allein bestimmen, ob ein Hindernis Ihre Begeisterung dämpfen oder Ihre Entschlossenheit, an ihm vorbeizukommen, beeinträchtigen kann. Wenn Sie davon überzeugt sind, daß eine Barriere in Ihrem Leben nicht zu durchbrechen ist, wird es mit Sicherheit auch so sein. Wenn Sie jedoch lieber weitermachen und das Hindernis überwinden wollen, werden Sie es wahrscheinlich auch tun.

Dies ist einer der Selbst-Gesprächs-Texte, der, wenn Sie oft genug mit ihm arbeiten und an ihn glauben, dazu beitragen kann, daß Sie Probleme überwinden, von denen Sie einmal glaubten, daß Sie sie nicht überwinden könnten. Die Worte, die er enthält, erwarten viel von Ihnen, doch warum sollten Sie sich mit weniger zufriedengeben?

Versuchen Sie, diese Worte zu wiederholen, wenn Ihnen ein Hindernis im Weg steht. Sagen Sie sich, daß Sie *fähig* sind, es zu überwinden. Sagen Sie es mit Nachdruck und Überzeugung. Geben Sie sich die Anleitungen, das innere Bild und den Glauben - und sehen Sie selbst, was passiert.

Ich habe Erfolg! Kein Hindernis ist so gewaltig, daß ich es nicht überwinden könnte. Kein Problem ist so furchteinflößend, daß es mir im Weg stehen könnte.

Ich besitze Stärke, bin völlig entschlossen und habe unbegrenztes Durchhaltevermögen, wenn ich mein Ziel verfolge.

Indem ich die Begrenzungen entfernt habe, die ich mir innerlich auferlegt hatte, habe ich viele der Barrieren entfernt, von denen ich glaubte, daß sie vor mir stünden - und die in Wirklichkeit nie vorhanden waren.

Ich entscheide mich dafür, keine Probleme zu schaffen, die nicht existieren. Doch ich ignoriere nie die Probleme, die tatsächlich vorhanden sind.

Ich bin praktisch und realistisch. Ich vertraue völlig darauf, daß ich jedem Hindernis in meinem Weg entgegentreten und es überwinden kann.

Ich sehe jede Barriere auf dem Weg zu meinem Erfolg ganz deutlich. Ich stelle mich der Herausforderung immer mit dem positiven, gelassenen, sicheren Gefühl, Erfolg zu haben.

Wenn ich aufschreibe, was ich erledigen möchte, füge ich jeden Tag die Dinge hinzu, die es zu tun gilt, um jegliches Hindernis zu überwinden.

Ich setze mich mit jedem Problem direkt auseinander. Ich überlege, was ich dagegen tun muß, entscheide mich, es zu tun, und tue es schließlich auch.

Wenn ich mir ein Ziel setze oder mich für eine Aufgabe entscheide, bin ich von Anfang an bei jedem Schritt davon überzeugt, daß ich gute Ergebnisse erzielen werde.

Ich werde jeden positiven Schritt unternehmen, der nötig ist, um meine Entscheidungen auf bestmögliche Art auszuführen.

Ich habe begriffen, daß das Wort „schwierig" eher eine

Geisteshaltung als die Beschreibung eines Problems ist.

Statt Hindernisse als „schwierig" zu sehen, betrachtet sie mein Bewußtsein lediglich als „vorhanden". Nicht schlecht, nicht unbezwingbar, lediglich vorhanden.

Ich betrachte Barrieren nie als „Pech" oder gar als „Verhängnis". Ich sehe sie als das, was sie wirklich sind. Ich gebe ihnen nicht mehr und nicht weniger Bedeutung, als sie verdienen.

Da ich eine positive, zuversichtliche Einstellung zu Hindernissen und Schwierigkeiten habe, führen sie nie zu Sorgen oder Anspannung. Ich habe gelernt, mit ihnen einfach und nüchtern umzugehen, auf die passendste und zweckmäßigste Art.

Wenn ich mit Hindernissen und Schwierigkeiten zu tun habe, die nur ein natürlicher Bestandteil jeder wirklichen Leistung sind, vergegenwärtige ich mir immer, daß ich mich entschieden habe, zu gewinnen. Jedes Hindernis wird nachgeben, lange bevor ich es tue.

Wenn Sie einem besonders schwierigen Hindernis gegenüberstehen, lesen Sie diese Worte mehrmals hintereinander laut vor. Sie werden eine geistige, chemische Reaktion auf die Worte auslösen, die Ihnen genau das gibt, was Sie benötigen, um das Problem mit frischer Entschlossenheit anzupacken und erfolgreich zu bewältigen.

Kurz bevor Sie das Problem dann angehen, sollten Sie den Text „Glauben Sie an sich" noch einmal durchlesen oder anhören. Wenn Sie all das tun und absolut zum Erfolg entschlossen sind, dann möchte ich nicht das Hindernis sein, das Ihnen im Weg steht.

Hoffnung wecken

Wie oft denken wir: „Solange ich noch einen Funken Hoffnung besitze, werde ich die Aufgabe auch durchstehen." Ohne Hoffnung scheint kein Grund zu bestehen, weiterzumachen, *mit* Hoffnung jedoch sehr wohl.

Auf der Liste der besten menschlichen Eigenschaften steht das Wort „Hoffnung" gleich neben „Glaube" und direkt neben „Überzeugung". Die menschliche Eigenschaft, zu *hoffen*, ist wahrscheinlich dafür verantwortlich, daß mehr Leben erhalten werden, mehr Ziele erreicht, mehr Probleme gelöst und mehr Hindernisse überwunden werden als durch jede andere uns bekannte Eigenschaft.

Wenn alles andere schiefgeht, könnten wir wahrscheinlich genau von dieser Hoffnung ein wenig *mehr* gebrauchen. Das trifft auf unsere Seele zu, stimmt aber auch in *medizinischer*, körperlicher Hinsicht. Ärzte werden Ihnen sagen, daß Patienten sich dann häufig auf dem Weg der Besserung befanden, wenn sie Hoffnung hatten. Psychologen und Psychiater werden Ihnen berichten, daß viele Patienten in dem Augenblick in der Lage waren, ihre Verzweiflung zu überwinden, und sich auf dem Weg der Besserung befanden, wenn sie wieder Hoffnung schöpfen konnten oder ihnen Hoffnung gegeben wurde.

Einer der Gründe, weshalb es Menschen, wenn sie Hoffnung *haben,* körperlich oder psychisch besser geht, ist, daß „Hoffnung" zu „Glaube" führt. Wir haben festgestellt, daß Glaube eine der Komponenten des Unterbewußtseins ist, die chemische Veränderungen im Gehirn bewirkt. Diese chemischen Reaktionen können recht gute Kämpfer sein. Wenn alles so gut wie verloren zu sein scheint, brauchen wir in unserem Team jeden Kämpfer, den wir bekommen können.

Dieser mächtige Verwandte des Glaubens, den wir „Hoffnung" nennen, spielt in unserem körperlichen und seelischen Wohlbefinden vielleicht eine wichtigere Rolle, als wir bisher annahmen. Hoffnung zu haben führt zu neuem Glauben und oft auch zu neuer *Entschlossenheit.*

Durch diese Entschlossenheit erhalten wir wieder den Willen zum *Überleben.* Wenn wir Hoffnung haben, geben wir uns zusätzliche chemische, körperliche und psychische Energie - Energie, um die Verzweiflung zu überwinden und zum Licht am Ende des Tunnels zu gelangen.

Wenn Sie mehr Hoffnung in sich oder anderen Menschen hervorrufen wollen, sollten Sie solche Gedanken denken, die die

Basis für neuen Glauben schaffen.

Statt die Verzweiflung zu akzeptieren, etwas sei sinnlos, sollten Sie die Hoffnung auf das *Mögliche* wecken. Was Sie unternehmen, um diese *Hoffnung* hervorzurufen, könnte, wie schon oft in der Vergangenheit, zukünftige Ereignisse beeinflussen.

Ich habe Hoffnung!

Ich werde nicht aufgeben! Ich weiß, daß es Hoffnung gibt, solange es Leben gibt.

Ich weigere mich, mich von Problemen entmutigen zu lassen. Ich weiß, daß selbst auf den schwersten Tag immer ein besserer folgt. Ich erwarte ihn, suche ihn, und er kommt immer!

Ich habe Vertrauen, ich habe Mut. Ich besitze den Glauben an mich selbst und daran, daß sich jedes Problem, dem ich gegenüberstehe, sehr positiv entwickeln wird.

Ich bin stark, stark genug, um mit allem fertig zu werden.

Ich suche bei jedem Problem immer nach den positiven Aspekten und finde sie auch. Ich finde einen Weg, um es zu lösen.

Statt in den dunklen Wolken der Verzweiflung zu leben, suche ich immer nach der Sonne, die direkt dahinter scheint.

Ich akzeptiere die Dinge, die ich nicht verändern kann, doch ich konzentriere meine Gedanken immer darauf, aus jeder Situation das Beste zu machen.

Ich habe gelernt, mein gesamtes Leben aus der klaren Perspektive des Verstehens zu betrachten. Ich habe zu sagen gelernt „Auch das wird vorübergehen", und vertraue darauf, daß dies auch in meinem Leben zutrifft.

Ich gebe nie auf. Ich werde Erfolg haben und fördere in mir die Energie und die Überzeugung, alles zu bewältigen.

Immer, wenn ich in einer Situation bin, die schwierig oder unüberwindbar zu sein scheint, erinnere ich mich daran, wie viel unglaubliche Kraft mir die Hoffnung verleiht.

Ich habe Geduld. Ich schiebe nie etwas vor mir her, sondern ich lasse immer die natürlichen, positiven Kräfte meines Lebens für mich arbeiten.

Ich verliere nicht den Mut! Ich denke gesunde, produktive Gedanken. Ich erfülle mich mit der positiven Energie, an das Beste zu glauben.

Ich habe beschlossen, positiv zu fühlen, zu denken und zu handeln und mir meine gute Stimmung zu bewahren.

Ich betrachte all das Positive, was ich habe. Ich bin mir immer der vielen guten Dinge bewußt, die ein Teil meines Lebens sind.

Ich werde nie im Leben aufgeben - und das Leben wird nie mich aufgeben. Ich habe Hoffnung - und das ist deutlich zu spüren.

Jeden Tag werden meine Hoffnung und meine Überzeugung stärker, daß ich jedes Hindernis und jedes Problem überwinden kann.

Ich bin voller Leben, Stärke, Energie, unbeschreiblicher Zuversicht, besitze einen unzerstörbaren Glauben und bin absolut entschlossen, Erfolg zu haben.

Dem Negativen in anderen widerstehen

Wie *können* Sie einem anderen Menschen mit seinen negativen Programmen helfen - oder ihnen auch nur widerstehen? Wir

sprachen über dieses Problem bereits im ersten Teil des Buches. In diesem Abschnitt werden wir uns mit einigen spezifischen Selbst-Gesprächen befassen, die Ihnen vielleicht helfen werden, es zu lösen.
Die meisten der folgenden Selbst-Gespräche befassen sich mit zwei Punkten:

1. Der anderen Person, so oft und so gut Sie können, dabei helfen, eine bessere Einstellung zu entwickeln.
2. Darauf achten, daß Ihre eigene Einstellung von anderen Menschen nicht negativ beeinflußt wird.

Da ich mich beruflich mit dem Gebiet des menschlichen Verhaltens befasse, begegnen mir immer wieder Menschen, die am Ende ihrer Weisheit sind, weil eine nahestehende Person so negativ ist, daß es ihnen selbst und der anderen Person das Leben schwermacht.

Ich hatte Gelegenheit, viele Menschen zu beobachten, die bereit waren, *alles* zu probieren, und schließlich ihre eigenen Selbst-Gespräche wählten, um mit solchen Problemen umzugehen. Ich habe gesehen, wie ihre Selbst-Gespräche wirkten.

Ich habe zwar nie eine Lösung gesehen, die Wunder bewirkte, wenn wir mit der negativen Haltung anderer zu tun haben. Ich habe jedoch festgestellt, daß einige bemerkenswerte Veränderungen erzielt werden können, wenn derjenige, der das „Opfer" der negativen Haltung eines anderen Menschen war, sich weigerte, diese negative Haltung weiter *hinzunehmen*.

Dazu müssen Sie den entsprechenden *Entschluß* fassen. Weder Sie noch ich können einer anderen Person dabei helfen, das Leben positiver zu sehen, wenn wir uns von den früheren negativen Programmen dieser Person beirren lassen. Wenn Sie der anderen Person helfen wollen, oder wenn Sie lediglich die negative Haltung der anderen Person vermeiden wollen, müssen Sie als erstes vor Ihrer *eigenen* Tür kehren und dafür sorgen, daß Ihre eigene Einstellung positiv und bereit dazu ist.

Ich bezweifle, daß ich eine andere Person je wirklich aufgeben könnte. Wenn es sich um einen Freund oder eine Person handelte, die ich liebe, würde ich bestimmt immer daran glauben, daß diese

Person eines Tages ihr wahres Selbst erkennen - und aufwachen würde.

Wenn aus einem „negativen" Menschen ein positiver wird, werden die Menschen in seiner Umgebung Zeugen einer erstaunlichen Verwandlung. Wenn jemand sich schließlich der alten Programme negativer Zweifel entledigt und sie durch neue Programme positiven Glaubens an sich selbst ersetzt, gleicht dieser Prozeß oft dem Vorgang, wenn eine Raupe eine Metamorphose durchmacht und schließlich zu einem wunderschönen Schmetterling wird.

Der Unterschied bei einer solchen Veränderung der Haltung zum Positiven ist jedoch, daß wir nicht irgendeinen Schmetterling auf einem Zweig beobachten, sondern daß sich die gesamte Zukunft eines Menschen verändert.

Ich habe Freude daran, anderen Menschen ihre besten Seiten zu zeigen. Ich nehme immer das Beste von ihnen an.

Ich bin in der Lage, positive Eigenschaften in Menschen zu erkennen, die diese oft ignorieren.

Ich habe gelernt, die bedeutungsvollen Worte zu benutzen: „Ich glaube an dich".

Ich erwarte von anderen nie Unmögliches, doch ich erwarte immer ihr Bestes. Ich lasse die Menschen wissen, daß ich an sie und ihre vielen Erfolge, zu denen sie in der Lage sind, glaube.

Keine Einstellung kann mich kleinkriegen. Ich habe meine eigenen Gedanken und meine eigenen Einstellungen im Griff.

Ich lasse mich durch die Haltung anderer nie negativ beeinflussen.

Ich achte darauf, daß meine eigenen Einstellungen ein gutes Beispiel meiner positiven Selbstanleitungen sind.

Andere Menschen sind gerne mit mir zusammen. Sie spüren die Energie, die ich ausstrahle. Ich bin guter Stimmung, glücklich und freue mich, daß ich lebe!

Wenn ich an jemand anderem eine negative Einstellung entdecke, ignoriere ich sie und konzentriere meine Energie stattdessen darauf, seine positivsten Eigenschaften zu erkennen.

Ich habe festgestellt, daß es mir etwas nützt, wenn ich mir sage: „Im Zweifelsfall positiv reagieren".

Ich habe erkannt, daß sich die Einstellung der anderen Person nicht ändert, nur weil ich es mir wünsche. Doch ich kann ihr Glauben, Mut und Zuversicht geben, daß sich alles zum Positiven entwickeln wird, und das tue ich auch.

Ich übernehme niemals die Verantwortung für die Einstellung eines anderen Menschen. Ich achte jedoch darauf, daß ich die volle Verantwortung für meine eigene Einstellung übernehme.

Ich weiß, daß Einstellung eine Gewohnheit ist, die jeder entwickeln kann. Deswegen entwickle ich die positive Gewohnheit, in meinem Leben Erfolg zu haben.

Ich achte darauf, daß ich mit der negativen Haltung anderer so positiv und konstruktiv wie möglich umgehe.

Die eigene negative Haltung überwinden

Ich habe eine Grundeinstellung anderen Menschen gegenüber, die sich bis jetzt noch immer bewahrheitete: Es ist immer am besten, das Beste von jedem zu erwarten. Obwohl es manchmal nicht stimmt, funktioniert es in den meisten Fällen.

Wenn es Ihnen bisher nicht besonders gut ging, weil Sie zu hart zu sich selbst waren und sich angewöhnt haben, bei allem zuerst die „schlechten und dann erst die guten Seiten" zu sehen, sollten

Sie wissen, daß es uns allen schon einmal so ergangen ist.

Es ist nicht nötig, daß Sie sich selbst gegenüber negativ eingestellt sind. Gleichgültig, was Sie von sich selbst in der Vergangenheit glaubten, gleichgültig, welche Zweifel oder Bedenken Sie vielleicht hatten, Sie sollten wissen, daß das Leben in Ihnen etwas Besonderes und Einzigartiges ist. Sie sind ein lebendes Beispiel dieses großartigen Geschenks, das uns alle geschaffen hat.

Vertrauen Sie darauf: Sie wurden dazu geboren, ein einzigartiger Mensch zu sein. Sie bekamen das Recht, Ihr Leben voll auszuschöpfen. *Nichts* sollte Ihnen dieses Recht *jemals* wegnehmen können.

Geben Sie sich beim Lesen der folgenden Selbst-Gespräche die Chance zu erfahren, daß sie die Wahrheit über Sie sagen. Jemand, der genügend an Sie glaubt, würde Sie davon überzeugen, daß sie zutreffen. Nun müssen Sie das gleiche für sich selbst tun.

Ich habe den Entschluß gefaßt, mich selbst und mein Leben auf positive neue Weise zu sehen.

Ich suche nun immer das Beste in mir und allem, was mich umgibt. Je mehr ich suche, desto mehr finde ich.

Jeden negativen Gedanken, den ich in mir entdecke, drehe ich sofort herum und formuliere ihn noch einmal so positiv wie möglich.

Ich habe gelernt, zu mir selbst und anderen nur das zu sagen, was positive Eigenschaften in mir selbst und in den anderen widerspiegelt.

Ich entdecke jeden Tag neue positive und nützliche Eigenschaften in mir.

Depressionen oder Verzweiflung erlaube ich nicht, mein Leben zu beeinträchtigen. Ich ziehe es nun vor, mein Leben in dem hellen

Licht neuer Gelegenheiten und endloser Möglichkeiten zu sehen.

In meinem Leben ist kein Platz für eine negative Haltung. Ich möchte lieber der Mensch sein, der sich und sein Leben auf gesunde und positive Art sieht und glücklich ist.

Es macht mir Freude, mich gut zu fühlen und die vielen Vorteile zu genießen, die durch meine neue positive Haltung entstehen.

Ich habe den Entschluß gefaßt, mich von allem Negativen zu befreien, das durch meine Vergangenheit in mir entstand. Ich habe mit diesen negativen Dingen abgeschlossen, brauche sie nicht mehr und habe keinen Platz mehr für sie.

Es ist mir wichtig, mich auf diese neue Art zu sehen. Ich möchte etwas leisten - und nun weiß ich, daß ich es kann.

Ich schließe mich positiven Menschen an. Die Freunde, die ich mir aussuche, sind die, deren Einstellungen sehr positiv sind!

Dadurch, daß ich mit Menschen zusammen bin, die glücklich und positiv sind und sich weiterentwickeln, bin ich noch mehr daran interessiert, selbst diese erfolgversprechenden Eigenschaften zu besitzen.

Ich erkenne viel Gutes in mir selbst, in meiner Einstellung, meinem gegenwärtigen und meinem zukünftigen Leben.

Ich wurde dazu geschaffen, ein positiver Mensch zu werden, und werde es nun immer mehr. Mit jedem Tag wächst der Glaube an mich selbst.

Die Angst vor Mißerfolg überwinden

Viele Leistungen, zu denen wir das Potential haben, werden nur deshalb nicht erzielt, weil wir Angst haben, *möglicherweise* zu scheitern. Ich glaube, mir ist noch kein *einziger* Mensch begegnet, der nicht irgendwann im Leben Angst hatte, zu versagen.

Stellen Sie sich vor, was wir tatsächlich erreichen könnten, wenn wir *nie* Angst vor Mißerfolgen hätten. Natürlich erwarte ich das von niemanden, doch häufig - zu häufig - ist es nicht der Umfang eines Projekts oder die damit verbundenen Probleme, die uns davon abhalten, sondern die Angst vor Mißerfolgen. Was ist, wenn wir es nun *versuchen* und dann *scheitern?*

Ich erinnere mich an einen Satz, den ich zum ersten Mal als Kind hörte: „Probieren allein genügt nicht". Doch wenn Sie sich durch die Möglichkeit eines eventuellen Mißerfolgs davon abhalten lassen, etwas überhaupt zu probieren, dann sind Sie gescheitert, bevor Sie überhaupt begonnen haben.

„Mißerfolg" ist eine Einstellung, die darauf beruht, was Sie von sich selbst glauben. Was Sie glauben, hängt von Ihrer Programmierung ab. Dies bedeutet, daß Sie Ihre Einstellung zu Mißerfolgen ändern und sie aus einer anderen Perspektive sehen können. Wenn Sie - aufgrund neuer Konditionierung, neuer Selbstanleitungen - anfangen, Mißerfolge lediglich als einen notwendigen Bestandteil des Lernens und Wachsens zu betrachten, werden Sie beginnen, das, was Sie tun - oder tun *könnten* -, mit anderen Augen zu sehen.

Die Entscheidungen, vor denen wir stehen, und von denen jede einen potentiellen „Erfolg" oder einen potentiellen „Mißerfolg" darstellt, betreffen oft ganz alltägliche Dinge: Ein Mann steht am Telefon und überlegt, ob er die Frau anrufen und zum Abendessen einladen sollte, die er gerade kennengelernt hat. Ein Vertreter betrachtet seine Kundenliste und überlegt, ob die zukünftigen Kunden Interesse an seinem Produkt haben werden. Eine alleinerziehende Mutter zählt ihr Haushaltsgeld und bezweifelt, daß sie damit auskommen wird.

Sollen wir die Möglichkeit eines eventuellen Erfolgs nutzen, oder nicht? Was können wir *tun*, wenn wir Angst vor *Mißerfolg* haben? Aufgrund dieser Angst nehmen wir dann vielleicht die Herausforderung nicht einmal in Angriff.

Die meisten unserer Ängste vor Mißerfolg sind unbewußt; wir sind uns nicht einmal darüber *klar*, daß wir sie haben. Wir suchen nach allen möglichen Entschuldigungen, warum wir etwas *nicht* tun sollten. Wir überzeugen uns selbst, daß wir den Kredit oder den Job wahrscheinlich nicht bekommen werden, daß wir an der Schule nicht angenommen werden, oder daß der Kunde kein Interesse haben oder das Haushaltsgeld nicht reichen wird. Wir finden Gründe, die *beweisen*, daß unser Unterfangen *gar nicht klappen kann!*

Doch der *wirkliche* Grund, der uns abhält, etwas einfach zu probieren, ist unsere *Angst* davor, daß wir *versagen* könnten, wenn wir es versuchen. Die meisten Selbst-Gespräche in diesem Buch werden Ihnen helfen, diese eine Angst zu überwinden, die Angst vor *Mißerfolg*. Sie werden Ihnen Gründe nennen, weshalb Sie probieren sollten, eine Sache anzugehen, und Ihnen Mut zum Weitermachen geben. Die folgenden Selbst-Gespräche jedoch enthalten einige spezifische Selbstanleitungen, die sich auf diese eigentliche Angst beziehen. Sie helfen Ihnen dabei, zu beginnen, die alte Einstellung „Ich kann nicht" gegen die neue „Natürlich kann ich!" auszutauschen.

Ich glaube an mich.

Ich weiß, daß sowohl „Mißerfolg" als auch „Erfolg" Einstellungssache sind. Deswegen stelle ich mich auf Erfolg ein, nicht auf Mißerfolg.

Ich weiß, daß das, was andere als „Mißerfolg" bezeichnen, nichts anderes als eine Gelegenheit für mich ist, zu lernen, zu wachsen und meine Erfolge zu erreichen.

Ich habe nie Angst davor, etwas zu probieren.

Ich weiß, daß ich durch meine Bereitschaft, meine eigenen früheren Selbstzweifel zu überwinden, die Basis für meine zukünftigen Leistungen schaffe.

Es macht mir Spaß, vorwärtszugehen und am Ball zu bleiben. Ich lasse mich nie von der Angst vor Mißerfolgen, gleich welcher Art, behindern.

Ich mache mir keine Gedanken darüber, was andere Menschen über meine Ziele, meine Bemühungen, sie zu erreichen, oder jeglichen „Mißerfolg", den ich vielleicht auf dem Weg dahin habe, denken und sagen werden.

Ich gestalte mein Leben nicht nach den Vorstellungen anderer. Ich treffe meine eigenen Entscheidungen und setze sie um.

Indem ich lerne, mich selbst zu bestimmen, habe ich mir die Freiheit gegeben, zu scheitern und meinen Erfolgen näherzukommen, die dadurch entstehen, daß ich aus den Mißerfolgen und den Erfolgen lerne.

Ich habe keine Angst vor Mißerfolg. Ich übernehme die Verantwortung für mein Handeln. Ich eigne mir das Wissen und die Fähigkeiten an, die ich brauche, um erfolgreich zu sein. Ich gehe vorwärts.

Ich sehe mich als einen „erfolgreichen" Menschen. Ich weiß, daß jeder mögliche Mißerfolg ein notwendiger Bestandteil dieses Erfolges ist.

Ich verschiebe nie etwas, das ich tun müßte, nur weil ich befürchte, eventuell einen Mißerfolg zu erleiden. Ich unternehme lieber etwas, tue mein Bestes und erfahre, daß ich den Mut hatte, es zu probieren.

Ich akzeptiere meine Mißerfolge und wende meinen Blick nach vorn.

Ich verbringe mein Leben nicht damit, ständig über die Mißerfolge der Vergangenheit nachzudenken. Ich akzeptiere sie, lerne aus ihnen. Dadurch komme ich heute besser mit dem Leben zurecht.

Ich freue mich auf die vielen Erfolge, die ich mir nun selbst schaffe. Mich auf etwas freuen und an mich selbst glauben, ist meine Art zu leben.

Jeden Tag treffe ich Entscheidungen, die sich auf mich und mein Leben auswirken. Ich versuche nie, sie zu vermeiden. Ich bin mir ihrer Konsequenzen bewußt und habe das Vertrauen, sie bis zum Ende durchzufechten.

Sogar das Wort „Mißerfolg" hat für mich nun eine neue Bedeutung erhalten. Ich habe gelernt, daß Mißerfolge nichts weiter als ein natürlicher Bestandteil des Lebens sind - und ein gesunder und notwendiger Bestandteil meines Erfolgs.

Solange Sie bereit sind, etwas zu probieren, wird man Sie nie nach Ihren Mißerfolgen beurteilen, *ganz gleich, wieviele Sie erleben.* Man wird Sie nur anhand Ihrer Erfolge beurteilen und der Tatsache, daß Sie bereit waren, etwas anzufangen, dabei zu bleiben und es auch zu beenden.

24
Selbst-Gespräche für ein geregeltes Leben und eine sinnvolle Zeiteinteilung

Wie erfüllt könnte unser Leben doch sein, wenn wir nur die Fähigkeit und den Willen besäßen, mit dem wertvollen Gut „Zeit" umzugehen. Wie oft habe ich Menschen schon sagen hören „Wenn ich nur mehr Zeit hätte" oder „Ich komme einfach nicht dazu, mich um alles zu kümmern". Nur wenigen Menschen scheint es zu gelingen, Dinge zu erledigen, sich darüber zu freuen, und trotzdem noch Zeit übrig zu haben. Und doch könnten die meisten lernen, sich ihre Zeit gut einzuteilen - wenn sie es nur richtig angingen.

Die Selbst-Gespräche in diesem Kapitel handeln davon, wie Sie Ihre Aufgaben bewältigen können, wie Sie sich Prioritäten setzen und Ihre Zeit richtig einteilen können. Die Basis für ein geregeltes Leben und eine gute Zeiteinteilung ist die *Selbstbestimmung* - die Entscheidung, die Verantwortung für das eigene Leben zu übernehmen. Ganz gleich, wie hoch die Anforderungen sein mögen, die andere an Ihre Zeit stellen, Sie können sicher sein, daß die Beherrschung *Ihres eigenen Lebens* eine der wirkungsvollsten Methoden ist, um auch die Einteilung *Ihrer Zeit* in den Griff zu bekommen.

Viele der Selbst-Gesprächs-Texte und -Formeln in diesem Buch sind Selbstanleitungen, die nicht nur zu einem Selbstwertgefühl, sondern auch zu *Selbstbeherrschung* - der Beherrschung Ihrer Gedanken, Ihrer Zukunft, Ihrer Gegenwart und *Ihrer Zeit* durch Sie selbst - führen. Was Sie mit Ihren Gedanken anfangen, wird bestimmen, was Sie generell mit Ihrem Leben anfangen. Was Sie mit Ihrer *Zeit* anfangen, wird bestimmen, wie gut Sie Ihr Leben nutzen.

Die folgenden Selbst-Gespräche sind für diejenigen gedacht, die Einfluß darauf haben möchten, womit sie letztendlich ihre Zeit verbringen. Wenn Sie Ihre Zeit besser in den Griff bekommen möchten, dürften Sie Spaß an den beiden folgenden Abschnitten über „Ordnung in sein Leben bringen" und „Mehr Dinge erledigen" haben. Ich hoffe, auch Sie werden, wie viele andere Menschen, einen Nutzen von ihnen haben.

Ordnung in sein Leben bringen

Ordnung in sein Leben zu bringen, hat etwas besonders Aufregendes an sich. Es vermittelt Ihnen das Gefühl, den Überblick zu haben, zu wissen, woran Sie sind, und zumindest einen Teil Ihres Lebens im Griff zu haben.

Ordnung in sein Leben zu bringen, ist eine Fähigkeit, die sich fast jeder aneignen kann, und die nicht schwierig zu erlernen ist. Doch Ordnung in sein Leben zu bringen, ist auch eine Einstellungssache. Wenn Sie Ihr persönliches Leben regeln wollen, müssen Sie zuerst die entsprechende Einstellung entwickeln. Diese Einstellung entsteht nicht durch Zufall oder Glück; sie wird geschaffen.

Wenn Sie die Fähigkeit entwickeln möchten, mehr Ordnung in Ihr Leben zu bringen, können Sie das auch. Die meisten Menschen, die diese Fähigkeit in Angriff nahmen und sie auch erlangten, werden Ihnen bestätigen, daß es eine der lohnenswertesten Leistungen ist, die sie je vollbracht haben.

Mein Leben ist geordnet. Ich habe den Überblick. Ich habe mich selbst, meine Gedanken, meine Zeit, mein Handeln und meine Zukunft unter Kontrolle.

Ich weiß, was zu tun ist, und wann es zu tun ist. Ich tue alles, was notwendig ist, zum richtigen Zeitpunkt.

Ich programmiere mein Bewußtsein dazu, meine Zeit so gut wie möglich zu nutzen. Ich habe die Kontrolle über meine Zeit und bestimme, wie ich sie nutze. Ich habe Freude daran, ein geordnetes Leben zu führen, viel zu leisten, und den Überblick zu behalten. Ich bin dazu in der Lage, weil ich meine Zeit einzuteilen weiß.

Ich verschwende nie Zeit, sondern teile sie genau ein. Weil ich meine Zeit einteile und diesem Plan folge, habe ich immer genügend Zeit für die Dinge, die ich gerne tun möchte.

Jeden Tag überblicke ich die verschiedenen Bereiche meines Lebens besser, mein Zuhause, meine Arbeit, mein Denken und alles, was ich tue. Ich habe sie immer besser unter Kontrolle.

Ich habe mein Leben gut eingeteilt. Jeden Abend mache ich eine Liste von den Dingen, die ich am nächsten Tag zu erledigen habe. Ich setze mir Prioritäten und richte mich nach ihnen.

Ich bin immer pünktlich. Ich bin immer genau zum richtigen Zeitpunkt dort, wo ich sein muß. Es fällt mir leicht, pünktlich zu sein. Je besser ich meine Zeit und mein Leben einteile, desto leichter fällt es mir.

Ich habe meine Gefühle, meine Einstellungen und meine Bedürfnisse im Griff. Ich beherrsche sie. Sie beherrschen mich nicht.

Ich bestimme die Ergebnisse meines Handelns. Ich ziehe es vor, mein Leben selbst zu gestalten, und überlasse nichts dem Zufall. Deshalb nehme ich mir die Zeit, selbst die Kontrolle zu übernehmen.

Mein Geist arbeitet planmäßig und mit System. Da meine Gedanken geordnet sind, bin ich auch in der Lage, ein geordnetes Leben zu führen.

Ich denke immer und bei allem so positiv und produktiv wie möglich. Mein Leben entspricht meiner Denkweise - und ich denke „richtig"!

Ich bestimme mein Schicksal. Ich weiß, wohin ich gehe, und weshalb ich dorthin gehe. Mein Leben liegt in meinen Händen und wird von mir bestimmt.

Ich bestimme meine Ziele und den Weg zu diesen Zielen. Ich ordne meine Ziele, indem ich jedes einzelne aufschreibe und die notwendigen Schritte vermerke, die ich unternehmen muß. Einer der Gründe für meinen Erfolg ist, daß meine Ziele klar definiert und geordnet sind.

Ich allein bestimme, was ich denke, und wie ich denke. Deshalb entscheide ich mich dafür, nur die Gedanken, die mir helfen, und von denen ich wirklichen Nutzen habe, zu denken.

Mehr Dinge erledigen

Haben Sie auch schon Zeiten erlebt, in denen Sie sagten: „Ich habe das Gefühl, heute rein gar nichts erledigt zu haben"? Manche Menschen denken das jahrelang!

Wenn Sie mehr erledigen möchten - und vielleicht sogar weniger Zeit dafür investieren möchten - wird Ihnen dies wahrscheinlich auch gelingen. Die meisten Zeitmanagement-Trainer werden Ihnen bestätigen, daß Sie mehr mit dem gleichen Zeitaufwand leisten könnten, wenn Sie sich Ihre Vorgehenweise bewußt machen und ein, zwei neue Methoden lernen würden, wie Sie sich Ihre Arbeit sorgfältiger einteilen können.

Es wird Ihnen jedoch leichter fallen, das Beste aus sich *herauszuholen*, wenn Sie sich zuerst das Beste *eingeben.* Unabhängig davon, wieviel Sie in der Vergangenheit erledigt (oder nicht erledigt) haben, ist es sehr wahrscheinlich, daß eine Veränderung Ihrer Selbst-Gespräche zu einigen aufregenden und lohnenswerten Veränderungen in Ihrem Leistungsvermögen führen kann - wenn Sie nur dazu *entschlossen* sind, und *ohne* daß Sie mehr Zeit investieren müssen.

Ich erreiche mehr, weil ich mehr in Angriff nehme. Es macht mir Spaß, mehr Mühe zu investieren und bessere Resultate zu erzielen.

Ich gehe systematisch und praktisch vor. Ich beherrsche die Fähigkeit, mit geringerem Zeitaufwand mehr zu leisten.

Ich bin bei jeder Aufgabe entschlossen, die wirkungsvollste und produktivste Vorgehensweise zu finden und auch anzuwenden.

Ich arbeite zwar hart, doch ich gehe klug vor. Ich plane meine Schritte sorgfältig und folge sorgfältig meinem Plan.

Bei jeder Tätigkeit bin ich mir der Zeit bewußt, die ich für sie benötige.

Ich vermeide es, Dinge zu tun, bei denen ich nur Zeit verschwende. Es macht mir Spaß, mich den Aufgaben zu widmen, die am sinnvollsten und lohnenswertesten sind.

Ich kann Überdurchschnittliches leisten, weil ich ein überdurchschnittlicher Mensch bin. Ich erwarte mehr von mir, und genau das erhalte ich auch.

Es ist mir sehr wichtig zu handeln. Ich achte darauf, was zu tun ist, und tue es.

Ich erreiche mehr, indem ich mehr Mühe und Zeit in meine Tätigkeiten investiere.

Sowohl die Qualität als auch die Quantität meiner Leistungen sind mir wichtig. Der Lohn, der mir zugute kommt, ist immer die Investition wert.

Ich bin in der Lage, mehr zu leisten, indem ich meine Energie und Aufmerksamkeit auf meine jeweilige Aufgabe oder Beschäftigung konzentriere. Wenn ich mich mit etwas befasse, lasse ich mich nicht ablenken.

Es macht mir Spaß, hart zu arbeiten. Ich genieße die Vorteile, die sich durch meine Arbeit ergeben, und die Befriedigung, etwas geleistet zu haben.

Je mehr Energie ich in eine Aufgabe investiere, desto besser ist das

Ergebnis, und desto größer ist der Erfolg. Dadurch, daß ich einen größeren Erfolg erziele, erhalte ich noch mehr Energie.

Ich mag das befriedigende Gefühl zu wissen, daß ich harte und gute Arbeit leiste. Ich freue mich täglich darauf, noch effektiver vorzugehen und noch mehr zu leisten.

Ich habe eine gute Einstellung zu meiner Arbeit. Ich weiß, daß die Resultate immer der Mühe entsprechen, die ich investiere. Ich achte darauf, daß ich immer besonders sorgfältig arbeite, um meine Arbeit richtig auszuführen.

Die Dinge nicht mehr aufschieben

Wenn auch Sie zu den Menschen gehören, die gerne Dinge aufschieben, sind Sie nicht der einzige. Das Aufschieben von Aufgaben ist ein Problem, das die meisten gerne überwinden würden. Weil es eine Gewohnheit ist, *kann* sie auch überwunden werden.

Um diese Gewohnheit loszuwerden, brauchen Sie ebensoviel Entschlossenheit wie Übung. Nichts ist wirkungsvoller als der feste *Entschluß*, diese Angewohnheit abzulegen.

Wir alle wissen, wozu dieses Aufschieben führen kann. Die Geschichte beweist, daß Kriege ausgetragen, Vermögen verloren und Leben ruiniert wurden, nur weil Menschen sich nicht rechtzeitig um Angelegenheiten kümmerten, die sie hätten erledigen sollen.

Sie haben sicher bereits am eigenen Leib erfahren, was passiert, wenn Sie etwas nicht tun, aber wissen, daß Sie es tun sollten - daß die Folgen dieses Aufschiebens oft weit schlimmer waren als die eigentliche Aufgabe.

Eine Frau erzählte mir, daß ihre Ehe schließlich in die Brüche ging, weil sie immer wieder ihr Konto überzog. Ein begabter Student erzählte mir, daß er in der Universität schlechte Noten bekam, jedoch nicht deshalb, weil es ihm an Intelligenz mangelte, sondern weil er seine Referate nicht rechtzeitig abgab. Bei einem

Seminar, das ich für eine Gruppe von Geschäftsleuten abhielt, erzählte mir ein Manager, daß seine Firma dreißig bis vierzig Prozent mehr Umsatz machen könnte, wenn es ihm gelänge, seine Vertreter dazu zu bewegen, ihre Aufträge *rechtzeitig* zu bearbeiten.

Das Problem, Dinge vor uns herzuschieben, betrifft nicht nur bestimmte Menschen, sondern von Zeit zu Zeit die meisten von uns. Und doch ist es, wenn wir uns erst einmal damit befassen, *nicht* schwer zu lösen. Es ist ein Problem, das nahezu vollkommen überwunden werden kann, wenn wir nur lernen, ein paar Grundprinzipien der Selbstbestimmung umzusetzen.

Diese Prinzpien sind in den folgenden Selbst-Gesprächen enthalten. Wenn Sie sich zusätzlich noch mit einigen anderen Selbst-Gesprächs-Texten in diesem Kapitel befassen, müßten Sie eigentlich in der Lage sein, das Aufschieben von Erledigungen zu besiegen. Es kann gut möglich sein, daß dieses Ziel eines der *lohnenswertesten* Ziele ist, das Sie sich je gesetzt haben.

Ich erledige meine Aufgaben immer - und zwar rechtzeitig.

Es macht mir Spaß, meine Aufgaben rechtzeitig, oder sogar früher als nötig, und richtig zu bewältigen. Ich schiebe sie nicht vor mir her, sondern erledige sie gleich. Ich genieße die dadurch entstehende Befriedigung und das Gefühl, etwas geleistet zu haben.

Ich übernehme nur solche Verpflichtungen, die ich auch *erfüllen* werde. Ich übernehme nur solche Arbeiten, die ich erledigen *will.* Wenn ich eine Vereinbarung treffe, halte ich sie auch ein.

Da ich meine Zeit einteile und mein Leben gut organisiere, habe und nutze ich diese Zeit, um meine Aufgaben zu erfüllen. Ich führe jede Aufgabe, die ich mir vornehme, vollständig aus.

Ich lasse es nicht zu, daß Entscheidungen infolge meiner Unentschlossenheit fallen. Da ich schnell und überzeugt Entscheidungen treffe - und auch diesen Entscheidungen entsprechend handle - werden meine Leistungen nicht von Verzögerungen beeinträchtigt.

Ich versuche immer, eine Möglichkeit zu finden, um meine Aufgaben zu bewältigen, statt nach Ausreden zu suchen, weshalb es mir gerade nicht möglich ist.

Mein Geist und meine Zeit sind geordnet. Ich bin erfolgreich. Ich nutze die Zeit, die ich habe, die vielen Dinge zu erledigen, die ich gerne erledigen möchte. Zeit ist ein nützliches Werkzeug, das ich schätze und gut einzusetzen weiß.

Jede Nacht stelle ich vor dem Einschlafen eine Liste der Dinge zusammen, die ich am nächsten Tag erledigen möchte. Ich sortiere alle Aufgaben nach ihrer Wichtigkeit. Dadurch behalte ich den Überblick. So habe ich einen täglichen Plan, dem ich folgen kann.

Ich verwandle mein Zögern in Entschlossenheit. Ich verwandle Unentschlossenheit in Handeln. Ich ersetze das Aufschieben von Verpflichtungen dadurch, daß ich den Verpflichtungen nachkomme.

Jeden Gedanken, der eventuell dazu führen könnte, daß ich etwas aufschiebe, verwandle ich sofort in einen Gedanken, der zu *Taten* führt.

So verhindere ich jede Verzögerung, und Verzögerungen verhindern nicht meine Leistungen.

Ich achte darauf, daß ich nicht zu beschäftigt bin, um meine Aufgaben bewältigen zu können. Ich erstelle eine Liste und führe sie zuversichtlich aus. Ich habe die Willenskraft, am Ball zu bleiben.

Ich mache mir die Mühe, meine Zeit genau einzuteilen. Indem ich den Plan einhalte, den ich jeden Tag entwerfe, habe ich gelernt, meine Zeit nicht zu verschwenden, sondern sie auf nützliche, produktive und erfolgversprechende Weise einzusetzen.

Es fällt mir nie schwer, den richtigen Anfang zu finden. Weil ich vernünftig vorgehe, die Dinge sofort anpacke und erledige, bewältige ich mehr denn je zuvor - und habe trotzdem noch Zeit übrig!

Ich habe herausgefunden, bei welchen Gelegenheiten ich Zeit verschwende. *Diesen* gehe ich nun aus dem Weg, statt die Dinge zu vermeiden, die ich tun muß, um meine Arbeit zu erledigen.

Sich Prioritäten setzen und die Zeit richtig einteilen

Der effektive Einsatz unserer Zeit ist das Thema zahlreicher Bücher und Management-Seminare. Ihre *Zeit* ist eine der drei natürlichsten Ressourcen, die Ihnen zur Verfügung stehen. (Die beiden anderen sind Ihre *Energie* und Ihr *Geist*). Fast immer wird Ihr Erfolg davon abhängen oder davon bestimmt werden, wie gut Sie Ihre Zeit zu nutzen wissen.

Ihre Zeit richtig einzuteilen, heißt eigentlich, daß Sie sich die richtigen Prioritäten setzen. Wenn Sie an jedem anderen persönlichen Ziel arbeiten, das dieses Buch behandelt, wird das Endergebnis letztendlich trotzdem von den Prioritäten, die Sie sich setzen, abhängen.

Wenn Sie Ihre Zeit gut nutzen, werden Sie mehr von Ihren Zielen erreichen. Wenn Sie alles andere richtig machen, jedoch nicht erkennen, wieviel Bedeutung die flüchtigen Augenblicke haben, aus denen Ihr Leben besteht, werden Sie Ihr Endziel, nämlich Ihr Leben so gut wie möglich zu nutzen, nicht erreichen.

Wie sehen Ihre früheren Programme zu Ihrer Zeiteinteilung und zu Prioritäten aus? Was haben Sie - bewußt und unbewußt - zu sich selbst über den Umgang mit Ihrer Zeit gesagt?

Einige der Selbst-Gespräche, die ich gehört habe, werden *nie* dazu beitragen, daß *jemand* seine Zeit gut nutzen kann. Von den häufigsten Formulierungen, die ich im Laufe der Jahre gesammelt habe, lauteten einige der selbstbehinderndsten folgendermaßen: *„Ich habe nie genügend Zeit"; „Ich weiß nicht, wo der Tag hingekommen ist"; „Ich wünschte, ich hätte mehr Zeit"; „Ich habe einfach nicht die Zeit dazu"; „Der Tag ist einfach zu kurz"; „Ich täte* *es, wenn ich Zeit dazu hätte"*; *„Ich habe mehr zu tun, als ich bewältigen kann"*; *„Manchmal weiß ich nicht, wo ich anfangen soll"*; *„Wenn ich Zeit habe, erledige ich es"* oder der klassische Satz *„Ich weiß nicht, wo die Zeit geblieben ist"*.

Im Grunde bedeutet Selbstbestimmung, daß wir jede unserer natürlichen Energiequellen so gut wie möglich nutzen. Ihr Erfolg hier auf der Erde wird letztendlich davon abhängen, wie gut Sie Ihre kostbare Zeit nutzen.

Ich habe mich und mein Leben im Griff. Ich weiß, was wichtig für mich ist und was nicht.

„Eins nach dem anderen" ist das Motto, nach dem ich lebe.

Da ich die volle Verantwortung für mich und mein Leben übernehme, lasse ich meine Prioritäten nie vom Zufall oder anderen Menschen bestimmen.

Mir ist klar, wie wichtig es ist, daß ich mir meine Zeit gut einteile und mir Prioritäten setze.

Ich mache täglich eine Liste der Dinge, die ich erledigen möchte, und schreibe sie immer in der Reihenfolge ihrer Wichtigkeit für mich auf.

Es gelingt mir gut, meine Gedanken zu bändigen. Ich nehme mir die Zeit, mich darin zu üben, alles, was ich tue, richtig einzuschätzen.

Mein Leben ist ausgeglichen. Ich weiß, daß es dann ausgeglichen ist, wenn ich auch die Kontrolle darüber habe. So soll es auch bleiben.

Ich bestimme bewußt meine Prioritäten, womit ich meine Zeit verbringe, und wie ich mein Leben lebe - von großen Ereignissen bis zu den kleinsten Lappalien.

Ich bin bei allem, was ich tue, immer in der Lage, einzuschätzen, wie wichtig eine Sache für mich ist.

Ich tue immer und in jeder Situation das, was für mich wirklich am besten ist. Ich behalte meine wahren Prioritäten im Auge und handle entsprechend.

Eine zutreffende Beschreibung meiner Person enthielte Wörter wie „vernünftig", „fähig, einen kühlen Kopf zu bewahren", „kritisch", „praktisch", „ausgeglichen" und „beherrscht".

Da ich selbst meine Prioritäten setze und die Bedeutung der Dinge kenne, die ich tue, investiere ich immer genau so viel Zeit und Aufmerksamkeit, wie angebracht ist.

Ich habe keine Gewohnheiten, die mich beherrschen oder dazu führen, daß irgendein Bereich meines Lebens unausgeglichen ist.

Jeder Bereich meines Lebens ist ausgeglichen - mein Berufsleben, mein Zuhause, meine Familie, meine Hobbies, meine Ernährung, mein Schlaf, meine körperliche Bewegung und meine Arbeit an mir selbst. Ich bewahre bei allem, was ich tue, ein gesundes Gleichgewicht.

Ich achte darauf, was ich tatsächlich mit meiner Zeit anfange. Ich vergewissere mich, daß ich meine Zeit für die Dinge verwende, die mir am meisten bedeuten.

Ich gehe jeden Tag in meinem Leben planmäßig vor und bin gelassen und beherrscht. Mäßigung, gesunder Menschenverstand, Urteilsvermögen und Ausgeglichenheit sind feste Bestandteile meines Lebens.

Ich bin mir bei allem, was ich tue, immer der Konsequenzen bewußt. Deswegen tue ich immer nur solche Dinge, die Konsequenzen haben, die ich auf mich nehmen will.

Ich lasse nie etwas aus der Reihe tanzen, außer Kontrolle oder aus dem Gleichgewicht geraten. In meinem Leben hat alles seinen richtigen Zeitpunkt, seinen Platz und die Bedeutung, die ihm zukommt.

Während ich diese Worte lese oder höre und mir ihren Inhalt bildlich vorstelle, ist mir bewußter denn je zuvor, wie wichtig meine Zeit ist, und welche Bedeutung die Prioritäten haben, die ich mir täglich setze.

Jeden Tag arbeite ich an meinen Prioritäten und schaffe noch mehr „Zeit zum Erfolg" in meinem Leben.

Ihre Zeit wird immer nur Ihnen gehören. Andere Menschen werden vielleicht versuchen, über Ihre Zeit zu bestimmen, doch sie haben nicht das Recht dazu. Statt einen Tag lang zu glauben, „daß Sie keine Zeit haben", sollten Sie versuchen, sich einen Tag lang zu sagen, daß Sie sehr wohl Zeit haben - um genau das zu tun, was *Sie* möchten. Natürlich haben Sie Verpflichtungen zu erfüllen. Da Sie Ihr Leben im Griff haben, werden Sie sie auch erfüllen.

Doch was ist mit der *verbleibenden* Zeit? Die meistbeschäftigtsten und erfolgreichsten Menschen, die ich kenne, haben aus irgendwelchen Gründen immer auch noch Zeit übrig, mit der sie frei verfahren können. Ihr Geheimnis ist, daß sie ihre Zeit einfach gut zu nutzen wissen. Das ist keine Gabe und kein Resultat des Zufalls oder Glücks. Es ist das Ergebnis einer Einstellung und Fähigkeit. Durch Übung können Sie diese Einstellung entwickeln, und aus der richtigen Einstellung entwickelt sich auch die Fähigkeit.

25
Spezielle Selbst-Gespräche für ein erfolgreiches Leben

Während wir uns dem Ende der Reise zur Selbstbestimmung nähern, möchte ich unbedingt noch ein paar weitere Gedanken und Selbstanleitungen mit Ihnen teilen. Es sind einige der wichtigsten „Selbsteinschätzungen", die ich je gelernt habe.

Die Selbst-Gespräche in diesem Kapitel stellen eine Verbindung zu allen anderen Selbst-Gesprächen in diesem Buch her. Sie beeinflussen diese nachhaltig und geben ihnen einen letzten wichtigen Zweck. Jeder Mensch kann lernen, sich Selbstanleitungen zu geben und Nutzen aus ihnen ziehen. Wenn Sie jedoch die folgenden Selbstanleitungen mit Ihrem persönlichen Ziel verbinden, nämlich ein wirklich einzigartiger und besonderer Mensch zu werden, sind sämtliche der vorhergehenden Selbst-Gespräche noch mehr Ihrer Aufmerksamkeit und Übung wert.

Lernen Sie die Selbst-Gespräche, die Ihnen helfen, Probleme zu lösen, klar zu denken, Depressionen zu bekämpfen, Ihre Gewohnheiten zu ändern, gesünder zu werden, Verantwortung zu übernehmen, Entscheidungen zu treffen und Ihre Ehe oder andere persönliche Beziehungen zu verbessern. Lesen Sie sie, hören Sie sie auf Kassetten an, oder verfassen Sie Ihre eigenen. Sie können dazu beitragen, daß Sie Ihre Gedanken auf einfache, produktive und nützliche Art steuern lernen. Sie werden die Auswirkungen in vielen Bereichen Ihres Lebens feststellen.

Doch Sie müssen noch einen weiteren Schritt unternehmen, damit Ihre *übrigen* Selbst-Gespräche funktionieren können. Er betrifft die Worte, die in Ihnen die entsprechende *Atmosphäre* für ein „erfolgreiches Leben" schaffen.

Um dies zu erreichen, müssen Sie erkennen, daß Sie Erfolg *verdienen.* Sie müssen die Entscheidung treffen, Ihr Leben selbst in die Hand zu nehmen, den nötigen *Glauben* haben, um dies auch zu erreichen. Sie müssen lernen, das endgültige Bild Ihres besten Selbst zu entwerfen, und *heute* damit beginnen, die Verpflichtung zu erfüllen, mehr von dem Potential zu erreichen, das Sie für Ihr Leben bekommen haben.

Das Recht auf Erfolg

Wenn Sie jemals glaubten, daß es nicht Ihr Los im Leben wäre, Erfolg zu haben, sollten Sie innehalten und auf die Stimme aus Ihrem Innern hören, die Ihnen sagt, daß es Ihnen *zusteht*, erfolgreich zu sein. Diese Stimme sagt die Wahrheit. Es ist schon immer, seit Ihrer Geburt, Ihr *Recht* gewesen, so viel Potential zu entwickeln, wie Sie möchten. Das trifft auf jeden Menschen zu, auch auf *Sie.*

Es gibt keinen Menschen, der von Geburt an etwas „Geringeres" oder „Besseres" ist. Solche Beschreibungen des menschlichen Potentials - oder des Mangels an Potential - werden uns zugeordnet, ohne Rücksicht auf das, was jeder einzelne in *Wahrheit* ist.

Jeder Mensch kommt auf dieser Welt mit einem beträchtlichen Potential an. Entweder wir nutzen es, oder wir nutzen es nicht. Meistens hängt es von uns ab und von dem, was wir mit der Zeit von uns selbst zu glauben lernten, ob wir dieses Potential nutzen.

Wenn Sie überzeugt sind, daß es Ihr natürliches Recht ist, das Leben so gut wie möglich zu leben, werden Sie bei fast allem, was Sie tun, erfolgreicher sein. Wenn Sie jedoch zu glauben lernten, daß das Recht auf Erfolg nur anderen, aber nicht *Ihnen* zusteht, hat man Sie getäuscht.

Es ist Ihr *gutes Recht,* im Leben Erfolg zu haben. Lassen Sie sich von niemanden (auch nicht von sich selbst) das Gegenteil einreden!

Wenn Sie und ich uns begegnen und wir, wenn auch nur kurz, miteinander sprechen würden, könnte ich Ihnen zeigen, daß Sie Eigenschaften besitzen, die Sie erstaunen würden. Ich müßte sie nicht erst schaffen. Es wären Seiten, die schon immer ein Teil von Ihnen waren.

Wenn ich auf einer meiner Kassetten sage „Sie sind unbeschreiblich", spreche ich nicht zu einer Person, die es nicht gibt. Ich weiß, daß die Worte wahr sind - und Sie beschreiben.

Entledigen Sie sich endgültig aller Zweifel darüber, wer Sie *sind,* oder wer Sie *waren.* Befreien Sie sich für alle Zeiten von jeglicher Unsicherheit darüber, ob Sie „Glück" oder „Pech" haben, ob Sie „dazu bestimmt sind, erfolgreich zu sein", „dazu bestimmt sind, ein mittelmäßiger Mensch zu sein", oder ob Sie dazu *bestimmt* sind, etwas anderes zu sein als die unbeschreiblich glückliche und erfolgreiche Person, zu der Sie geboren wurden.

Es ist Ihr Geburtsrecht, etwas zu leisten und zu erreichen. Sie besitzen die Veranlagung dazu. Jeder Mensch wird geboren, um zu überleben, zu wachsen (geistig, körperlich und seelisch) und sich so gut wie möglich zu entfalten. Ganz gleich, aus welchem Grund - Überleben der Art oder geistiges Wachstum - jeder Mensch ist dazu geboren, sich weiterzuentwickeln. Das ist eine biologische Tatsache.

Ich sage Ihnen dies deshalb, damit Sie wissen, daß das Bedürfnis, ein *besserer* Mensch zu sein, *natürlich* ist. Dazu wurden wir geschaffen, und es gibt keine Ausnahmen. Jeder von uns, ohne Ausnahme, wurde *biologisch* dazu ausgestattet, *erfolgreich* zu sein. Steht es Ihnen zu, etwas zu erreichen? Natürlich! *Ihr Potential wurde Ihnen in die Wiege gelegt!*

Können Sie sich vorstellen, wie viele gute, potentiell fähige Individuen momentan auf dieser Erde leben, die glauben, daß sie *nicht* erfolgreich sein *können*, oder der Meinung sind, das Beste dessen, was das Leben zu bieten hat, *stünde ihnen nicht zu.*

Das Recht auf Erfolg ist eines der Geschenke, die das Leben uns gegeben hat. Dann ist es nur recht und billig, wenn wir es annehmen.

Nach der Veröffentlichung meines anderen Buchs baten mich viele Leser, einen Kassettentext zu dem Thema „etwas verdienen" herauszugeben. Für diese Leser, und für Sie, habe ich also die folgenden Worte aufgeschrieben:

Ich verdiene es, in meinem Leben Erfolg zu haben.

Meine Erfolge sind die Resultate meines Denkens und Handelns. Ich habe gelernt, das zu denken und zu tun, was mir etwas bringt.

Ich genieße es, ich selbst zu sein. Ich mag die Dinge, die ich „gut" mache, und die Dinge, die ich „recht gut" mache. Weil ich mich akzeptiere, erwarte ich nicht, perfekt zu sein. Ich erwarte nur mein Bestes.

Ich besitze die Fähigkeit, in meinem Leben Entscheidungen zu treffen - und ich treffe sie. Deshalb verdiene ich die Resultate, zu denen meine Entscheidungen führen.

Ich bin in meinem Leben kein Verlierer. Ich bin ein Gewinner.

Ich verdiene es, mein Leben voll und ganz zu nutzen. Ich weiß, daß das, was ich erhalte, davon abhängt, was ich investiere.

Es steht mir auch zu, die Gelegenheiten wahrzunehmen, die das Leben mir bietet. Wenn sich eine Gelegenheit ergibt, schätze ich ab, wie ich sie nutzen kann, arbeite hart und ausdauernd, erreiche etwas und erfreue mich am Ergebnis.

Ich besitze Stärke und viele Qualitäten. Mein Erfolg ist das Ergebnis meines Denkens und dessen, was ich bin.

Ich habe ein Recht auf Selbstverwirklichung - in jedem Bereich meines Lebens. Die Selbstverwirklichung ist mein rechtmäßiges Erbe als Mensch.

Jeden Tag verdiene ich mir das Recht auf Erfolg. Ich schaffe die Basis für meine Erfolge, arbeite auf sie hin und verdiene jeden einzelnen von ihnen.

Je mehr ich erkenne, daß mir etwas zusteht, desto mehr trifft es auch zu.

Ich habe gelernt, die positiven Ergebnisse, die durch meine Selbstbestimmung entstehen, zu akzeptieren.

Ich akzeptiere die Erfolge und bin dankbar für jeden einzelnen. Ich akzeptiere bereitwillig die Freuden, die durch die Erfolge in meinem Leben entstehen.

Ich wurde nicht dazu geschaffen zu scheitern. Ich wurde dazu geschaffen, Erfolg zu haben. Erfolg ist ein Teil der Person, die ich bin, und ein Teil von allem, was mich darstellt.

Mein Körper und mein Geist wurden dazu geschaffen, etwas zu leisten! Mein Erfolg ist nicht nur mein Lohn, sondern ich bin auch dazu verpflichtet.

Jeden Tag erkenne und akzeptiere ich meinen Wert als Mensch und mein Recht auf Erfolg. Ich lebe mein Leben so, daß Harmonie, Wohlbefinden, innere Ruhe und jeder andere Bestandteil von Erfolg entstehen können. Das alles verdiene ich auch.

Nehmen Sie Ihr Leben selbst in die Hand

Es gibt weder ein Mittel, das Ihr Leben automatisch in Ordnung bringen wird, noch eine *andere* Person, die es für Sie tun kann. Es wird letztendlich immer Ihnen überlassen sein, Ihr Leben in den Griff zu bekommen.

Ich war noch nie der Meinung, daß dies eine leichte Aufgabe ist. Es ist sicherlich leichter gesagt, als getan. Doch ich bin überzeugt, daß die Bestimmung der eigenen Person, die Bestimmung der eigenen Ziele, Ihrer Entscheidungen und Ihres Handelns eine der wichtigsten Aufgaben ist, die Sie jemals übernehmen können.

Da die Alternative dazu darin bestünde, daß die Zufälle des Lebens oder die Launen anderer Menschen *Ihr* Glück, *Ihren* Erfolg und *Ihren* inneren Frieden bestimmen, ist es sicherlich besser, selbst zu lernen, diese Aufgabe zu übernehmen.

Sie sind weit gekommen. Vielleicht haben Sie inzwischen sogar hin und wieder gedacht: „Los, machen wir weiter! Bewegung! Es ist Zeit!" Wenn Sie die Entscheidung getroffen haben, Ihr Leben zu bestimmen, sollten Sie es jetzt auch tun.

Das Leben wird wirklich aufregend für mich. Ich lerne die Freude kennen, mein Leben selbst in die Hand zu nehmen.

Ich habe beschlossen, die Dinge loszulassen, von denen ich mich in der Vergangenheit blockieren oder aufhalten ließ.

Ich konzentriere mich auf die Dinge, die mir helfen, mich selbst in den Griff zu bekommen, meine Bemühungen richtig einzusetzen und mich selbst auf eine neue, aufregende Art zu bestimmen.

Vielleicht war ich bereits früher gut, doch nun bin ich noch besser.

Ich nehme mir die Zeit, herauszufinden, was ich von meinem Leben erwarte. Nun weiß ich, was ich will, und welche Richtung ich einschlagen muß.

Ich fühle mich nie als Opfer der Umstände. Mein Leben wird nicht vom Zufall, sondern von meinen Entscheidungen bestimmt.

Ich selbst habe bei der Bestimmung der Richtung meines Lebens das letzte Wort.

Es macht mir Spaß, Entscheidungen zu treffen, die sich auf mein Leben auswirken. Indem ich sie treffe und entsprechend handle, erhalte ich die Zuversicht und die Entschlossenheit, meine Ziele zu erreichen.

Ich übernehme die Kontrolle über sämtliche Bereiche meines Lebens. Ich kümmere mich sogar um jede kleinste Kleinigkeit, die sich auf mein Glück und meinen Erfolg auswirken könnte.

Ich schiebe Erledigungen niemals auf. Auf diese Weise werden die Dinge erledigt! Weil ich mich selbst im Griff habe, achte ich darauf, auch meine Pflichten im Griff zu haben.

Ich habe gelernt, den Satz „So ist das Leben, daran kann ich überhaupt nichts ändern", durch einen anderen zu ersetzen. Ich sage jetzt „Es ist meine Entscheidung. Ich kann sehr wohl etwas daran ändern!"

Ich teile meine Zeit nun gut ein und achte darauf, womit ich sie verbringe. Ich kenne meine Ziele und tue alles, was nötig ist, um sie zu erreichen. Ich mache jeden Tag Fortschritte.

Es macht mir Spaß, mein Leben zu ordnen. Ich habe nun mehr innere Ruhe als je zuvor.

Ich bin stolz darauf, daß ich mir die Mühe mache, die Kontrolle zu übernehmen.

Ich habe Unsicherheit gegen zuverlässige neue Selbstanleitungen ausgetauscht. Ich habe Zweifel gegen Selbstsicherheit, und Ängste und Bedenken mir gegenüber durch ein positives, neues Bild ersetzt, wer ich bin, und wie ich sein möchte.

Ich nehme negative Konditionierung oder negative Anweisungen weder von mir selbst noch von jemand anderem hin.

Ich genieße das Gefühl, das ich bekomme, wenn ich einen Standpunkt vertrete, mich dafür einsetze und mich weigere, mich mit weniger zufrieden zu geben, als ich haben wollte.

Indem ich Kontrolle über mein Leben übernehme, beherrsche ich nicht nur meine Gedanken, mein Handeln und meine Richtung. Ich beherrsche und überwinde auch sämtliche unnötigen Beschränkungen, die ich mir in der Vergangenheit auferlegt habe.

Ich habe die „Wahrheit" über mich erfahren, und sie gefällt mir. Ich weiß jetzt, daß ich in der Lage bin, alles zu tun, was ich möchte. Ich möchte mich selbst bestimmen.

Was für eine wunderbare Art, sich selbst so zu sehen. Was für eine wunderbare Art zu *leben!* Wenn Sie beschlossen habe, daß Sie *so* leben möchten oder zumindest öfter so leben wollen, möchte ich Ihnen noch ein wenig Mut mit auf den Weg geben.

Ich habe Menschen gekannt, die sich buchstäblich selbst überraschten, als sie beschlossen, ihr Leben „in den Griff" zu bekommen. Ich habe gesehen, wie sich Menschen einer riesigen

Bürde entledigten, die sie jahrelang auf ihren Schultern getragen hatten, und von der sie geglaubt hatten, daß sie sie niemals loswerden würden. Viele von ihnen glaubten es solange nicht, daß es möglich ist, bis sie es versuchten. Selbst viele ihrer engsten Freunde waren der Meinung gewesen, daß sie es nicht schaffen würden.

Ich ermutige Sie zu beweisen, daß Ihre alten Selbstzweifel falsch waren! Die *Wahrheit* ist, wenn Sie wirklich Ihr Leben bestimmen möchten, *können* Sie das auch. Dazu benötigen Sie eine Menge Mut. Wenn Sie am Ball bleiben möchten, brauchen Sie auch eine gute Portion Entschlossenheit. Und noch etwas: *„Glauben"*.

„Glaube" haben

„Glaube" entsteht nicht durch Zufall. Wir haben ihn, wenn wir ihn von uns fordern. Wir können ihn brauchen, ausbilden und uns wünschen, mehr davon zu besitzen, doch es bleibt jedem einzelnen überlassen, zumindest dazu *beizutragen*, daß er entsteht. Ganze Bücher, Predigten, Vorträge und Doktorarbeiten wurden zu diesem Thema geschrieben. *Ohne* Glaube kommen wir ins Schwanken, und unsere Erfolge sind irgendwie weniger wert, unsere Siege oberflächlicher. *Mit* Glaube dagegen gedeiht unser Geist und auch das, was wir mit ihm erzielen.

Mir ist kein einziger großer Denker bekannt, der seine Erfolge nicht zumindest teilweise jener schwer faßbaren Kraft zuschrieb, die wir „Glaube" nennen. Diese Kraft können wir nicht im Laden kaufen oder im Labor messen. Und doch sind die *Auswirkungen* unseres Glaubens in unserem ganzen Handeln festzustellen.

Wenn wir Glaube haben, können wir an uns selbst, an unsere Ideale, unsere Träume und alles, was wir tun, und an das Beste in unseren Mitmenschen *glauben.*

Wenn ich in einem Wort eine Kombination aus Vertrauen, Sicherheit, Überzeugung, Zuverlässigkeit, Zuversicht, Hoffnung und Erwartung zusammenfassen müßte, würde ich dieses eine Wort „Glaube" wählen, das sie alle miteinander verbindet. Erst der Glaube nährt unsere Träume und erweckt sie zum Leben.

Ich dachte einmal, daß Glaube ein Geschenk sei, das nur den

wenigen Glücklichen gehörte, die ihn besaßen. In Wahrheit kann *jeder Mensch* mehr davon haben. Sie können mehr tun, als nur den weisen Worten zuzuhören, wenn jemand aus Ihrer Kirche oder eine andere Person Ihnen sagt, Sie sollen „glauben". Sicher ist es ein guter Rat. Doch *Sie* selbst können auch etwas dafür *tun*: Je mehr Glaube Sie von sich selbst *fordern*, desto mehr werden Sie haben.

Fangen Sie an! Haben Sie mehr Glauben! Ganz gleich, wo Sie heute stehen, wo Sie standen, oder wer Sie heute sind, Glaube wird Ihnen mehr von der spirituellen (und körperlichen) Energie geben, die Sie für jedes Ihrer lohnenswerten Ziele benötigen.

Sprechen Sie mit sich. Geben Sie sich *Glauben!* Geben Sie nicht nach, bestehen Sie darauf! Fordern Sie ihn! Schulen Sie sich! Und sehen Sie sich dann die Resultate an, die durch Glauben erzielt werden können.

Ich habe Glauben.

Jeden Tag wird mein Glaube noch stärker. Jeden Tag bin ich überzeugter von meiner eigenen positiven Zukunft.

Mein Glaube ist in jedem Bereich meines Lebens lebendig. Er ist immer da und immer bei mir und macht mich noch stärker, zuversichtlicher und sicherer.

Ich bin mir der Bedeutung bewußt, die der Glaube in meinem Leben hat. Ich weiß, wie wichtig er für mein gesamtes Wohlbefinden ist.

Jeden Tag gebe ich mir die bewußte Anleitung, mich der geistigen Stärke zu öffnen, die mir zur Verfügung steht.

Ich verlasse mich nie darauf, daß andere meinen Glauben in mir erwecken.

Ich bin mir der enormen Konsequenzen meiner Gedanken bewußt

und der Rolle, die sie in meinem Leben spielen.

Ich übernehme die volle Verantwortung für meine Gedanken. Ich nutze die Fähigkeit meines Geistes so gut wie möglich.

Ich nutze die Schätze meines Geistes dazu, mein Leben und das Leben anderer zu verbessern.

Ich lasse es nie zu, daß sich ein schädlicher Gedanke in meinem Geist einnistet.

Ich entscheide mich dafür, ausschließlich die Gedanken zu denken, die meinen Glauben stärken und mich noch mehr davon überzeugen, daß ich in meinem Leben Erfolg haben werde!

Das Leben, das ich lebe, ist der Ausdruck meines Glaubens. Jeden Tag lebe ich dafür, um diesem Glauben in vielfältiger Weise Ausdruck zu geben.

Jeden Tag vollbringe ich Gutes in jedem Bereich meines Lebens.

Mein Glaube ist stark. Er verläßt mich nie. Ich bin entschlossen, täglich so zu leben, daß dieser Glaube und die Begeisterung noch mehr gestärkt werden.

Ich habe Glauben.

Eine ganze Persönlichkeit werden

Wir können so viel *sein*, wenn wir es nur zulassen. Es steckt mehr in jedem von uns, als je ans Tageslicht kommen kann. Sie besitzen in diesem Augenblick, so wie Sie heute sind, mehr Fähigkeiten, mehr Potential, als Ihnen je bewußt war. Stellen Sie sich vor, was Sie empfinden würden, wenn Sie die Möglichkeit hätten, ein klares Bild von sich zu sehen, in dem Sie selbst Ihren kühnsten Erwartungen entsprächen - in dem Sie der wundervolle Mensch wären, der Sie *wirklich* sind.

Dieses Bild ist kein Traum. Es ist so wirklich und greifbar wie das Bild, das Sie heute von sich haben. Doch es ist ein Bild, das Sie irgendwie besser, sicherer, glücklicher, erfüllter und *vollständiger* darstellt.

Es ist wunderschön, sich ein solches Bild von uns vorzustellen. Es zeigt uns den Weg, spornt uns an, gibt uns Anregungen und ermutigt uns, weiterzumachen. Wir werden vielleicht nie so weit kommen, wie wir *könnten*, doch wir können unserem wahren Selbst näherkommen, als wenn wir es nicht versucht hätten.

Die folgenden Selbst-Gespräche öffnen Ihnen die Tür, sich selbst auf eine ganz besondere Weise, aus einem anderen Blickwinkel zu sehen; Sie erhalten einen kurzen Einblick, eine kleine Vorstellung davon, wer Sie vielleicht *wirklich* sind.

Diese Selbst-Gespräche vermitteln jedem von uns ein Bild, in dem wir *uns selbst mit dem ganzen Potential sehen*, das in uns steckt. Sie helfen uns, einige der höchsten Ideale, die wir zu erreichen versuchen, zu erkennen.

Ich habe Verbindung zu meinem wahren Selbst. Ich bin damit beschäftigt, mein eigenes Schicksal zu gestalten. Ich habe mein Leben, mich selbst und die Entwicklung meiner Zukunft in der Hand.

In allen Bereichen meines Lebens gibt es eine Fülle von Gesundheit und Wohlbefinden. Mein Geist, mein Körper und meine Seele sind stark und gesund.

Ich weiß mein Leben und alles, was es ausmacht, zu schätzen.

Das Leben ist schön. Ich fühle mich in allen Bereichen meines Lebens erfüllt.

Das Leben ist die Schule meiner Seele. Hier lerne ich viele wunderbare Dinge. Ich lerne gut, und ich lerne viel.

Ich bin offen, die Schätze in meinem Leben zu erkennen. Sie

kommen im Überfluß zu mir.

Ich weiß, wer ich bin, und wohin ich in meinem Leben gehe. Ich habe mein eigenes Schicksal fest in die Hand genommen.

Ich glaube an Großes und bin davon überzeugt, selbst Großes leisten zu können. Ich gestalte es und verwirkliche es.

Jeden Tag finde ich in irgendeinem Bereich meines Lebens Erfüllung. Ich lebe mein Leben voll und ganz. Das Leben ist voller Belohnungen für mich.

Ich gestalte mein ganzes Leben nach meinen Entscheidungen. Ich bestimme mein Denken und mein Handeln. Ich bestimme mich selbst.

Ich strebe nach Vollkommenheit in jedem Teil meiner Persönlichkeit. Alle diese Teile arbeiten zusammen daran, Einheit und Ganzheit in meinem Leben zu erzielen.

Ich bin ein außergewöhnlicher Mensch. Dazu war ich bestimmt, und ich *bin* es auch. Ich bin für andere Menschen und auch für mich selbst etwas Besonderes.

Ich strebe ständig danach, jeden Teil meines Selbst, das wachsen und Fortschritte machen möchte, zu stärken und zu verbessern, und achte darauf, daß alles, was mich ausmacht, miteinander harmoniert und im Gleichgewicht ist.

Ich verwirkliche mein Selbst, das ich mir vorstelle. Obwohl ich noch einen weiten Weg vor mir habe, kann ich mich auch heute schon an dem Selbst erfreuen, das ich bereits bin. Und ich bin erst am Anfang.

Wenn Sie es nicht bereits getan haben, sollten Sie beschließen sich keine *Sekunde* mehr mit dem zu quälen, was Sie *nicht* sin Sagen Sie sich stattdessen, was Sie *sind*, und was Sie *sein kön* und benutzen Sie die überzeugendsten Worte, die Ihren Glauben an sich stärken. Die Anleitungen, die Sie sich geben, sind wertvoll und nicht eine davon sollte verschwendet werden. Sie verdienen es, das Beste dessen zu erhalten, was Sie sind.

Dieses *Leben*, diese „Seele", dieser einzigartige Mensch, der *Sie* sind, wurde dazu *geschaffen, Erfolg zu haben*, etwas zu leisten, zu lernen, zu wachsen und sich optimal zu verwirklichen. Warum sollte es anders sein?

Danach zu streben, Ihren höchsten Erwartungen an sich gerecht zu werden, ist ein lohnendes Ziel - sicher eines der lohnendsten, das Sie je haben könnten. Ich möchte Sie dazu ermutigen, daß Sie von sich erwarten, das *Beste* dessen, wozu Sie fähig sind, zu *werden* - und *nie* lockerzulassen.

Im Hier und Heute leben

Und so kommen wir, zumindest vorerst, zum letzten Textteil, der diese Selbst-Gespräche abschließen wird. Was würden Sie sagen, wenn Sie den letzten Text schreiben sollten? Welche Selbst-Gespräche *könnten* Sie noch erwähnen, die nicht bereits erwähnt wurden?

Im Grunde können wir noch viel mehr zu uns sagen, was noch nicht in diesem Buch gesagt wurde. Es gibt Einzelheiten, individuelle Probleme, persönliche und spezifische Ziele, bei denen gute Selbst-Gespräche sehr angebracht wären. Doch wir haben einen Anfang gemacht.

Genau dazu waren die Selbst-Gespräche in diesem Buch gedacht: Ihnen zu einem guten Start zu verhelfen. Sie waren nicht dazu vorgesehen, jedes Problem zu lösen, oder Sie bei jeder Veränderung, die Sie vielleicht herbeiführen möchten, zu unterstützen. Wenn sie Sie dazu veranlaßt haben, über Ihre *eigenen* Selbst-Gespräche und über das, was Sie in Zukunft zu sich sagen möchten, nachzudenken, haben sie ihren Zweck erfüllt.

Für mich ist der letzte Text nie wirklich der letzte; er ist einer der Texte, zu denen ich immer wieder zurückkehre. Er enthält die Art von Selbst-Gesprächen, die die Selbstanleitungen noch einen wichtigen Schritt weiterbringen: er enthält *Fragen* und die richtigen Antworten.

Ich vermute, daß das Leben der *meisten* besser wäre, wenn mehr Menschen diese Art von Selbst-Gesprächen verwenden würden.

Ich habe die Kassette mit diesen Selbst-Gesprächen meinen besten Freunde als mein „allerbestes" Geschenk gegeben. Ich habe sie Kindern, meinem Sohn, der ins College geht, Direktoren von Unternehmen, Lehrern und sogar meinen Eltern gegeben, denn sie kann *jedem Menschen* Auftrieb geben.

Der folgende Text spricht mit Ihnen heute über das *Heute*. Er enthält Selbst-Gespräche, die sich mit dem Heute befassen und sich auf den heutigen - und morgigen - Tag konzentrieren. Vor einigen Jahren, als ich Selbst-Gespräche zu untersuchen und zu schreiben begann, bevor die Selbst-Gesprächs-Texte erhältlich waren, schrieb ich über die Vorstellung, daß jedem von uns jeden Tag ein „persönlicher Trainer", ein *bester Freund* zur Seite stehen sollte, der uns die ermutigenden und motivierenden Worte sagt, die wir so oft brauchen.

Ich hatte mir oft gewünscht, selbst diesen Selbst-Gesprächs-„Trainer" zur Seite zu haben, wenn ich ihn brauchte. Ich erwartete zwar nicht, daß mir jemand jederzeit die Selbst-Gespräche auf einem silbernen Löffel servierte, doch es gab Zeiten, in denen mir ein wenig Zuspruch viel genützt hätte.

Die folgenden Selbst-Gespräche unterscheiden sich ein wenig von den vorhergehenden. Sie sprechen zu Ihnen in der ersten und in der dritten Person. Sie sprechen zu Ihnen *von außen* und *von innen* innerhalb desselben Textes.

Diese Art von Text verwenden Menschen, die bereits Erfahrung mit Selbst-Gesprächen haben. Er stellt die nächste Stufe der Programmierung dar - die Art von Selbst-Gesprächen, die sich fast automatisch einstellen, nachdem Sie Selbst-Gespräche eine Zeitlang praktiziert haben. Probieren Sie sie aus. Vielleicht gefällt Ihnen die Art, wie sie zu Ihnen sprechen - und Sie dazu veranlassen, zu antworten!

Ich hoffe, daß Sie sich die folgenden Selbst-Gespräche zu Herzen nehmen, wie auch ich es getan habe, und zwar so lange, wie Sie sich dafür entscheiden, den *heutigen* Tag - und den *morgigen* und den *darauffolgenden* - als den *wichtigsten Tag Ihres Lebens* zu leben.

„Hallo! Wie geht es dir heute?"
Es geht mir großartig. Ich mag mich, es gefällt mir, was ich aus meinem Leben mache, und ich freue mich zu leben!

„Wie empfindest du den heutigen Tag?"
Heute ist ein guter Tag. Ich habe mir meine Ziele gesetzt, weiß, was zu tun ist, und bin bereit dafür.

„Weißt du, weshalb der heutige Tag wichtig für dich ist?"
Ja, das weiß ich. Heute ist heute! Nur heute habe ich die Gelegenheit, den heutigen Tag zum besten meines Lebens zu machen. Deshalb habe ich beschlossen, diesen Tag zu dem besten zu machen, den ich je hatte.

„Was wirst du dir über den heutigen Tag sagen, das dazu beitragen wird, ihn zu einem besonderen Tag zu machen?"
Heute möchte ich mich richtig ausleben. Heute möchte ich richtig Freude empfinden. Heute werde ich dafür sorgen, daß alles klappt. Heute ist der Tag, an dem ich vieles erledige!

„Wie siehst du heute deine Vergangenheit?"
Ich respektiere und schätze, was ich in der Vergangenheit gelernt habe, doch die früheren Begrenzungen habe ich hinter mir gelassen. Ich sehe den heutigen Tag als eine phantastische Gelegenheit, wirklich in der Gegenwart zu leben - und mir eine bessere Zukunft zu schaffen.

„Wirst du heute etwas Neues lernen?"
Ich lerne täglich etwas Neues. Jeder Tag, den ich lebe, ist ein Tag, an dem ich etwas lerne. Der heutige ganz besonders. Heute ist ein guter Tag, um etwas Neues zu lernen.

„Was wirst du tun, wenn sich irgendwelche Probleme ergeben?"
Ich weiß bereits, daß die meisten Probleme überhaupt keine wirklichen Probleme sind. Heute werde ich Probleme lediglich als Situationen betrachten, mit denen ich auch umgehen kann. Ich kann mit Problemen gut umgehen. Sie machen mir überhaupt nichts aus!

„Wird der heutige Tag nicht ein ganz durchschnittlicher Tag sein, wie er es für die meisten Menschen ist?"
Es gibt für mich keine „durchschnittlichen" Tage. Für mich zählt jeder Tag. Das bedeutet, daß ich auch heute einen Weg finden werde, wie er zu einem besonderen Tag werden kann.

„Bist du sicher, daß du in der Lage bist, den heutigen Tag zu etwas Besonderem zu machen?"
Ich halte mich bei guter Stimmung. Ich weiß, daß jeder Tag meines Lebens nur so gut ist, wie ich ihn mache. Ich bin dazu bereit, freue mich darauf und tue es auch!

„Wie fühlst du dich? Wie steht es heute um deine Engerie?"
Ich fühle mich großartig und voller Energie. Ich achte auf mich, bin in Hochform und verwirkliche mich so gut wie möglich.

„Wie ist dein Leben?"
Mein Leben ist gut. Ich weiß, wer ich bin, wohin ich gehe, und was ich zu tun habe. Ich kümmere mich um meine Verpflichtungen und meine Zukunft. Ich freue mich des Lebens. Mein Leben ist heute besser denn je zuvor.

„Gönnst du dir genügend Ruhe und Erholung?"
Ich sorge dafür, daß ich so viel Ruhe habe, wie ich brauche. Ich sammle meine Kräfte immer auf gesunde Art. Ich verschaffe mir Bewegung, ruhe mich aus, schlafe, schmiede Pläne, gönne mir Freizeit, und ich habe auch Freude an meiner Arbeit.

„Wie kommst du mit den Menschen, mit denen du zusammen bist, zurecht?"
Ich bemühe mich darum, daß meine Beziehungen und Freundschaften funktionieren. Ich übe mich darin, zuzuhören, verständnisvoll zu sein, andere Menschen zu unterstützen und versuche immer, mein Bestes zu tun und zu geben. Andere Menschen sind mir wichtig, und ich bin ihnen wichtig.

„Wie siehst du heute deine Zukunft?"
Meine Zukunft sieht sehr positiv aus. Ich plane sie, bereite mich

auf sie vor und glaube fest daran, daß sie viel Gutes bringen wird. Ich achte jedoch darauf, daß ich heute bereits das erledige, was nötig ist, um eine gute Zukunft zu haben, wenn ich dort ankomme.

„Gibt es irgendwelche anderen Anleitungen, die du dir für den heutigen Tag geben möchtest?"
Ich gebe mir immer noch zusätzliche Anleitungen, damit ich jeden Tag so gut wie möglich nutzen kann. Dies sind nur ein paar für den Anfang. Im Laufe des Tages werde ich mir weitere geben. Ich werde mir Sätze sagen wie:
Der heutige Tag ist mir wichtig.
Ich lebe in der Gegenwart, lebe heute. Ich plane für die Zukunft und jeden Tag, der vor mir liegt, doch heute werde ich mein Bestes für das Heute geben.
Jede Minute des heutigen Tages wird mir wichtig sein.

„Bist du glücklich?"
Ich bin glücklich. Ich verbringe mein Leben mit vielen nützlichen und sinnvollen Dingen. Ich mag mich, meine Ziele und meine Leistungen. Ich komme in meinem Leben voran.

„Du bist ein außergewöhnlicher Mensch. Ich weiß, daß der heutige Tag erfolgreich für dich sein wird."

Ich habe diesen Text oft verwendet, und er hat meinen Tag immer auf positive Weise verändert. Warum funktioniert er? Weil er das Beste in unserem Gehirn und unserem Geist aktiviert, um uns darauf vorzubereiten, unsere Erfolge in die Wege zu leiten - und zwar immer an dem betreffenden Tag.

So funktionieren alle guten Selbst-Gespräche. Sie erfüllen an dem betreffenden Tag ihren Zweck, ganz gleich, ob sie aufgeschrieben, aufgenommen, ausgesprochen werden, oder ob wir uns an sie erinnern.

Selbst-Gespräche bereiten uns darauf vor, die Basis für unseren Erfolg zu schaffen. Dazu sind sie bestimmt. Genau das werden sie tun.

26
Nachwort

Dies sind nur ein paar Selbst-Gespräche. Wir können sie lesen, denken, aufschreiben, ihnen zuhören und vielleicht sogar manchmal entsprechend handeln. Doch die meisten unserer wirklichen Selbst-Gespräche werden weder jemals aufgeschrieben, noch laut ausgesprochen werden. Sie werden in unserem Innern stattfinden, ohne daß wir uns ihrer je bewußt werden.

Wenn wir nur in der Lage wären, die Worte zu hören, die wir benutzen, wenn wir mit uns sprechen! Wenn wir sie auf einem Blatt Papier lesen könnten, wären wir über ihren Inhalt sicher erstaunt. Wenn wir ein Computerprogramm von unseren Gedanken lesen könnten - mit all seinen versteckten Andeutungen, den Fragen und Selbstzweifeln, den Ängsten und abgenutzten alten Überzeugungen - wären wir überrascht, was wir vorfinden würden.

Doch den größten Teil unserer Programmierung werden wir nie sehen. Wir werden nie erfahren, wie viele unserer Programme uns aufhalten, wenn wir weitergehen sollten, wie viele uns sagen, was wir nicht können, obwohl wir sehr wohl dazu in der Lage gewesen wären, wenn unsere Überzeugung nur ein wenig anders gewesen wäre. Wir werden nie die Gedanken sehen, die uns krank machen oder ungesunde Auswirkungen auf unser Leben haben. Wir werden keinen Computerausdruck von unseren eingebildeten Unzulänglichkeiten sehen. Wir werden keine Bestandsaufnahme der Beschränkungen, die wir mit uns herumtragen, machen, wie der alte Sartebus es tat.

Deshalb sind wir nicht immer sicher, was *wirklich* in uns verändert werden muß. Wir wissen nicht immer, wovon wir uns befreien sollten und wovon nicht. Ein Teil unserer alten Programmierung ist deutlich zu erkennen; doch der größte Teil bleibt uns verborgen.

Wie können wir also wissen, was es zu verändern gibt? Wie wissen wir, welches die *richtigen* Selbst-Gespräche sind, die wir einsetzen müssen, damit unsere heutige bessere Programmierung auch wirklich die alten Programme ersetzt, die uns so wenig Nutzen brachten?

Obwohl das menschliche Gehirn endlich im Begriff ist, das menschliche Gehirn zu verstehen, sind wir noch nicht in der Lage, es vollständig zu begreifen. Wir können nur darauf achten, was wir in der Vergangenheit zu uns gesagt haben, und uns vergegenwärtigen, daß das, was wir wahrnehmen, nur ein sehr kleiner Teil davon ist, was wir tatsächlich im Innern zu uns sagen. Sogar die besten Forscher wissen nicht, was wir mit unserem Bewußtsein leisten *könnten*, wenn wir in der Lage wären, es optimal zu nutzen.

Doch wir *wissen*, daß unser Bewußtsein, wenn wir lernen, wachsen oder uns verändern möchten, uns dabei helfen wird. Das unbeschreibliche Organ, das wir Gehirn nennen, wird, wenn es dazu aufgefordert wird, mehr für uns leisten, als die meisten je von ihm erwartet haben. Wir können wesentlich mehr sein, als die meisten je sein werden. Wir leben im Schatten unseres alten Selbst und erwarten und akzeptieren weniger, als wir hätten leisten können, wenn wir es nur zugelassen hätten.

Nutzen Sie die Schätze in sich

Nun sind *Sie* an der Reihe. Wir haben noch nicht alles erfahren, doch wir haben einige Antworten auf ein paar Fragen gefunden. Wir wissen nun, was wir zu tun haben, wenn wir kleine oder größere Veränderungen in unserem Leben erzielen möchten. Wir haben nun zumindest teilweise eine Vorstellung davon, was es zu tun gilt, wenn wir mehr Selbstachtung entwickeln möchten. Wir wissen nun, was wir tun müssen, wenn wir entschlossener sein möchten. Wir wissen nun, wo wir ansetzen müssen, wenn wir mehr Verantwortung für uns übernehmen möchten. Wir wissen nun, daß wir, wenn wir mehr Einfluß auf unser Leben haben möchten, das auch haben können.

Warum *verändern* und *berichtigen* wir also nicht ein paar Dinge? *Treten wir also für unsere Meinung ein, weigern wir uns, das Unabwendbare hinzunehmen, und nehmen wir unser Schicksal selbst in die Hand!*

Ganz gleich, wer Sie im Augenblick sind, was Sie zu sein glaubten, und welchen Weg Sie in der Vergangenheit einschlugen - stellen Sie sich einmal vor, welchen Weg *Sie* dank Ihrer eigenen Entscheidungen und Ihres eigenen Selbstglaubens *jetzt* einschlagen könnten! Was werden Sie heute während des restlichen Tages zu sich sagen? Was werden Sie sich morgen früh über sich sagen? Und was werden Sie sich am darauffolgenden Tag über *sich* sagen und dem nächsten?

Werden Sie sich nur das Beste sagen, oder werden Sie sich mit weniger zufrieden geben? Wenn wir uns irgendwann begegnen würden, wüßte ich, wozu Sie sich entschieden hatten. Wir würden beide die Ergebnisse dieser kleinen Entscheidung sehen und zwar in jedem Bereich Ihres Lebens.

Verkaufen Sie sich nie unter Ihrem Wert. Finden Sie die Schätze in sich, und nutzen Sie sie.

Sie können sicher sein, daß wesentlich mehr in Ihnen steckt, als Ihnen bisher klar war. Das Beste in Ihnen verdient es, voll und ganz ausgelebt zu werden. *Wären Sie nicht dazu geboren worden, Ihre inneren Schätze auszuleben, wären sie Ihnen erst gar nicht gegeben worden.*

Der Schatz wartet. Ich wünsche Ihnen viel Freude daran.

Danksagung

Viele haben mir bei diesem Buch geholfen. Ich möchte vor allem Holly Hill, Re´Ann Brown und Don und Julia Hays danken, die jeden Gedanken von mir, den ich für meinen eigenen hielt, ständig hinterfragten, erhellten und verbesserten; Bill Adler, eine der gegenwärtig bemerkenswertesten Persönlichkeiten auf dem Gebiet der Literatur; und meinem außergewöhnlich fähigen und verständnisvollen Herausgeber, Adrian Zackheim. Ganz besonderen Dank schulde ich Kathryn Sorensen, der ersten Lehrerin, die so mutig war, in Dutzenden von Grundschulklassen auf die Bedeutung von Selbst-Gesprächen hinzuweisen. Zusätzlich zu den vielen anderen, die dieses Buch ermöglicht haben, möchte ich besonders den unermüdlichen Forschern danken, die begonnen haben, die Geheimnisse des menschlichen Gehirns zu entschlüsseln. Es ist ihr Verdienst, daß wir damit begonnen haben, ein paar der Geheimnisse dessen zu entschlüsseln, was wir <Geist> nennen. Ich möchte auch meinem Sohn Gregory danken, der seine ruhigeren, ungemein inspirierenden Klavierkompositionen spielt, wenn er weiß, daß ich einen Termin einhalten muß und am Schreiben bin.

Verschenktexte

Doris Wolf/Rolf Merkle
Verschreibungen zum Glücklichsein
ISBN 3-923614-04-7

Doris Wolf/Rolf Merkle
Kraftquellen für den Alltag
ISBN 3-923614-51-9

Shad Helmstetter
Anleitung zum Positiven Denken
ISBN 3-923614-28-4

Rolf Merkle
Auch Du kannst mehr aus Deinem Leben machen
ISBN 3-923614-16-0

Start in ein neues Lebensgefühl